国际结算

与贸易融资实务（第二版）

GUOJI JIESUAN YU MAOYI RONGZI SHIWU (DI-ER BAN)

李华根 著

中国海关出版社

图书在版编目（CIP）数据

国际结算与贸易融资实务／李华根著．—2版．—北京：中国海关出版社，2018.3

ISBN 978-7-5175-0252-4

Ⅰ.①国…　Ⅱ.①李…　Ⅲ.①国际结算 ②国际贸易—融资　Ⅳ.①F830.73 ②F831.6

中国版本图书馆CIP数据核字（2017）第310346号

国际结算与贸易融资实务（第二版）

GUOJI JIESUAN YU MAOYI RONGZI SHIWU（DI－ER BAN）

作　　者：李华根
策划编辑：马　超
责任编辑：马　超
助理编辑：胡佳辰
责任监制：王岫岩　赵　宇
出版发行：中国海关出版社
社　　址：北京市朝阳区东四环南路甲1号　　邮政编码：100023
网　　址：www.hgcbs.com.cn；www.hgbookvip.com
编 辑 部：01065194242－7585（电话）　　01065194234（传真）
发 行 部：01065194221/4238/4246（电话）　　01065194233（传真）
社办书店：01065195616/5127（电话/传真）　　01065194262/63（邮购电话）
印　　刷：三河市人民印务有限公司　　经　　销：新华书店
开　　本：710mm×1000mm　1/16
印　　张：22.5　　字　　数：350千字
版　　次：2018年3月第2版
印　　次：2018年3月第1次印刷
书　　号：ISBN　978-7-5175-0252-4
定　　价：55.00元

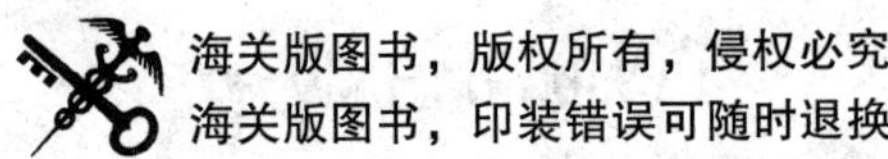

Preface 序言

虽然经历多次经济周期性盛衰、全球金融风暴，银行业的经营受到极大冲击，但国际贸易业务一直保持平稳。伴随全球贸易的不断发展，贸易金融必定成为主力军，成为银行赢利的 个重要引擎。

人们对贸易的传统理解仅限于贸易结算和融资，但随着经济全球化，全球贸易往来愈加深入，贸易金融将演变成与投资、生产、销售等各项活动密切相关的一项综合金融服务。

国际贸易融资是银行在信用证、托收、汇款或保函项下，以真实的国际贸易为基础，向进口商或出口商提供的一种贷款或信用支持。通过贸易融资，进出口商不仅可以获得资金或将商业信用转换为银行信用，而且可以分散或转嫁国际贸易中的国家风险、银行风险、汇率风险等不确定因素。虽然，国际贸易融资是商业银行一项传统业务，但在不断发展，从最初的信用证项下的出口议付，发展为当今业内人士经常讨论的结构性贸易融资、走出去融资及供应链融资等。沿着这一历史发展的轨迹，我们可以清晰地意识到国际贸易融资产品的多样性与复杂性。因此，撰写这方面的专业书籍是一件较为困难的事情。

本人认识作者李华根先生多年，他是一位非常敬业的资深银行家，在国际贸易融资领域，拥有坚实的专业知识基础与丰富的从业经验。李先生先后在巴黎巴、美联和三井住友银行工作了40多年，在这几家国际知名银行工作的经历使他对国际贸易融资的操作流程和风险管理有着非常全面、深刻的认识与理解。

贸易金融涵盖面广，内涵丰富。本书系统介绍了国际贸易与国际贸易结算的相关知识；全面阐述了不同国际贸易融资产品的概念与操作流程；结合案例详细论述了国际贸易融资的风险管理方法与措施，把理论和实务紧密结合在一起，并积极探讨了风险参与、供应链融资等非传统型贸易融资产品的特点。

目前，关于国际贸易融资方面高质量的专业书籍不多，对读者而言，本书肯定是不可多得的作品，对培育国际贸易专才，一定大有裨益。本人认为此书乃从事国际贸易人员必备的工具书，特予以推荐。

蔷薇控股股份有限公司董事长

Preface 

虽然距离2007年国际金融危机已有10年，但欧洲很多国家的经济还是在谷底徘徊，美国经济复苏缓慢，中国经济正面向增速换挡和结构转型方向前进。新的经营环境给全球金融行业带来了更大的生存压力和更为艰巨的发展挑战。同时，互联网金融正在全球范围内以前所未有的速度发展，新型的业务模式和解决方案层出不穷，进一步加剧了金融脱媒进程，不断分解和蚕食银行业务。

互联网的急速发展，贸易结算和融资方式都不断有新的突破，加上当前中国金融改革提速，利率市场化和人民币国际化进程加快，同业竞争日趋激烈，跨界竞争不断扩张，客户金融需求快速变化。银行业者必须以创新求生存、图发展。有见及此，本人希望将2012年发行的《国际结算与贸易融资实务》改版再次发行。新一版的《国际结算与贸易融资实务》将加入“互联网贸易”和“创新迎接未来”这两个新的编章，同时，更新一些内容和删除过旧的协议和案例。

新版的第一章至第七章讨论的还是传统的贸易结算、国际清算和贸易融资。新的贸易模式（例如，电子商务）和支付方式（例如，网上支付、第三方支付等）将会在第八章“互联网贸易”中讨论，而第九章“创新迎接未来”将讨论创新的贸易融资和交易银行。以中间业务收入为银行的重要支撑是行业未来发展的重中之重，交易银行的经营模式正好是以中间业务收入为核心的结构。

本书在2012年1月由中国海关出版社发行第一版。由于内容翔实、文字简洁明了和实用性强，深受读者喜爱。在当当网“贸易融资”同类书籍的销售量一直排在第一位，获得 1 895 名读者的好评。读者的评语如“全面，读一章就收获很多啊”“有实用性和指导意义”和“书本包括的产品较为全面，可以给中高级的业内人士作为参考用书”等都带给我更多的动力。

国际贸易受着全球经济和互联网的不断冲击，结算方式和融资模式等都会不断地发生变化。在撰写这一版的第八和第九章时，虽然参考了很多其他作者的文献（见参考资料），但也难免存在疏漏和问题，恳请读者和各界人士批评和指正。同时，对参考文献的作者表示感谢，并承蒙中国民生银行贸易金融业务部产品中心总经理朱宏生先生同意出借案例，持此致谢。

李华根

Contents 目录

第一章

国际贸易和国际结算

国际贸易是复杂和多变的，每种贸易方式都存在着不同的风险。国际贸易的所有有关方都必须了解每种贸易方式的流程和各环节的风险，然后，寻找合适的工具来尽量降低或转移风险。

传统的国际结算是指运用某种途径和特定货币以结清国际间进、出口企业之间因贸易所产生的债权、债务关系。主要是按买卖双方议定的具体交单和付款方式来办理单据和货款的双向对流，通过国际商业银行利用转账方式实现货币的转移，达到清偿债务的目的。随着全球经济的不断发展，各国间的货物、劳务、人才、资本及技术等资源不断流通与交换，跨国的支付和结算是发展的必然结果。

随着互联网和电子商务的发展，跨国电子交易和跨国电子结算也正在推动着传统贸易形式的改变。

本书的第一章至第七章将会详细介绍国际贸易的各种方式、工具、流程、风险及其防范等。

一、国际贸易（International Trade）

（一）何谓国际贸易

“贸易”是指商品或劳务的交换。比如，你今天出门上班，在去公司的路上买了牛奶和面包，这种以金钱换取货物的行为，就是贸易；又比如，你在公司上班，以劳动力换取工资，这也是贸易的一种。这种贸易是在本土发生的，故称为国内贸易（Domestic Trade 或 Home Trade）。

对一个国家而言，其与别国之间进行的货物或服务的交换活动，便称为对外贸易（Foreign Trade）。因此，世界各国之间的贸易构成了国际贸易，亦即国与国之间的商品或劳务（包括技术、教育、咨询等）交换活动，被称为国际贸易或世界贸易。它的产生和发展以国家的存在为前提，并对其国民经济有着深远的影响。

国际贸易是在一定的历史条件下产生和发展起来的。它的产生必须具备两个基本条件：

①社会生产力的发展产生了可供交换的剩余产品；

②国家的形成。

在原始时代，生产力水平极低，人类劳动所得的产品仅能维持自身最基本的生存需要，没有剩余产品可供交换。随着人类和社会的进步，人们创造的产品已略有剩余，于是开始了近距离区域内的物物交换，这可以说是国际贸易的雏形。初期，由于交通条件不便、通信手段落后，国际贸易的发展受到很大的限制。只有到了资本主义社会，国际贸易才得到迅速发展，真正具有世界性。

（二）为何需要国际贸易

世界各国之间之所以会发生国际贸易，主要是由下述因素所致：

①世界各国在劳动力、资本及土地等资源分配上极不平均，差异极大；

②生产要素不能在国与国之间自由移动，缺乏流动性；

③文化及国情、风俗习惯、市场需求、产品偏好等均不尽相同。

因此通过国际自由贸易可以使各国互通有无，各取所需，是双赢的做法。国际自由贸易既能提高各国人民的生活水平，又可增进国家整体的生产力，扩大厂商的行销范围，增加就业机会。

目前，国际贸易不仅具有真正的世界性，而且所包含的内容不断丰富。从前，国际贸易实际上只包括实物商品的交换，而现在，还包括劳务和技术等非实物商品的交换。所谓实物商品的交换，是指原料品、半制成品及制成品的买卖；劳务交换是指在运输、邮电、保险、金融、旅游等方面为外国人提供服务，或本国工人、技术人员在国外劳动、服务，从而获得外国货币报酬；而技术交换包括专利权、商标使用权、专有技术使用权的转让，技术咨询和信息等的提供或接收。

二、国际结算（International Settlement）

当然，使用现金在货到时付款，对买卖双方都是较安全的结算方式。但由于双方处在不同国家或不同城市，这基本上是不可能实现的。因此，买卖双方必须根据市场销售、对方资信和各类风险的情况，来考虑、协商采用哪种结算方式。

国际结算是指运用某种途径和特定货币来结清国际进、出口企业之间，因贸易所产生的债权、债务关系。主要是按买卖双方议定的具体交单和付款方式来办理单据和货款的双向对流，通过国际商业银行利用转账的方式实现货币的转移，以达到清偿债务的目的。随着全球经济地不断发展，各国间货物、劳务、人才、资本及技术等资源地不断流通与交换，跨国支付和结算是必然的。近年，互联网和电子商务的发展，跨国电子交易和跨国电子结算也正在推动着传统贸易形式地改变。

第一节　国际贸易的特性、政策和体制

一、国际贸易的特性

国际贸易与国内贸易相比，既有一定的共性，又有自己的特性。其共性是两者处在社会再生产中相同地位的交换环节，通过商品交换来实现商品的价值，具有共同的商品运动方式，受商品经济规律的影响和制约。而跨越国界的国际贸易相对国内贸易而言较为复杂，困难和风险较高。

（一）国际贸易的复杂性

由于市场、文化和风俗等的不同，加上货币、贸易结算方式、货物运输和保险等较国内贸易更为多样化，国际贸易更具复杂性。例如，在国际贸易中，货物运输的量较多、距离和时间较长、途中条件多变、货物容易受损等，因此就需要考虑对交付托运的货物进行某种险种的投保。

1. 市场和文化的差异

一般来说，发达国家消费者的文化程度较高且已解决了温饱问题，因此生活上就追求享受，对商品的需求是高质量、高档次和优质；反之，发展中国家的消费者就要先解决生存和温饱的问题，他们所追求的多是经济和实用。

2. 风俗习惯和宗教信仰的差异

不同民族具有不同的风俗习惯和宗教信仰，这也决定了市场的需求特点。例如，日本人喜欢吃生鱼片，但欧美人就不爱吃生鱼片，而喜欢吃生牛肉。因此，做国际贸易就必须了解不同市场的特点和需求。

（二）国际贸易的困难性

1. 语言障碍

在国际贸易中参与贸易方可能相隔遥远且语言文字不同，要在不同的贸易环节进行谈判、磋商和交换意见，就极为困难。因此为了减少语言障碍，人们在绝大部分的国际贸易中主要采用英语。

2. 法律差异

每个国家的民法和商法都各不相同，这就会在国际贸易中产生司法冲突。如果从事国际贸易的人员能粗略了解贸易对手所采用的法律，对减少贸易纠纷和诉讼就会有很大的帮助。

3. 贸易障碍

国家为了保持国际收支平衡、保护本国工业发展，以及保证社会的正常运转等，往往会采取一些政策和措施对国际贸易进行干预。这些干预造成的各种贸易障碍、难以掌握国际市场动态以及贸易对手的资讯等情况，增加了国际贸易的困难性。

（三）国际贸易的高风险性

信用和商业风险在国际贸易中极为常见，贸易双方在多变的市场上稍有差错就会造成极大损失。此外，国家、银行和汇率变化等风险都会直接影响进出口双方的成本和利润。

1. 信用风险

国际贸易的整个流程所需要的时间比较长，这期间如果买卖双方的财务状况发生变化或货物价格出现大幅度的波动，都会影响买卖双方的履约意愿。一旦发生贸易纠纷，双方在信用和金钱上就会受到损失。

2. 汇率风险

由于各国的货币制度不同，用外国货币进行贸易的计价、结算和支付就有汇率的风险，这不仅直接关系到贸易当事人的盈亏得失，还会给有关国家的进出口贸易、国际收支、国家储备、物价等带来一定的影响。

二、国际贸易政策和措施

（一）国际贸易政策

国际贸易政策是一个国家为达成国际收支平衡，促进和维持经济发展，保护国内生产事业和增加政府税收等而制定的贸易政策。各国通常根据对外国商品与服务的需求，实施自由贸易或保护贸易两种不同类型的政策。

1. 自由贸易政策

取消对进出口贸易的限制，以及对本国进出口商品的各种特殊优惠，使商品自由进出口，在国内外市场自由竞争，这是政府对进出口贸易采取了自由和不加干预的政策。世界经济强国都倾向于实施自由贸易政策。

2. 保护贸易政策

国家对进出口贸易施加干预，利用各种措施限制商品进口，保护国内市场和国内生产，使之免受外国商品的冲击；同时对本国出口商品给予优惠待遇和补贴以鼓励扩大出口。一些经济比较落后或国际竞争力薄弱的国家或地区，比较倾向于实施保护贸易政策。

（二）国际贸易措施

贸易政策必须通过具体的工具加以实施，而不同的贸易政策往往包含不同的工具组合。简单来说，对外贸易政策的执行可粗略分为三种方式。

1. 征收关税

国家通过征收进出口商品关税，来调节进出口贸易及保护国内的产业和市场。关税是一种间接税，具有强制性、无偿性和预定性。关税是国家财政的一个重要组成部分。关税的种类繁多，可以按照不同的标准从不同的角度区分。例如，按商品流向分类有进口税、出口税和过境税；按征税目的分类有财政关税和保护关税；按征税待遇分类有普通关税、特别关税和优惠关税。

征收关税的方法，主要有从量税和从价税。在此基础上，又衍生出了混合税、选择税、滑准税和季节税等。

2. 非关税壁垒

非关税壁垒是指关税以外的一切限制进口的措施。最常见的有进口配额、进口许可证、最低限价制和外汇管制等。但随着世界贸易组织地不断扩大，传统非关税壁垒的作用受到不同程度的限制，各国为了利用非关税壁垒达到限制进口的目的，采用了各种新型的非关税壁垒。例如，技术性贸易壁垒和绿色贸易壁垒等。这些非关税壁垒表面上都具有其合理性，并且有些还为世贸组织的协议所允许。

3. 优惠信贷和补贴

各国政府为了鼓励出口，纷纷采用很多不同的出口贸易措施，其中最常见的有出口信贷（包括买方信贷和卖方信贷）、出口信用保险、出口补贴（包括直接补贴和间接补贴，如出口退税）、商品倾销、外汇倾销、促进出口的活动和建立专门组织（例如，对外贸易发展的经济自由港、自由贸易区、保税区和出口加工区、自由边境/过境区和科学/工业园区等）。

三、国际贸易体制

国际贸易体制发展到今天可谓极具多元化，有国与国之间的贸易协定，两个或两个以上国家的贸易条约和协定，地区性的联盟以至全球性的多边贸易体制。

（一）贸易协定

为给予其他国家最优惠国待遇和互惠待遇等，国与国之间签订的贸易条约和协定数不胜数。例如，贸易协定、支付协定、商品价格协定等。

（二）区域联盟

成员为发展区内经济签订协议组成联盟，取消区内成员之间，贸易关税与数量限制，或给予最优惠关税安排等，以提高区内贸易的自由度而推动国民生产总值提升。与此同时，区内成员达成一致协议对非成员实行统一关税政策，保障区内国民生活质量。最著名的有：亚太经济合作组织（APEC），东南亚国家联盟（ASEAN），欧洲联盟（EU），欧洲自由贸易联盟（EFTA），北美自由贸易区（NAFTA），西非国家经济共同体（ECOW-AS）和正在推进中的跨太平洋伙伴关系协定（TPP）等。

（三）全球多边贸易

第二次世界大战后，胜利国为了加速经济发展，倡议建立一个以实现贸易自由化为目标的国际贸易组织。1946 年 2 月，联合国开始筹建该组织，并于 1947 年 4 月在日内瓦会议上通过组织宪章草案，同时为尽快达成贸易互惠互利协议、削减关税和贸易障碍，美国牵头，由 23 个国家在 1947 年 10 月 30 日签订了《关税与贸易总协定》（General Agreement on Tariff and Trade），简称“关贸总协定”（GATT）。其后因为国际贸易组织宪章没有被有关国家的国会批准，关贸总协定便只能成为各缔约国的“君子协定”，而没有强制性和约束性。

即便如此，关贸总协定在逐步实现贸易自由化方面仍发挥了巨大的作用，缔约成员国由最初的23个扩至1986年的123个。最突出的是40多年来通过八个回合的谈判，大幅度地削减了缔约方之间的关税，使世界贸易增长了10倍以上。

（四）世界贸易组织（World Trade Organization）

在法律地位、所约束的领域和仲裁等方面，关贸总协定都有一定的局限性。因此，各缔约方普遍认为有必要在关贸总协定基础上，建立一个正式的国际贸易组织，来协调、监督、执行乌拉圭最后一回合谈判的成果。经过多方的谈判和讨价还价，最后于1993年11月乌拉圭回合谈判结束前，各方原则上同意建立多边贸易组织，其后在美国代表的提议下，更名为“世界贸易组织”。1994年4月15日，104个国家和地区政府签署文件，1995年1月1日，世界贸易组织正式成立。其宗旨是削减关税和贸易壁垒，消除国际贸易中的歧视，加速世界贸易自由化，确保发展中国家在国际贸易增长中，得到与其经济发展相适应的份额，提高国民生活水平。

在国际贸易活动中，经常发生利益冲突，就必须使用世界贸易组织的争端解决机制，来保障公正性原则在成员之间得到贯彻和实施。

第二节　国际贸易分类、流程和术语

一、国际贸易分类

国际贸易可以从贸易主义、贸易方式、交易性质和购销通路等角度来区分。

（一）按照贸易主义区分

1. 自由贸易（Free Trade）：指对国内外的商业交易行为给予自由，对交易活动不设管制，使得公共和私人利益两相符合。

2. 保护主义贸易：是指国家对国内外的交易活动设置障碍，如以关税、限额等抑制国外生产者的竞争。

3. 国营贸易：是指由国家组织国营机构进行国际商品交易活动，以便管制进出口的货物活动。

4. 区域性经济联盟：是指数个在地理上邻近的国家或地区在经济上相互结合，而对各参加方之间的货物与劳务交流，不加设人为障碍或给予优惠关税政策。

5. 国际卡特尔（Cartel）：是指各国同类或类似商品的生产企业建立联盟，在生产、销售与价格上达成一致协议，以达到瓜分市场的目的。

（二）按照贸易方式区分

1. 商业方式：是指依照一般国际市场惯例及特定的贸易条件而进行的交易活动。

2. 互惠方式：是指国与国之间在所订立的互惠条件下进行的交易活动。

3. 加工贸易方式：是指利用某国的人工或技术优势，输入国外的原料或半制成品进行加工制造，或装配成可使用产品后再输出。

4. 合作投资方式：是指某国以资金、技术和先进机器设备投资，在他国寻求合作设厂，以开发后者的人力及原料资源。

（三）按照交易性质区分

1. 出口贸易

出口贸易是指将产品卖到国外去，外国买家支付货款。出口贸易不一定是货物，有可能是技术、专利、知识和劳务等。

2. 进口贸易

进口贸易是指自国外购进产品或输入技术、劳务等。

3. 三角贸易

三角贸易是指交易活动关联到进口企业、出口企业和中间企业。中间企业一般功能是为进口企业寻找卖家或反过来为出口企业寻找买家。

4. 转口贸易

转口贸易是指货物从某国进口后再转售别国。

5. 寄售贸易（亦称为代理销售）

寄售贸易是指出口商将货物委托国外代理商代为销售，货款在产品销售后才付给出口商。

6. 加工进出口贸易

①来料加工出口——生产厂商的原物料由国外买家提供，其制成品全部付运给提供原物料的国外买家，以此赚取加工费。

②进料加工出口——生产厂商从国外进口原物料，制成品全部出口外销，免缴进出口税，赚取加工所产生的利润。

③补偿贸易出口——生产厂商的生产机器由国外进口，以制成品外销的收入支付购买机器的款项。

④出料加工进出口——将原物料出口至别国，委托国外厂商加工，然后将制成品外销给第三国或再进口回国。

7. 专门贸易

专门贸易是指以关境为标准划分的进出口贸易。当境外商品进入国境后，如果暂时存放在海关保税仓库或放在其他特区内使用而未进入关境的，一般都属于专门贸易。

（四）按照购销通路区分

1. 直接贸易：买卖双方自行交易而不通过第三方。
2. 间接贸易：需要通过第三方的贸易，第三方从贸易中抽取佣金。
3. 委托贸易：亦即上文所说的寄售贸易。
4. 网上贸易：是通过互联网完成交易的贸易。

（五）按照商品形态区分

1. 有形贸易：是指实物商品的进出口，因为实物商品是有形的，可以看见的。在国际贸易中，有形商品种类繁多，通常可分为初级商品和工业制成品两大类。初级商品是指没有经过加工或加工很少的农、林、牧、渔和矿产品；工业制成品是指经过工业加工的产品。有形商品也可以用数字和非数字来区分。数字产品可以通过互联网来交收，整个交易过程，包括支付，都可以通过互联网完成。

2. 无形贸易：是指非实物形态的劳务和技术的进出口。主要包括运输、装卸、保险、金融、邮政通信、船舶修理、国际旅游、工程服务、代理、技术转让等。

二、国际贸易流程、术语和惯例

国际贸易是一项很复杂但又很细致的工作，因为它涉及诸多方面，也有很多不同的单据。一般国际贸易程序主要可以分为三个部分，即交易前的准备，寻找贸易伙伴和进行贸易商谈以及进行交易和结算。

（一）交易前的准备

无论是做进口或出口，还是同时进行进出口贸易，都必须对商品市场和国别情况等有深入的了解和认识，以做到知己知彼。

1. 国别的调研

对国别的调研必须包括该国的基本政治、经济情况，贸易法律，对进出口货品的需求限制，关税，对外汇的管制和其他一些属民间性的因素，例如，生活习惯、消费心理等。

2. 商品市场的调研

不同国家的同类型商品在市场上的销售情况，包括品质、规格、包装及价钱，这些可以反映消费者对该类型产品的需要程度。利用这些信息，进出口商及制造商就可以制定自己的策略。

（二）寻找贸易伙伴和进行贸易商谈

在计划好准备进入哪一个市场后，首先要做的是寻找可靠的贸易伙伴。很多国家都有不同行业的商会组织，通过这些组织的介绍或从其他途径，例如，广告、行业名录、互联网、电子商务平台等可以找到合适的合作伙伴。找到合适的合作伙伴后，要对其进行调查和研究，内容应该包括：

①政治情况，主要是指企业的政治背景。

②资信情况，主要是看企业的信用、资本、品格和作风。

③经营能力，主要是要了解其规模、历史和经验。

④经营范围，主要是看企业经营的商品、价格和扮演的角色（中间商、代理和专营商）。

要了解合作伙伴的上述情况可以通过其往来银行提供的资料、本国政府驻海外的商务机构，或其他民营的独立调研机构提供的调查报告。选好适合的贸易伙伴后，便可以开始商谈某一项交易，商谈可以通过多种不同的形式进行，例如，信件、传真、电话、电邮、面谈和电子商务咨询等。贸易商谈通常有四个环节，就是询价、发盘、还盘和接受。其目的是在交易条件和其他相关的条款上达成一致的协议。一般来说，交易条件包括：

①货物数量、品质、单价、产地；

②包装、检验、保险；

③交货日期和地点，允许分批装运/转运；

④货物运输方式；

⑤货款支付方式；

……

在所有条件都达成一致后，买卖双方签订买卖合同。买卖合同的形式没有特别的规定，可采用正式的合同（Contract）、协议（Agreement）、确认书（Confirmation）或备忘录（Memorandum）。但一张完整和适当的销售合同能保障买卖双方的利益。不幸的是，在市场上很多销售合同都是粗糙的。很多只包含购货订单和没有签字的确认书或装运单，以及只包括一些很基本的条款，例如，货名、数量和价格，加上简短的装运资料。如果签署销售合同的相关方未能完全了解合同条款的重要性，这会严重危害其相关利益，因为很多合同的标准条款会被忽略。要避免这些问题，在起草销售合同时应重点考虑以下问题：

①货物发运前需要验货吗？如果需要的话，谁来负责检验？

②卖方需要提供哪些单据及文件？

③如果是用信用证方式付款，那信用证及/或付款的条款是哪些？谁会作为信用证申请人？其在有关交易中的身份是什么？

④在哪些情况下买家可以取消合同，例如，不发运或延迟发运？

⑤有关方因迟发货或货不对板造成的净损失应如何计算？

⑥留置权条款适用吗？

⑦如果有的话，哪些是卖方的有限度责任？

⑧买家如要向卖方提出赔偿要求，是否需要设定一个时段的限制？

⑨不可抗力条款是否适用？适用哪国法律以及合同的司法管辖权是哪里？

⑩同意解决争议的方式——调解、仲裁或法律诉讼？如果选择仲裁会

使用哪个仲裁机构?

所以，建议每个企业制定一份“标准售货条款”及/或“标准购货条款”，作为每笔售货或购货交易的基础。如果有关方能同意预设的标准条款，日后的往来文书只要指明采用这个标准条款即可。当争议发生时，这就能保障有关方的利益，因为重要的条款及/或解决争议的机制已经预先规定好。

相关案例

有一些批发商以赊账120天方式提供多种货物给一个超级市场。超级市场突然间倒闭由清盘人接管。清盘人将货物以六至七折出售，希望加快整个清盘的速度。大部分批发商的售货合同都非常简单且没有留置权条款。所以，供货商只能以没有抵押的债权人身份向清盘人追讨应收账款。所以，他们获得偿还的应收账款只会是很小的部分，因为通过清盘所获得的分配金会是很小的。

但是，其中一个批发商的售货合同有留置权条款，规定直至批发商收到全部货款否则货权不会移交给超级市场。因为该批货物并不属于超级市场的资产，所以，批发商能成功收回他的货物。留置权条款能清楚区别哪些货物是由该批发商提供的，最终，该批发商遭受的损失会降到最低。

该案例说明了正确、完整地起草售货合同的重要性，遗漏了某些条款将会令处理争议或获得裁决的成本增大。为了避免不必要的争议和法律诉讼，建议买卖双方预先采取行动。

（三）进行交易和结算

在买卖合同签订后，双方都必须履行合同的权利和义务。进口商或出口商在合同签署后需要进行哪些工作来履行合同、配合对方的工作，应参照每一项交易达成的条件和结算方式。举例来说，如果是以信用证方式结算而且货价是用FOB（船上交货价）方式来计算，则进口商就必须：

①到其往来银行申请开出信用证给卖方；

②开始准备租船订舱，办妥后通知卖方准时发货；

③申请进口许可证（如有需要）；

④投买进口货物保险等。

进口商在每一项交易下所需要采取的步骤都不会完全相同，但货物到达后的工作基本上是相同的，如：

①接货及清关；

②验货及送交（送到使用单位或已经转卖）；

③付款（按交易条件即时或远期付款）；

④索赔（包括向卖方，承运人及保险公司等）。

对卖方（出口商）来说当然首先是要准备货物，如果是用信用证结算方式，那么就需要等买方开出的信用证到达后，检查并确认信用证上所有条款是否与这项交易条款相符以及没有不能履行的条款。

如果发现信用证上有任何不相符或不能履行的条款，必须立即通知买方修改信用证。然后按每项交易和货物种类，向有关单位申报、办理出口证明文件，例如，产地证明书、出口许可证、检验证明书、检疫证明书、健康证明书等。在办理证明文件期间，需要同时进行的是安排运输（若是由卖方负责的话应预订船舱），包括收货时间和地点，投买保险（如果由卖方负责），报关，制单（包括发票、汇票、装船和重量明细单等）。

然后集齐所有有关单据后向银行提交，按照交易条件，等候收款或与往来银行申请出口融资。

（四）常用的国际贸易术语和惯例

1. 国际贸易术语

国际贸易术语是在长期的国际贸易实践中产生的，用来表示商品的价格构成，是对交易双方就交货地点、方式、费用、风险承担等内容有明确责任划分的专门用语。

因为买卖双方对对方国家的贸易习惯不了解，为了节省谈判的时间，减少纷争和促进国际贸易的发展，国际商会在1936年制定了《国际贸易术语解释通则》（Incoterms 1936）。其宗旨是为解释国际贸易中最普遍使用的贸易术语提供一套国际认同的解释规则，但涵盖的范围只限于销售合同当事人的权利义务中与已售货物交货有关的事项。当然，双方当事人同意使用某一个具体的贸易术语时，将对其他合同产生影响。例如，卖方同意在合同中使用CFR和CIF术语时，他就只能以海运方式履行合同，因为在这两个术语下，他必须向买方提供提单或其他海运单据。而且，跟单信用证要求的单据也取决于准备使用的运输方式。

通则实施后，在国际贸易中得到普遍认同和使用。随着国际贸易在实践过程中发生的变化，国际商会在1953年、1967年、1976年、1980年、1990年和2000年先后多次修订过国际贸易术语解释通则。

在过去10年间，国际贸易情况急速变化，因起草不当的买卖合同引起的纷争愈来愈多，国际商会于2007年发起对国际贸易术语解释通则2000（Incoterms 2000）进行修订的动议，并组建了修订小组。修订工作历时3年，收集了全球商界的大量意见并进行研究和讨论，Incoterms 2010终稿在2010年9月正式面世，并于2011年1月1日起实施。

应无关税区的不断扩大，商业交易中电子信息使用的增多，运输方式的变化以及货物安全的进一步考虑，国际贸易术语解释通则更新、整合了与交货有关联的规则，将术语总数由原来的13条减少到11条（简介如下）。同时，在每个术语前都有该术语的使用说明，解释了每个术语的基本点，如何时适用、风险何时转移和买卖双方如何分担费用等，对所有规则作出了更加简洁和明确的陈述。

适用于任何运输方式或多种运输方式的术语：

①EXW（Ex Works）工厂交货

②FCA（Free Carrier）货交承运人

③CPT（Carriage Paid To）运费付至

④CIP（Carriage and Insurance）运费和保险费付至

⑤DAT（Delivered At Terminal）运输终端交货

⑥DAP（Delivered At Place）目的地交货

⑦DDP（Delivered Duty Paid）完税后交货

适用于海运及内河水运的术语：

①FAS（Free Alongside Ship）船边交货

②FOB（Free On Board）船上交货

③CFR（Cost And Freight）成本加运费

④CIF（Cost Insurance and Freight）成本、保险费加运费

2. 国际贸易惯例

所谓国际贸易惯例，是指在国际经济往来中逐渐形成的一些有较为明确、固定内容的贸易习惯和通行做法，其中包括成文的或不成文的原则、准则和规则。

国际贸易惯例的适用是以当事人的自愿为基础的，由于惯例本身不是

法律，因此，只有在交易双方承认或在合同中采用时才对交易双方有强制约束力。目前，1980年4月在维也纳通过的《联合国国际货物销售合同公约》（United Nations Convention on Contracts for the International Sales of Goods）是国际货物买卖的一个重要国际公约。

在国际贸易结算方面，世界各国都在采用国际商会制定的有关规则。例如最常用的有：

①《跟单信用证统一惯例（国际商会第600号出版物）》（Uniform Customs and Practice for Documentary Credits，ICC Publication No. 600），以下简称“UCP 600”。《国际标准银行实务（国际商会出版物第681号）》（International Standard Banking Practice for the Examination of Documents Under Documentary Credits，ICC Publication No. 681），以下简称ISBP 681。

②《托收统一规则（国际商会第522号出版物）》（Uniform Rules for Collection，ICC Publication No. 522），以下简称“URC 522”。

③《见索即付保函统一规则（国际商会第758号出版物）》（Uniform Rules for Demand Guarantee，ICC Publication No. 758），以下简称“URDG 758”。

④《国际备用证惯例（国际商会第590号出版物）》（International Standby Practices 1998），以下简称“ISP 98”。

⑤《跟单信用证项下银行间偿付统一惯例（国际商会第525号出版物）》（United Rules for Bank-to-Bank Reimbursements），以下简称“URR 525”。

相关链接

惯例简介

1. UCP 600和ISBP

UCP 600是在2007年7月1日开始实施的。国际商会早在1933年就正式公布了“商业跟单信用证统一惯例UCP 82号”，希望各个国家即便在不同法律、习惯、语言和文化背景下，也能对有关信用证的条款有统一的理解。此后出现过UCP 151、UCP 222、UCP 290、UCP 400和刚刚被替代的UCP 500。

UCP 500是1994年1月1日生效的。随着各国银行、运输、保险等行业的不断发展，单据上的变化愈来愈多，各国在理解上也出现了愈来愈多的偏差，再加上原有 UCP 500 的条款在设置及措辞方面存在着一定的缺陷和不足，导致 20 世纪 90 年代末有 60% ~70% 的信用证在第一次交单时被认为存在不符点而遭拒付，产生了大量的争议和诉讼。因此，国际商会又在 2002 年通过了“关于审核跟单信用证项下单据的国际标准银行实务国际商会（第 645 号出版物）”。

ISBP 的大部分内容是 UCP 500 没有直接规定的，它是 UCP 500 的补充，而非对 UCP 500 的修订。这套文件，对于各国从事信用证业务人员正确理解和使用 UCP 500，统一和规范信用证单据的审核实务起了重大作用，减少了很多不必要的争议，而且是银行，进出口商，律师，法官，仲裁员处理信用证实务和解决争议的重要依据。

ISBP 的出现虽然缓解了修改 UCP 500 的压力，但使用了将近 10 年的惯例不能与时俱进。因此，国际商会在 2003 年正式成立新惯例起草工作组，逐步开展修改 UCP 500 的工作。11 个负责起草工作的成员加上来自 26 个国家的 41 个专家，花了超过 3 年的时间将 5 000 多个建议详细讨论，参考了国际商会曾经出版过的意见和《国际商会跟单票据争议专家解决规则》（Documentary Instruments Dispute Resolution Expertise，简称 DOCDEX）的判决。最终在 2006 年 10 月最后一次专家会议通过 UCP 600。

UCP 600 有 39 个条文，虽然没有像 UCP 500 一样明确划分为七大部分，但根据条文的排列和内容，基本上也是总则与定义，信用证形式与通知，义务和责任，单据，杂项规定，可转让信用证和款项让渡七大部分。

UCP 600 与所有旧的 UCP 最大的区别是，首先对信用证业务涉及的关系方及其重要行为进行了定义和解释，界定了各银行的职责，之后当其他条文引用某个词时就不需要再作解释，令其他条文简短、清晰、易读、容易理解。而且，UCP 600 在其他重要问题上也作出了适当的替换和修改。例如，拒付后单据的处理，延期付款信用证的融资，不同种类运输单据的要求和处理等。

根据新实施的 UCP 600，ISBP 亦作出了修订，新的修订版见于国际商会第 681 号出版物。这些惯例和国际商会银行委员会发表和编写的意见，都是从事信用证业务人员必须阅读、理解、实践和运用的重要参考文献。而且，国际商会与 IFS（Institute of Financial Services）每年都会举办信用证专家（Certified Documentary Credit Specialist）考试，合格后颁发专家证书。证书有效期 3 年，在证书有效期内如果参加认可机构的继续学习，获得 24

学分，可以继续使用该资格3年，以此类推。但每一年学分不能多于20分。国际商会鼓励从业人员不断学习。

2. URC 522

国际商会早在1958年便撰写了《商业单据托收统一规则（国际商会第192号出版物）》（Uniform Rules for Collection of Commercial Paper，ICC Publication No. 192），但由于缺乏实践，规则不被各国所认同和采纳。之后，国际商会虽然在1967年对部分内容进行了修改（第254号出版物），但采用的国家还是不多。经过20年的实践，国际商会逐渐了解了各国在托收业务方面的不同做法。因此，国际商会在1978年对第254号出版物进行了大范围的修改，并制定了《托收统一规则（国际商会第322号出版物）》（Uniform Rules for Collection，ICC Publication No. 322），于1978年正式生效。至此，托收统一规则才被大多数国家的银行机构普遍采用。

1993年，为适应国际贸易的蓬勃发展，以及运输和保险业的改革和转变，国际商会邀请了各行业（包括银行、运输、保险、法律等）的专家组成工作小组，对从30个国家收到的近2 600条对第322号出版物的意见进行详细的研究和修改。经过各专家的多次讨论和修改，终于在1995年了颁布第522号出版物，并确定其于1996年1月1日起实施。

第522号出版物共分为七大部分，包括26个条文，对托收的定义、形式与结构、提示的构成、各有关方的责任和义务、付款、利息、手续费和费用等作出了解释和规定，方便各当事人理解和使用。虽然《托收统一规则》只是一个惯例，并没有实质的法律约束力，但当争议或诉讼发生时，如果当事人或有关方预先已说明使用此惯例的话，大多数法院和仲裁机构都会参考该惯例来作出裁决。因此，有关方如果希望使用该惯例的话，必须在申请书或面函上清楚说明托收适用URC 522（Subject to URC 522）。

3. URDG 758

银行保函是国际贸易结算较为常用的一种方式。银行在处理对外担保业务时，面对的是全球不同国家、不同法律体系的担保法。这无疑给银行带来极为严峻的挑战。要彻底解决跨国担保法的差异是不可能的。因此，国际商会希望在全球商贸界、企业界和金融界建立起一个共同遵守、具有独立性的规则来打破不同国家和地区的法律障碍。

早在1978年，国际商会就出版了第325号出版物《合约保函统一规则》（Uniform Rules for Contract Guarantees，ICC Publication No. 325，简称

URCG 325），但由于规则有着明显的缺陷，未能被市场广泛接受。因此，在 1991 年，国际商会的银行技术与实务委员会与国际商业实务委员会组成工作组共同制定了《见索即付保函统一规则（国际商会第 458 号出版物）》（Uniform Rules for Demand Guarantees，ICC Publication No. 458，简称 URDG 458）。URDG 的诞生并非也不可能绝对替代各国的担保法，只是明确规定了保函项下相关当事人的权利和义务。在实务中出现 URDG 没有明确规定的问题时，一般就会按保函中说明适用的某国法律来处理。但当保函中只说明适用 URDG 时，“某国”的一般解释就是担保人开立保函的分支机构或营业场所所在地国家的法律。

URDG 458 是从 1992 年 4 月开始实施的。主要分为三部分：

第一部分：见索即付保函的定义和准则，各方当事人的关系以及他们的相应权利、义务和责任；

第二部分：索赔要求；

第三部分：失效条款和适用法律。

URDG 458 规定受益人索偿时，只需提示书面请求和保函中所规定的单据，而担保人付款的唯一依据是单据，并不是某一事实，担保人与保函所能依据的合约无关，也不受其约束。这表明了担保人所承担的责任是独立性、第一性、直接的付款责任。因此，URDG 458 反映了国际市场的真实需求，把握了保函所有关联方利益的最为合理的平衡。所以，在全球范围内获得了银行和商界的广泛支持和使用，还获得了众多国际组织、多边金融机构、银行监管机构、立法机构和专业联合会的认可，例如，世界银行（World Bank），联合国国际贸易法委员会（United Nations Commission on International Trade Law，简称 UNCITRAL）和国际咨询工程师联合会（International Federation of Consulting Engineers，简称 FIDIC）等。

随着全球经济的发展，国际贸易和交易模式不断改变，运用保函的机会亦愈来愈多，保函的种类也是五花八门。因此，URDG 458 的内容和条款在经历多年实践后，需要作出调整、修改和扩展。

修订工作从 2007 年开始，由国际商会银行委员会和商业法律与惯例委员会共同负责。历时超过两年半，由来自 26 个国家的 40 名保函专家组成的国际商会保函专项工作组，审议了 52 个国家委员会提交的近千条富有建设性的建议，经过针对五次草稿的讨论。最终在 2009 年 11 月 24 日的国际商会银行技术与惯例委员会秋季例会上表决通过 URDG 758，并定于 2010 年 7 月 1 日开始实施。与此同时，国际商会将 URDG 758 的基本原理、筹备工作和每项条款的解释另于一份独立的指南（国际商会第 702 号出版物）上予以颁行。

借鉴了 UCP 600 的体例，URDG 758 首先将保函业务涉及的有关方及其重要行为进行了定义和解释，界定了各有关方的职责，之后当其他条文引用某个词时就不需要再作解释。其又借鉴了 ISP 98，对交单、索赔、赔付等，作了具体的规定，令条文更加清晰、简短、易读和容易理解。而且，URDG 758 在其他重要问题上，例如，保函的独立性、单据化的严格要求、审单时间和拒付的严格规定、付款货币的灵活性、终止保函的机制和反担保的明确规定等，也进行了适当地替换和修改。URDG 758 实施后，当事人在拟写保函条款时，应该充分重视单据化的要求，应尽可能根据交易背景拟定生效、减额、到期、付款等所需要的单据。如果拟写不当，例如，只简单规定保函金额根据合同进度按比例递减，而未规定应向担保行提示的单据，则可能无法达到预期的效果。

4. ISP 98

国际商会虽然在《跟单信用证统一惯例》第 400 号出版物中已经明确地将备用证列入信用证的范畴内。但在 UCP 400、UCP 500 和 UCP 600 中只有部分内容能够适用于备用证，因此，在实际使用中跟单信用证统一惯例都不能很恰当地解决备用证中出现的问题。在这种情况下，最初由美国的国际银行法律与惯例学会起草，后来，国际商会组织了专门工作小组参与其中，最终由国际商会银行技术与惯例委员会批准了《国际备用证惯例》（ISP 98），由国际商会在 1998 年以第 590 号出版物公布，并于 1999 年 1 月 1 日开始生效。

ISP 98 在风格和方法上与 UCP 是不同的，因为它不仅要令银行和商家接受，也需要为备用证的法律和实务所涉各方所接受。因为备用证常用于发生争议或无力偿还债务之时，它的文本所受到的严格审核不是商业信用证所能比拟的。因此，ISP 98 也为律师和法官在解释备用证时提供参考。

ISP 98 以 10 个规则的形式列出，共有 89 个条文。包括：总则（规则范围、适用、定义和解释），义务，提示，审核，单据的通知、排除和处理，转让、让渡及因法律规定的转让、撤销、偿付义务，时间安排，联合开证/权益份额。ISP 98 的规定符合联合国关于独立保函和备用证的公约。如果规则与当地法律相冲突时，当然以适用的法律为准。因此，ISP 98 是对当地法律进行补充，而非与其冲突。ISP 98 不仅可用于司法诉讼也可用于仲裁或其他解决争议的方式。对解决争议方式的选择必须明确并适当地详尽，至少它可以与有关 ISP 98 的条款相互联系。

5. URR 525

信用证是国际贸易中常用的一种支付方式，国际商会制定的《跟单信用证统一惯例》，明确了信用证有关当事人的权利、责任、付款的定义和术语，减少了因解释不同而引起各有关当事人之间的争议和纠纷，调和了各有关当事人之间的矛盾，但对银行之间的偿付规定较为原始，仍常引起争议。为解决银行间偿付的程序问题，国际商会制定了 URR 525，于 1996 年 7 月 1 日生效。该规则是对 UCP 500 第 19 条（UCP 600 第 13 条）的实质性补充，它明确了银行间偿付的程序，有利于推动银行间偿付在世界范围地实行和标准化进程的推进。

URR 525 包括总则和定义、责任和义务、偿付授权、修改和索偿要求的形式及通知、其他条款等五个部分，共 17 条。

第三节 国际贸易欺诈和案例分析

国际贸易是一项极为复杂和需要较高技巧的工作，原因除前面所说之外，还有贸易欺诈。贸易欺诈现象十分普遍，且种类繁多。实际上，并不存在有效的方法去保证任何有关当事人不受骗。因此，只能通过学习和了解不同种类的诈骗手法，随时随地提高警惕来防范骗子们的陷阱。

本节的主要内容是讨论几种欺诈手法和方式，包括偏航诈骗、海上掠夺和盗窃、租船合同和海运保险诈骗等，而信用证诈骗将会在第三章中予以讨论。

一、偏航诈骗，海上掠夺和盗窃

这种犯罪行为在高价值货物的运输中以及在一些缺乏严格管理和监督的港口区域容易发生。尤其在航运业不景气时期，船公司利润低，员工士气低落，管理松散，因而容易发生事故。

（一）偏航诈骗

简单来说，偏船诈骗是船东/船主将船开到另一个港口（不是货主指定的港口）卸货，然后将货物卖掉，霸占货款。骗子一般都会利用其控制的货船，审慎安排和选择一些高价值且不容易追回的货物，例如，木材、金属和矿物等。这些骗子的手法是：

①将出租货船的信息在代理之间留存；

②一些急于在船期到期前发货的卖主根据这些信息选择租用的货船；

③骗子将其控制的货船名称更改为卖主选择的船名，然后在某地区注册（或伪造注册文件），将已改成卖主指定船名的“幽灵”船驶到装货港；

④装上货物离开港口后，通过商品代理商把货物卖给新买家；

⑤按新买家的要求，改用另一“幽灵”船名将货物运到新买家指定的港口卸货。

国际航运协会的资料显示，每年都会有5~6件“幽灵”船的诈骗案。能够成功诈骗的原因有如下几点：

①船只的临时登记证书容易获得；

②很多船只都在一个以上国家登记，令改变船只身份甚至令船只消失较为容易；

③货主着急将货物在船期到期前发运，因此，对船只和船东的背景和业务等并未进行详细的了解和调查，就将货物交付托运了。

相关案例

（一）案情摘要

在1996年的圣诞日，一艘名为“JAHAN”的船只，装载有15 000吨糖前往伊拉克。在航运过程中，其在南大西洋由于不明原因沉没。1997年1月，该船在非洲的加纳被发现，最终该船只被扣押、船员被捕。

（二）案例分析

在圣诞日，该船只通过电讯宣称在离南非海岸600海里的地方开始下沉，28名船员在船只入水时弃船逃生，搜救行动在11天后展开，但“JA-

HAN”和船员一同消失。当时天气良好，海面平静，因此并不清楚沉船原因。失踪了的“JAHAN”基本情况：1972 年建成，由一家巴拿马公司拥有，在拉丁美洲的贝里斯注册并由新加坡的“Seatimes Shippings”公司管理。船长是加纳人，船员有缅甸人、印度人和孟加拉人。调查结果为：该船更名为“Zalcosea Ⅱ”并偏离原定航线。“Zalcosea Ⅱ”停泊在加纳的“Tema”港时，船长试图将船上价值 3 500 000 美元的货物出售。被发现欺诈的原因是：骗子改变船名时使用的“Zalcosea Ⅱ”曾经被使用过，这引起了调查人员的怀疑并使其最终被揭发。

（二）海上掠夺

海上掠夺是指在海上或在停泊港口，企图占领、劫持、非法占有和抢夺等行为。每年海上掠夺的损失超过 160 亿美元，超过半数发生在印度尼西亚、泰国、巴西、菲律宾、斯里兰卡和印度等国海域。

（三）盗窃

这指不牵涉船东参与的偷窃行为，可能发生在港口或在运送途中，甚至在仓库。因此，防止盗窃发生的重要手段是加强货物的保存和仓库的管理。

二、租船合同和海运保险诈骗

（一）租船合同诈骗

租船合同诈骗是指租船者利用租用船只的诈骗行为，一般的受害人是船主或托运人或两者同时受骗。这种诈骗手法和行为是较难证实的。

举例来说，租船者收取托运人的全额运费但只缴付租船的首付给船主，船主收不足租船费用但还要为托运人将货物运到目的地。一般租船者的做法是当租船合同签署并缴首付后，租船者就可以代船主签发“已付运费”的提单，但提单上并没有注明是租船合同提单。在余款到期缴付时，租船者失踪了，船主因此要面对收不足租船费用还要履行“运费已付”提单下的货物运送责任。

相关案例

（一）案情摘要

1960年，香港某船东所有的“X”号货轮某次装货到日本大阪港，快到达大阪港时租船公司突然宣布倒闭，船东因此收不到其余的租金，于是拒绝继续驶往大阪并要挟收货人再付运费，否则就将货物卖掉。收货人因已将运费全数付给租船公司，所以拒绝再付款。船东将船驶返香港，将货卸下并存仓，同时与新买家洽谈，准备把货物卖掉。收货人闻讯后向香港法院申请禁制令，同时向船东提出诉讼并要求赔偿所有损失，最后法院裁定船东败诉。

（二）案例分析

①世界航运业竞争激烈，租船市场供过于求，因此船东为求生意，忽略了对租船者的资信调查；

②世界租船市场上的经纪人间的竞争也十分激烈，有部分经纪人对租船者未进行深入了解和调查就向船东推荐，也是造成欺诈的原因之一；

③骗子一般十分狡猾，他们会直接或通过经纪人与船东先做几次真实的生意往来，待获得信任后才开始较大规模的租船诈骗，得手后就逃之夭夭。

（三）经验教训

防范这类诈骗，船东最好加强对租船人的资信调查，查看船东以往的运输记录并要求租船者出具银行保函等。

另一种诈骗方式是租船者利用租来的船，以较便宜的运费吸引托运人将货物交其承运。租船者在收到货物及运费后不知所终。此外，也有一些不诚实的船东，利用不正当的手法骗取或敲诈托运人，要求多付运费，否则不将货物运送到指定的地方。甚至，有一些无良的船东为了偿债，将船和货物都交由法院或债务人处理。

因此，无论是托运人还是船东，在选择承运人或租船人时都要分外小心，加强资信调查，尽量避免受骗。

（二）海运保险诈骗

海运保险诈骗简单来说是利用海路运输工具或货物来骗取保险赔偿的

行为，包括：

①夸大货物价值投保，然后故意将货物破坏或掉进海里，骗取赔偿；

②虚报载有价值货物，然后将旧船弄沉或故意放火将货物和货船一起烧毁以骗取保险赔偿；

③夸大货船价值来投买保险，然后故意将货船弄沉来骗取保险赔偿。

要减少被骗的机会，保险公司必须：

①谨慎查阅有关文件的真实性和精确性；

②对船只、船主、租船者、管理公司等的背景进行深入了解和调查，通过不同的国际信息渠道确认所有相关方的资料；

③对损失通知及赔偿要求等要有严格的规定和程序；

④对每一个赔偿要求都需要有系统化和程序化的调查，包括各相关方的责任和财务状况，以确定事件不是人为或故意令其发生；

⑤对国际贸易的流程和操作要有一定的认识，对买卖双方的关系背景也要进行深入的调查。

第四节 国际结算的理论、主体和关系

一、国际结算的基本理论

国际结算（International Settlement）是指以货币表示的债权债务的清算行为或资金转移行为，是一项国际性的经济活动，主要依靠各国经营国际业务的银行来进行。

（一）国际结算的性质

国际结算所涉及的知识领域极为广泛，包括货币与汇率、国际收支与资本流动、保险、运输、电信传递、进出口贸易、会计、报关、商检等。此外，防范风险意识也极为重要。因此，对经营国际结算业务的银行在电脑系统、人员素质及风险评估等各方面都要求极高。

但是，相对商业银行的贷款业务而言，国际结算是商业银行的一项国

际性中坚业务，风险较低、资本成本较低且利润丰厚。因此，国际结算成为商业银行必争的业务。

（二）国际结算的分类

需要进行货币跨国收付的原因很多，所以国际结算的范围非常广泛。但可依据其背景粗略分为国际贸易结算和国际非贸易结算两大类。

1. 国际贸易结算

国际贸易结算是指，银行办理国与国之间因商品进出口交易所发生的货币收/付行为，或与商品贸易有关联的一系列资产转移、返销和回购等结算。

随着国际贸易地不断发展，国际商品交易的数量、品种和金额等迅速扩大，必须要通过票据和单据等工具的传递和转移来进行国际间债权债务的结算以完成整个贸易过程。

2. 国际非贸易结算

国际非贸易结算是指银行办理国与国之间因资本流动、提供劳务或某种服务所引起的货币收/付行为，是国家的外汇收入的主要来源。非贸易国际结算（又称为国际清算）所包含的种类非常多，例如，各种服务费用的收与付，资本借贷或国际投资利息的收与支，买/卖金融产品的收与付以及其他经济活动所引起的资金跨国流动。

（三）国际结算的货币

理论上讲，所有能够不受限制自由兑换的货币都可以称为国际结算货币，因为总有途径把某种可自由兑换的货币转换成本国货币。但在国际经济活动及国际贸易中涉及的有关方比较多，要全部有关方都同意接受某国货币作为结算货币并不容易，除非是在全球通用的货币，如美元、欧元、日元、英镑。因此，这四种货币就成为现今世界上国际清算和国际贸易结算的主要货币。当然，中国的人民币正在世界贸易中开始发挥其功用，在可见的将来，人民币也将成为全球通用的货币。目前，美元的使用量远比其他货币多，所以，美元汇率在世界金融市场上的波动，会很大程度地影响别国的金融和贸易政策。

在国际贸易结算和国际清算活动中，由于有大量的金融互换、信息交换行为，所以各国希望能够有一致、通用性的货币表示方法来保证准确地传递和接收信息。因此，国际标准化组织（International Organization for Standardization，ISO）在1973年制定了一项适合于贸易、商业和银行使用的货币代码，即国际标准三字符货币代码。1978年2月，联合国贸易发展委员会和欧洲经济委员会，将三字符货币代码作为国际通用的货币代码或名称缩写向全世界推荐。这一代码很快就在全球范围内开始使用。特别是被国际性和区域性的电子计算机通信网络和数据处理系统，及国际性的货币清算系统所采用，因此成为具有国际化特征的货币代码。此代码还可以用于合同、单据、财务报表或其他凭证上。

二、国际结算的主体和关系

企业或个人要进行国际商业活动或国际贸易交易时，一定要通过有办理国际业务的商业银行（一般是其账户行），或有信誉的第三方支付平台来为他们进行货币清算。因此，银行和第三方支付平台便成为国际结算的主体。

商业银行和第三方支付平台为了能够给其客户提供国际结算服务，必须要在境外开设外币账户。例如，客户要将一笔美元汇到新加坡去，那么承办这笔业务的商业银行或第三方支付平台，必须要在境外某国家开设有美元账户以便进行美元的清算。选择在哪个国家开设美元账户是一项重要工作，必须要考虑以下几个要素。

（一）货币国优先

一般来说，本国货币在本土国家进行清算会有方便性、技术性和全面性的优先。虽然，在中国内地、日本、新加坡和中国香港地区都可以进行美元清算，但它们的覆盖地区较为局限，没有像在美国进行美元清算那样具有全球性。

（二）海外分、支行优先

在海外设立分、支行的一个好处就是可以有效地帮助企业开拓海外市场，方便贸易双方的国际结算，增强企业在国际市场的竞争力。但海外分、支行的经营会受到种种限制，母行必须在业务上加以支持。所以，母行在海外分、支行开设当地货币账户。虽然利用账户进行货币清算是常见的事，但也必须考虑到海外分、支行的清算能力，以免影响对客户的服务。

（三）附属银行，联营银行优先

商业银行在不能直接在某国家设立分支机构的情况下，会以收购方式购买当地银行股权以扩大其在海外的商务网络。收购的股权是全部或超过50%的是附属银行（或称子银行），股权数量不到50%的被称为联营银行。注意在附属银行或联营银行开设账户进行清算也必须考虑其在当地的清算能力。

（四）代理银行（又称为通汇银行）

在开展国际业务的过程中，企业会主动寻找外国银行，与之建立业务合作的相互委托关系，以方便和扩展国际业务，弥补海外分、支行，附属银行及联营银行的不足。

世界经济发展迅速，商业银行本身的海外分、支行，附属银行或联营银行，远远不能满足本国企业和个人对贸易结算和其他经济活动的需求。因此，必须与其他国家的金融机构进行充分合作，才能实现资金在全球范围内的顺利流通和结算。所以，代理行关系（Correspondent Relationship）的建立是必需的。一般来说，一家国际性的银行，其代理行数目可能达到几千家，这些代理行不仅提供国际结算服务，还开展如国际贸易融资、国际信贷和银团贷款等多项业务合作活动，有力地促进了商业银行国际金融业务的发展，并提高了其竞争能力。

1. 代理行的建立和管理

代理关系的建立需考虑银行自身业务的需求，以及对方银行的经营、信用状况，国家风险等，然后确定与之建立代理关系，最后交换控制文件，包括签字样本，费率表和电传或银行结算系统（SWIFT）密押（BKE）。

目前，有些银行只凭一张简单的 SWIFT 电文要求交换密押和签字样本，就可以建立代理行关系，然后就开始进行日常的业务往来。但有些银行在正式建立代理行关系之前，仍然需要签署正式的代理行协议。代理行协议的内容由双方商讨决定，并没有特定的格式，但一般会包括双方银行的基本资料（如名称、地址、电话和传真号码、银行识别代码等），交换密押和使用方式，可以交易的货币种类，银行的索汇路线以及其他事项等。

与代理行建立联系后，与它的业务往来和关系维护就被纳入日常的代理行管理活动中。

（1）代理行档案

我们对每一个代理行必须开设一个代理行档案，档案内储存有：

①代理行简介，包括代理行本身的所有资料；

②外部评级机构对该代理行的评级报告；

③我行给予该代理行的评级及其历史记录；

④代理行的财务摘要和分析报告（必须每年更新）；

⑤两行之间的业务往来情况和统计数据；

⑥两行之间的互访记录和会议摘要；

⑦代理行或账户协议（如有的话）及其修改内容。

（2）函电

每天需要处理大量与代理行有关的函电，其内容可分为：

①重大事项通告；

②变更名称，电话和电传；

③变更有权签字人员；

④索取业务资料或其他文件；

⑤来访要求；

⑥业务纠纷和投诉。

（3）搜集资料

阅读报刊或在互联网上搜寻有关代理行的最新资料，然后进行分析和核实并作出是否向上级提交报告的决定。

（4）报告

撰写有关代理行信息的报告向上级呈交和向各部门及分、支行发出通报。对重大不良影响事项需要作出业务政策修订和指导，更严重的可能要终止与代理行的关系。

（5）互访

通过互访增进了解和寻求更多业务合作机会。互访可以是登门拜访、接待来访或在国际会议场合的会面。

2. 代理行的分类

代理行可以分为账户行和非账户行。账户行是指与代理行之间单方或双方相互在对方银行开设账户的银行，选择建立账户行一般应该是业务往来较多、资金实力雄厚、支付能力强、信誉良好、服务优良的银行。

账户有两种：一种是我方银行在境外开立的往户账（Nostro Account）；另一种是境外银行在我方银行开立的来户账（Vostro Account）。往户账和来户账都可作为国际结算的账户。

非账户行是指除账户行外其他所有的代理银行。

3. 境外账户的建立和管理

境外账户是指本国银行在海外商业银行（代理行）开设的外币账户。在代理行关系中，有账户的代理关系被视为最重要的代理关系。开立账户的目的是为办理该账户币种的资金账务往来。代理行账户服务的好坏对开户行的声誉和业务发展有直接的影响，因此，选择哪一家海外商业银行开户，一般需要考虑以下因素：

①信誉良好、服务优良的国际性大银行；

②位于该币种清算中心所在地的银行；

③清算系统发达并可以提供优质的现金管理服务，例如，不设铺底资金并提供隔夜投资的银行；

④可提供本地化服务的银行；

⑤国家风险低、当地监管水平高的银行；

⑥账户收费水平。

在开立账户前必须向信贷部门申请给该代理行设置信用额度，因为账户开立后，必须在账户内存入资金来进行该币种的清算，清算完成后余额仍会留存在账户内。所以，适当的信用额度是必须授予该代理行的。

一般而言，决定在哪一家海外银行开设账户是由负责金融机构的部门（Financial Institution Department）推荐给银行高级管理层作最后决定。账户开设后，使用者将会是清算中心、会计部、资金清算后台、汇款部和贸易融资部等。金融机构部便成为管理账户的中心，管理内容包括：

①账户使用情况，定期作定量分析报告并向各部门发出使用建议；

②账户服务调查并向账户（代理）行反映情况；

③账户条件和费用洽谈；

④定期对各账户行进行服务考核并作出适当的调整；

⑤账户余额和适当额度的控制和调整。

4. 账户操作实务介绍

不同国家货币之间是不可能直接流通的，因此，账户行之间委托办理各项国际金融业务所涉及的货币收、付行为，只能在有关银行之间的账户余额上作出相应的增加或减少。例如，今天A银行有一个客户要将一万美元的货款汇给他在美国的供货商，那A银行不可能将一万美元的现钞空运到美国给这个供货商。因此，A银行必须通过它在美国的美元账户行（B银行）来进行这笔汇款业务。所以A银行会向B银行发出下述汇款指示：

"请借记我行在贵行的美元账户（账号×××），金额一万美元付给×××有限公司（供货商的名字），其地址在×××。"

依据复式记账法的原理，A银行与B银行的账上会出现如下（表1-1）的记账处理（依据会计原理）。

表1-1　复式记账方式

A银行	B银行
借记 汇出款客户账	贷记 供货商账户
贷记 B银行账户记录账	借记 A银行的来户账

（注意：当B银行账户记录账上出现"正"数余额，那A银行在B银行往户账便是透支。）

当A银行收入汇款时，账户处理刚好相反，而收到B银行的通知会是已贷记你行在我行账户。

第五节　商业银行在国际贸易中扮演的角色

一、商业银行在国际贸易中提供服务的种类

国际间的商品和劳务交换，它们的货款和报酬是通过什么途径来交换的呢？当然是通过经营金融业务的机构或第三方支付平台所提供的服务来处理的。商业银行是提供金融服务的主要机构，所以商业银行在国际贸易中扮演极为重要的角色，它在国际贸易活动中主要提供以下服务。

（一）顾问服务

国际贸易较国内贸易更为困难及复杂，而且风险较高。因此需要该领

域极富经验的机构或个人提供专家意见。商业银行能够为进出口商提供多方面的意见，包括结算方式、融资结构和贸易伙伴的资讯调查等。

（二）中间人服务

卖方在发运货物后希望能顺利地收到货款，而买方在付款后希望能顺利地收到所购买的货物，这是简单的原则。但在遥远的他方我们怎样能保证对方遵守诺言，这是一个非常困难的问题。因此买卖双方都要依赖一个双方都能信任的机构来克服这个困难，令贸易能顺利进行和成功结算。

（三）文件处理服务

国际贸易活动牵涉大量的文件，而且有某些文件是需要核实真伪的，所以一定需要有核实能力和处理大量文件经验的机构来进行这些工作。

（四）融资服务

在企业不断发展、国际贸易数量不断增加的过程中，企业不可能对所有贸易都以现金支付，或拥有大量的流动资产支持贸易不断扩大。因此，企业需要商业银行提供多元化的贸易融资服务。

（五）转移风险

买、卖方的信用风险，进、出口国的国家风险，汇率和利率风险等是从事国际贸易所必须面对的风险。如何降低或完全转移这些风险是贸易各有关方所需要解决的问题。商业银行能够利用各种不同的服务和手段为贸易各有关方尽量减轻或转移这些风险。

二、商业银行提供国际贸易服务的好处

（一）增加收入

商业银行从国际贸易交易中可以收取中间费用（手续费），还有买卖外汇的差价收益和融资的利息收入。

（二）较低资本金

贸易融资风险比直接贷款低，所以要求的资本金成本也较直接贷款低。

（三）自身偿还

贸易贷款的偿还一般是从本身贸易交易中自动产生的，由第三方间接还款。举例来说，进口商要求银行贷款开出信用证以缴付进口货款，待进口货物收到后再在本土转卖，转卖后所收到的货款便能偿还进口开证的贷款。

（四）贷款期较短

一般贸易交易期都在30天到360天左右，除非是大型项目或基建项目（有些项目的交易期长达10年或20年不等），而直接贷款一般是年期较长及连续性的。

（五）较高回报

相对直接贷款而言，贸易融资回报较高，包括利息与非利息收入。

（六）信贷分散

多一种融资方式，商业银行的信贷品种便能多增加一种。所以，多元化的贸易融资方式，能帮助商业银行将信贷的种类分散。

（七）风险分散

有贸易融资暴露风险的国家和地区往往遍及世界各地，而且，还款源头取决于不同国家的多个买家的信用风险。因此，贸易融资的风险分散程度比直接贷款大很多。

第二章
国际贸易结算方式、工具及其风险防范

进出口企业之间因贸易所产生的债权、债务关系，主要按买卖双方议定的具体交单和付款方式来办理单据和货款的双向对流。因此，国际贸易结算是指买卖双方运用某种途径和特定货币结清他们之间的债务的行为。随着全球经济地不断发展，各国间的货物、资本及技术等资源不断流通与交换，跨国的贸易结算是必然会发生的。

第一节　国际贸易结算方式

一、国际贸易结算方式概述

一般而言，国际贸易结算有如下几种方式：

①赊账（Open Account）；

②托收：见单付款（Collection-Document Against Payment）；

托收：承兑交单（Collection-Document Against Acceptance）；

③信用证（Letter of Credit）；

④预先付款（Payment in Advance）。

对卖家（出口商）而言，使用上述结算方式的风险高低程度是按①、②、③、④的顺序排列的。即预先付款方式的风险最低，越往上风险就越高，最高是使用赊账方式；对买家（进口商）而言，他所承担的风险程度，刚好是反方向顺序，即④、③、②、①。

还有一种国际贸易结算方式称为“寄售（Consignment）”，是指出口商先将货物运至国外，委托国外代理或商人在当地市场代为销售。货物售出后，被委托人将货款扣除佣金及其他费用后通过银行用汇款或票据方式支付给出口商。使用这种贸易方式的出口商承担所有风险和费用，包括进口地的关税、存仓费、保险费等，及或需要负责被委托人的行政费用。

二、国际贸易结算方式具体介绍

（一）赊账（Open Account）

赊账是货到若干天后才付款的一种结算方式。最常见的是货到后90天付款，但也有货到后180天才付款的，具体由进出口商双方协商决定。

在到期付款时，进口商可以用汇款或票据方式结算。一般进口商会通过开户银行用汇款的方式结算，极少数会用票据方式。因为出口商要将票据委托银行代收款，有可能还要多等上数天甚至十多天才能获得款项。

赊账的适用条件：

①进出口双方关系密切，互相了解对方的资信状况以及已经有很长时间的交易记录；

②买方市场（出口商的商品不是唯一的，买方在其他市场很容易找到同样的商品或其代替品，但出口商又极希望进入买方国家市场销售其商品）；

③出口商所在的国家或地区没有限制此种贸易方式；

④进口商所在的国家或地区没有突然禁止外汇汇出的限制。

（二）托收（Collection）

托收是指出口商在装运货物后，开具以进口商为付款人的汇票，连同有关出口单据（如货运提单、发票、装箱单和保险单等）委托其开户银行通过它的国外分行、代理行或进口商指定银行收取货款的方式。

托收是介于预先付款和赊账之间的一种结算方式。对托收进口商来说，只要付了款或进行了承兑，就可以得到货权单据，然后提取货物。

托收的适用条件：

①进出口双方有一定的关系，互相了解对方的资信状况，并且以前曾经用过该交易结算方式；

②进出口双方都希望用较简便的结算程序并减低成本。

（三）信用证（Letter of Credit，简称LC）

商业信用在上述所介绍的两种结算方式中都被认为是必需的，但往往不能在买卖双方中建立起稳固的基础。因此，必须寻求双方都能信赖的第三方作为贸易的中介。银行信用是买卖双方都能接受的。因此，一般由银行来作为贸易的中介。

信用证是银行信用，是一种带有条件的付款承诺。只要出口商（信用证受益人）在规定时间内，提交规定并符合信用证条款的单据，开出信用证的银行就承担了主要的付款责任。而进口商（信用证申请人）必须承担偿付开证行所付款项的责任。

（四）预先付款（Payment in Advance）

预先付款是指进口商将货款的部分或全部预先支付给出口商，出口商在收到货款后才发货的一种结算方式。预先付款可以通过汇款和邮寄票据的方式来进行。

预先付款的适用条件：

①进出口双方关系密切，互相了解对方的资信状况以及已经有很长时间的交易记录；

②卖方市场（是指出口商的商品是进口国市场上的抢手货而且货源有限）；

③进口国没有预先付款的限制，并且不会突然禁止该批货物进口。

第二节　国际贸易结算工具

票据、汇款、托收、信用证和保函是国际贸易结算的五种主要工具。在本节中，我们将讨论票据、汇款和托收，而信用证和保函将会在第三章中讨论。国际电子商务的结算工具是网上支付，这将会在第八章讨论。

一、票据（Bill of Exchange）

简单来说，票据是一种有价证券，是指出票人签发，委托他人或自己于特定的到期日无条件支付确定的金额给收款人或持票人的命令。而票据也可以是汇款的一种工具。票据是以支付金钱为目的，可以转让和流通，如汇票、本票和支票等。票据在广义上还可以指商业上的权利凭证，如发票、提单、保险单等。

通过出票行为创设票据权利，票据一经设立并交付出去，持票人的票据权利就随之而产生。权利必须按票据上所记载的文字及含义来确定，且权利人只能就票据上所表示的票据货币和金额行使请求权。各国的票据法对票据的作成、行使、转让等都有严格的方式和格式要求。票据权利可以通过背书或交付方式自由转移。提交票据给付款人是要求付款的必要行为，当收取票据款项时，票据必须返还付款人。

全球存在着三大票据法系：英国票据法、美国票据法和日内瓦统一票据法。其后联合国在 1988 年 12 月正式通过《国际汇票和国际本票公约》(Convention on International Bills of Exchange & International Promissory Notes)。此公约着眼于解决国际贸易中汇票和本票使用上的不便，而并不直接调和三大票据法系的差异。

《中华人民共和国票据法》是在 1995 年开始实施的，基本上参考了各大票据法系的要点，然后结合我国在有关方面的法规而制定。我国在 2004 年出台了《中华人民共和国票据法（修订本)》。

相关链接

票据的有关当事人：

①出票人（Drawer）——做成票据、在其上签名并发出票据的人。

②付款人（Drawee）——票据上注明承担付款责任的人，又称受票人。

③收款人（Payee）——获取票据款项的人，是票据的主债权人，通过提示方式向付款人要求承兑或付款。若遭拒绝，可向出票人追索。在票据到期前，收款人可以背书将票据转让，转让后就成为背书人（Endorser)，与出票人一样向被背书人承担相同的保证责任。

④持票人（Holder）和被背书人（Endorsee）——持票人是持有票据的人，享有票据权利，他可以是票据上载明的原始收款人或通过票据转让而成为持票人；在票据后面背书转让票据权利的人为背书人或称转让人(Transferor)，受让票据的人就称为被背书人或受让人（Transferee)。

⑤承兑人（Acceptor）——在票据上加上“承兑”字样以表示承担付

款责任的人。有些国家保证承担付款责任的方式不在票据上承兑，而是发出一封保证付款的信函（Letter of Guarantee）。承兑人是除付款人以外承担付款责任的保证人（Guarantor）。

（一）汇票（Bill of exchange 或 Draft）

汇票是指出票人签发的无条件的命令，以指示付款人于指定的到期日或在任何可确定的、将来的时间支付一定金额给指定受款人（收款人）或持票人。因此，汇票的基本当事人最少要有三个，即出票人、付款人和收款人。

1. 汇票的主要内容

①汇票上必须标明“汇票”字样以与本票或支票区分；

②无条件的书面命令；

③确定金额、出票日及出票地（用来决定汇票的有效期）；

④付款人名称、地址和付款日期（可以是见票即付、固定日期付款、见票后定期付款或承兑后到期日付款）；

⑤收款人名称（可以限制其转让或流通）；

⑥出票人签字；

⑦任意记载事项，如利息条款、汇率条款、交单条款等。

2. 汇票转让（背书）

持票人在汇票背面注明转让的签名并交给被背书人的行为称为背书。大多数汇票的转让权利都是通过背书来完成，背书方式可分为：

①空白背书：不载明被背书人名字；

②记名背书：写上被背书人名字；

③限制背书：背书时加上限制性条件，使汇票再转让受到限制。

背书必须是由全部收款人或指定人做出，是对汇票金额全部背书并且不得附加条件。汇票背书人只有在主债务人（即出票人或承兑人）不履行付款责任时才会被追索。如汇票经过连串背书转让，持票人或被背书人就代替了收款人，有向出票人或以前所有背书人追索的权力。

3. 汇票的种类

根据不同定义，可将汇票分成很多种，但本章只讨论两种最具代表性的，即以出票人身份以及是否附有货运单据来区分。

①根据出票人身份不同可分为银行汇票（以其国外分/联行或代理行

为付款人的汇票）和商业汇票（付款人是国外的进口商）。如果某银行在远期商业汇票上承兑，那么承兑后的汇票便称为银行承兑汇票。

②根据是否附有货运单据可分为跟单汇票（即附有货运单据的汇票，在信用证和托收业务中经常使用跟单汇票）和光票（未附有货运单据的汇票，一般极少用于收取货款，只是用于收取费用或利息）。

（二）本票（Promissory Note）

本票是指由出票人向收款人发出的书面承诺，保证于见票时或定期或在可以确定的将来时间对其或其指定人或持票人支付一定金额的款项。因此，本票的基本当事人只有两个，即出票人和收款人。

本票可以由单独一个出票人签发，也可以由两个或以上出票人一起签发。两个或以上出票人签发本票时，可以说明对本票共同负责或共同/分别负责。因为本票是由出票人自己付款，所以不必承兑，其余的票据行为基本上与汇票相同，也可背书转让和流通。本票也可分银行本票和商业本票。

本票的主要内容：

①本票上必须标明“本票”字样；

②无条件的付款承诺；

③确定金额、出票日期和地点；

④出票人签字、付款日期（也可分为即期，出票后若干天和见票后若干天）和付款地点（如未写明则为出票人的营业场所所在地）；

⑤收款人或其指定人，或无记名式。

（三）支票（Cheque 或 Check）

支票是指银行存户根据开户协议向银行签发的即期无条件支付命令。因此，支票的基本当事人也有三个，即出票人、付款银行和收款人。

支票可以由个人或企业签发，只要预先与付款银行约定好，并得到付款银行同意，即使账户余额不足，付款银行也可以按其命令付款。一般来说，支票是见票即付的票据。因此，如果收款人收到一张未到期的支票（期票），他要保留该支票直至到期日才可以向付款银行提示要求付款，除非他的开户银行愿意提供到期前贴现融资。不同国家对支票的法定或合理流通期限都有规定（大多数为 6 个月），晚提示付款的支票，付款银行可以拒绝付款，但出票人并不因此而解除对持票人的付款责任。

1. 支票的主要内容

①无条件支付命令；

②付款人（银行）名称和地址；

③确定的金额（必须有金额的大写和小写）；

④出票日期，出票人签字。

其他如出票人的账户号码、支票号码等都会预先印好，而且支票的格式一般都由付款银行所规定，因为大部分的支票都会通过支票清算系统自动处理。

2. 支票的种类

（1）记名与不记名

①记名——指在支票收款人一栏写上收款人的名字（Pay James Smith）或其指令人（Pay James Smith or Order）。

②不记名——指在支票上并没有任何收款人的名字，这是来人（Bearer）支票，任何人持有该支票都可以向付款银行进行提取。

（2）划线与不划线

①划线——指在支票正面划上两条平衡线（一般在支票的左上角位置），以表示此支票不能在付款银行的柜台兑换现金，必须通过存入账户方式提取。划线支票比较安全，一旦遗失或支票金额被冒领，可通过代收银行的账户资料追回退款。

②不划线——指可在付款银行柜台提现的现金支票（当然，如果不想提现也可以通过过账方式清算）。

（3）只付收款人账与不得转让

①只付收款人账——指在上述划线支票的两条平衡线内写上“只付收款人账（A/C Payee Only）”，以表示出票人只对收款人的追索负责，任何其他被转让人或持票人收不到票款时，不能向出票人追索。这种支票在理论和法律上都可以转让，但后面的被背书人法律地位会受前面转让过程中的瑕疵和不合法因素所影响。

②不得转让——指在上述划线支票的两条平衡线内写上“不得转让（Non Transferable）”以表示出票人限制该支票转让，出票人只对收款人负责。“不得转让”和“只付收款人账”可以在一张支票中同时使用。

所有支票如果经付款银行在支票上加上“保付（Good for Payment）”字样，表示付款银行保证对这一支票付款，则该支票被称为“保付支票”。

（四）美元支票清算

全球使用票据（汇票、本票和支票）最多的国家是美国。其每年票据的清算量超过6 000亿张。所以美元票据在全球各地流通、转移甚为普遍，很多美资银行都为世界各地的其他金融机构提供不同种类的票据清算服务。最常见的有以下三种。

1. 立即贷记（Cash Letter）

立即贷记是一种即时入账但保留退票追索权的服务，举例来说：

①中国的A银行在美国的B银行开立了美元账户；

②B银行为A银行提供立即贷记服务，双方签订服务协议，服务收费一般较为便宜；

③今天，A银行的客户×××公司要求A银行办理一张由在美国C银行付款的美元支票；

④A银行将美元支票寄到B银行，要求使用立即贷记服务；

⑤B银行在收到支票后1~2天将支票金额贷记A银行账，同时将支票通过美国联邦储备银行的票据清算系统（一般票据清算系统都是通过读取预建在票据上的电子编码，例如，银行代码、客户账号、票据号码和金额等，来取得进行清算所需要的资料）送交C银行并立即借记C银行在联邦储备银行的账户；

⑥C银行在收到支票或看到支票影像后（在很多国家已经实施了支票在规定金额内用影像传送来进行清算的方式），核实所有资料，如发现有问题或出票人账户余额不足，C银行可以在规定时间内将支票退回给B银行并借记B银行在联邦储备银行账户；

⑦B银行收到退票和通知后，立即借记A银行账户并将支票退回给A银行；

⑧A银行按照与×××公司签订的服务协议来处理该退票。

2. 最终贷记（Final Credit Service）

最终贷记是指提供此服务的银行在其规定条件下，将支票款项给付使用服务的银行或企业后，便对付款没有追索权和不获保留退票的权利。所有退票、拒付或伪造等风险由提供此服务的银行来承担，但使用者需要支付一定的费用。

提供此种服务的银行凭着他们在该领域多年的经验，评估出每种风险可能发生的比率，加上制定各种严格的审查标准，考虑整个支票流程的清算时间，然后订立服务条件和收费。

这是一项非常受使用者欢迎的服务，因为它有明确的付款时间、收费标准和能使用此种服务的支票规定，使用者很容易掌握和运用。

3. 托收（Collection）

托收是指支票款项收妥确实后才贷记提交支票的银行账户。支票付款银行在支票款项给付后对提交者就再没有追索权，除非在背书转让过程中出现欺诈或伪造。付款银行必须要查证及核实所有资料（包括向出票人查询）后才会付款。因此，这种票据清算方式需要较长的处理时间和较高的费用。

票据清算就像货币清算一样，要求高效率、稳健和适当的风险防范。因此，大部分国家和地区，票据清算系统都由该国的中央银行或金融监管机构负责运营和管理。

二、汇款（Remittance）

汇款是指付款人或债权人通过银行或其他途径，运用各种工具将货款汇交收款人或清偿债务的行为。汇款是国际贸易中以赊账和预先付款为结算方式的主要支付工具，也是在非贸易结算中（或称为清算）转移资金的重要工具。汇款业务可分为汇出和汇入，银行接受客户的委托将款项汇出给收款人的业务称为汇出业务；反之，银行接受海外分/联行或代理行的委托，办理解付汇款给收款人的业务称为汇入业务。汇款人在汇出款项时可按照收款人的急切性、金额的大小和收款人所在国家的情况，来选择票汇、信汇或电汇方式将款项汇出。

（一）票汇（Demand Draft，D/D）

票汇是指通过银行开立即期汇票（Bank Draft）的方式来将款项汇出。开出汇票的银行一般会采用它的海外分/联行或账户行作为汇票的付款人。银行汇票也是票据的一种，受付款银行所在地的票据法所约束。收款人可以通过他的开户银行提供的票据清算服务，利用票据清算体系收取款项或亲自带齐有关身份的证明文件到付款银行提款。因此，汇款人和收款人可以是同一个人，以方便汇款人在国外提取使用。

1. 基本流程

（1）汇款人填写申请表格向汇出银行提出申请，交付款项和费用或授权汇出银行在其账上扣款（申请表格一般一式两联或以上，银行在副联上盖印并退回给汇款人表示收妥申请表）。

（2）汇出银行在申请表内容审核无误并收齐款项后，开出汇票并交给汇款人（汇票申请人），申请人必须在申请表上签字确认已收到开出的汇票。然后汇款人将汇票邮寄给收款人或自行携带给国外收款人。

（3）出票银行会按其与海外分/联行或账户行的协议，决定是否需要将开出汇票的明细告知，以便汇票的解付工作能顺利进行。一般会按汇票金额的大小来作出安排，倘若汇票金额不超过约定的金额，出票银行不会通知付款行，付款行需要通过核对汇票上的签字和其他细节来确定汇票的真伪。

（4）收款人收到汇票后，可以通过其账户行的票据清算系统来收取款项或携带身份证明文件到付款银行提款。

（5）付款银行会核对汇票上的所有资料，无误后按汇票提交的方式付款。

（6）有些付款银行会将付讫后的汇票连同对账单退回给出票银行。

2. 业务特点

（1）票汇的手续费是汇款方式中最便宜的，但其收款时间也是最长的；

（2）像信汇一样，大多数资金都由出票银行占用；

（3）也会有签字有效性和走样的风险，会增加汇入行和汇出行的工作量和成本；

（4）在邮寄过程中，汇票可能遗失，需要与出票银行查证票款未被提取，才可以申请挂失及停止支付遗失的汇票和补发新汇票，有些出票银行只在汇票开出后 6 个月仍未被提取才会接受补发。

（二）信汇（Mail Transfer，M/T）

汇出银行以航空信函方式指示汇入银行（一般是汇出银行的账户行）解付一定金额的款项给收款人。通常在信函内会详细列明收款人的名称、地址、电话、开户银行名称和账号等。同时将汇款人姓名和附言（若有的话）一同告知汇入银行，以方便汇入银行解付款项给收款人。

1. 基本流程

（1）汇款人向汇出银行提出申请，交付款项和费用或授权汇出银行在其账上扣款（申请表格一般一式两联或以上，银行在副联上盖章并退回给汇款人表示收妥申请表）；

（2）汇出银行在申请表内容审核无误并收齐款项后，将汇款内容清楚地表述在信函内，由有效签字人签署后将信函用航空挂号方式寄给汇入行；

（3）汇入行收到信函并核对签字相符后，通知收款人带齐证明文件到汇入行取款或贷记收款人在汇入银行的账户，然后向收款人发出贷记通知单；

（4）如收款人未在汇入银行开设账户，则必须带齐身份证明文件才能到汇入银行提款。

2. 业务特点

（1）信汇手续费较电汇便宜，但汇款时间较长；

（2）汇出银行一般在发出信函当天就贷记了汇入行在其银行的账户，虽然大部分汇入行在对账单上看见入账资料，但都不会在收到信函前使用那笔资金，资金仍然停留在汇出银行由汇出银行占用；

（3）汇出银行有权签字人的签字有时会走样或效力不足，需要另加电报确认，增加了汇出行和汇入行的成本。

（三）电汇（Telegraphic Transfer，T/T）

电汇是指汇出银行根据汇款人的要求，用电讯［电传（TELEX）或SWIFT］形式，将汇款明细通知汇入行或账户行，委托其将款项尽快解付给收款人。对一些规模较小或业务量少的银行可以使用账户行提供的汇款软件，通过电话与账户行连线进行收付汇的业务。

1. 基本流程

电汇的操作模式有两种：

①汇出行直接向汇入行发报有关汇款明细，然后通过账户行将汇款金额［又称为头寸（Cover）］划入汇入行在某银行开设的账户（相关案例1，图2－1）；

②将汇款明细发报给账户行，由账户行再通过当地的资金清算系统，如CHIPS（美元）将款项汇给汇入行（相关案例2，图2－2）。

相关案例 1

汇款金额 USD10 000.00，用 SWIFT MT103 加 MT202COV 发报

汇出行：A 银行上海分行（A 银行上海分行美元账户行：A 银行的纽约分行）

汇入行：B 银行新加坡总行（汇入行美元账户行：在纽约的 C 银行）

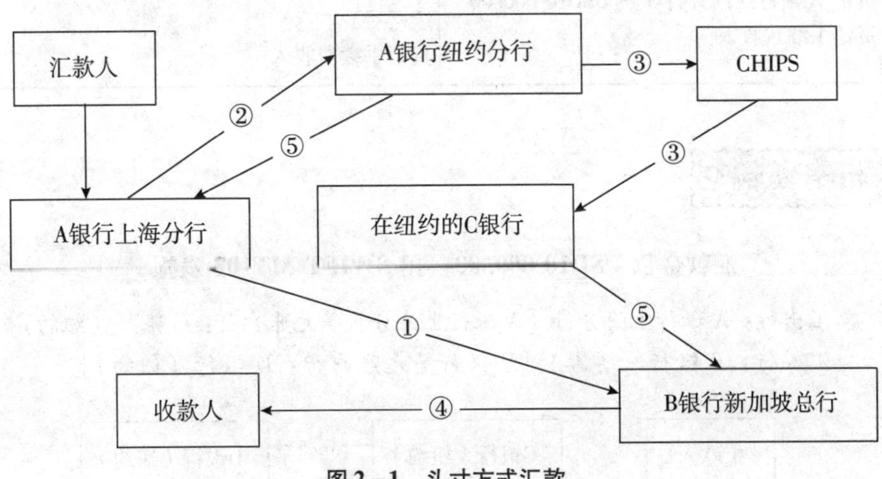

图 2－1 头寸方式汇款

①A 银行上海分行向 B 银行新加坡总行发送 MT103 电文，在电文内除了要将收款人的资料放在 59 栏外，A 银行上海分行必须通知 B 银行头寸的路径，即由 A 银行纽约分行（54 栏）付给在纽约的 C 银行（56 栏）；

②A 银行上海分行向纽约分行发送 MT202COV 电文，在电文内 A 银行上海分行必须告知其纽约分行是付给 B 银行（58 栏）在纽约的 C 银行（57 栏）的账户；

③A 银行的纽约分行会利用 CHIPS 系统将 USD10 000.00 付给 C 银行，并告知入 B 银行的账户（表 2－1）；

④汇入行在收到汇出行的 MT103 电文后，视其本身银行的规定可以立刻将款项解付给收款人或需要等待收到对账单，确认头寸已经收到后才解付，由于所有电文都是用电讯方式，所以整个过程最多不应该超过 3 天，手续费可以由受益人承担，B 银行可以先将费用从汇款金额中扣除后才将

余额给受益人；

⑤汇出和汇入行都会分别收到其账户行发送的借记（MT900）/贷记（MT910）通知和对账单（MT950）。

表2－1　头寸汇款的账户处理

A银行账户处理	B银行账户处理
借记 汇款人账户 USD10 000.00 + 手续费 贷记 A银行纽约分行账户 USD10 000.00 贷记手续费收入	借记 C银行账户 USD10 000.00 贷记 收款人账户（从 USD10 000.00 扣手续费后） 贷记手续费收入

相关案例2

汇款金额 USD10 000.00，用 SWIFT MT103 发报

汇出行：A银行上海分行［A银行上海分行美元账户行：C银行（纽约）］

汇入行：B银行（香港）［B银行美元账户行：D银行（纽约）］

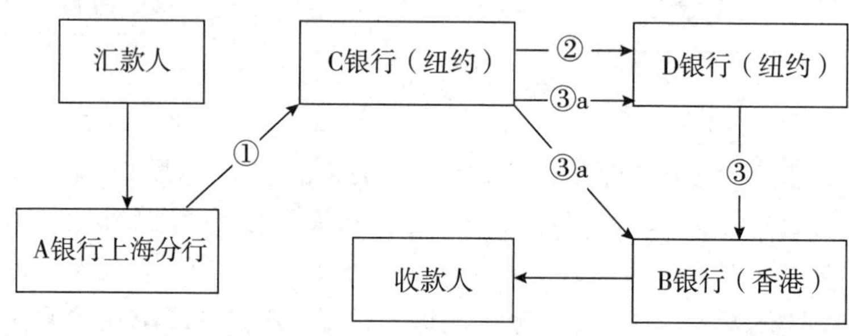

图2－2　直接汇款方式

①A银行上海分行将MT103直接发给其在纽约的账户行C银行，除了要将收款人资料放在59栏外，必须告知B银行（香港）的美元账户行（57栏）是在D银行（纽约）（56栏），同时告知C银行其汇款手续费可从汇款金额中扣除［71栏：BEN（手续费由受益人承担）］；

②C银行扣除其手续费（假设USD20.00）后，通过CHIPS系统的银行间转账功能将USD9 980.00转入B银行（香港）在D银行的账上，并同时发送借记通知（MT900）和对账单（MT950）给A银行上海分行；

③D 银行扣除其手续费（假设 USD10.00）后会向 B 银行发出 MT103，然后将 USD9 970.00 贷记入 B 银行的账上。有时 C 银行会向 B 银行直接发出 MT103，然后将头寸通过 CHIPS 系统转入 B 银行在 D 银行的账上。

由于这种汇款方式通过汇入和汇出行的账户行处理，手续费可能会多一些。目前，汇出/汇入和中间（账户）行的费用有以下三种方式：

①Charge “OUR”：所有费用由汇款人承担，收款人收取汇款金额；

②Charge “BEN”：所有费用由收款人承担；

③Charge “SHA”：汇出方银行费用由汇款人承担，汇入方银行费用由收款人承担。

但美元清算的 FEDWIRE 和 CHIPS 系统都不接受 Charge “OUR” 方式的汇款。

2. 业务特点

（1）收款速度快，全部过程能够在最迟 3 个工作日内完成；

（2）安全可靠，因为通过 SWIFT 的核押电文传递，而且大部分银行内部系统都与 SWIFT 操作直接连接，可以减少人工干预和产生差错的机会；

（3）费用较信汇和票汇高；

（4）由于解付速度快，如果因为发现错误而需要退汇或汇款人与收款人发生纠纷而汇款人希望撤销汇款时，难度较大，风险较高，一般当汇入行将汇款解付给收款人或贷记其账户后，退汇必须要得到收款人同意和授权，汇入行才能将收到的汇款退回。

三、托收（Collection）

托收是国际贸易中重要的结算方式之一，在实务中经常被采用。因为在现实的国际贸易中几乎很难找到买家和卖家都同意接受赊账或预先付款其中一种结算方式。因此，为了完成交易，买卖双方都要作出相应的让步，所以，托收就应运而生。

托收是指出口商在货物装运后，开具以进口商为付款人的汇票，连同有关货物单据（如提单、发票、保险单等）委托其账户行通过它在海外的分/联行、代理行或进口商的开户行向进口商收取货款的方式。又或者说，托收是债权人出具债权凭证（如汇票）委托其账户行代为收款的方式，又或债权人收到债务人为偿还债务而出具的本票或支票，然后委托其账户行收款的行为（图2－3）。

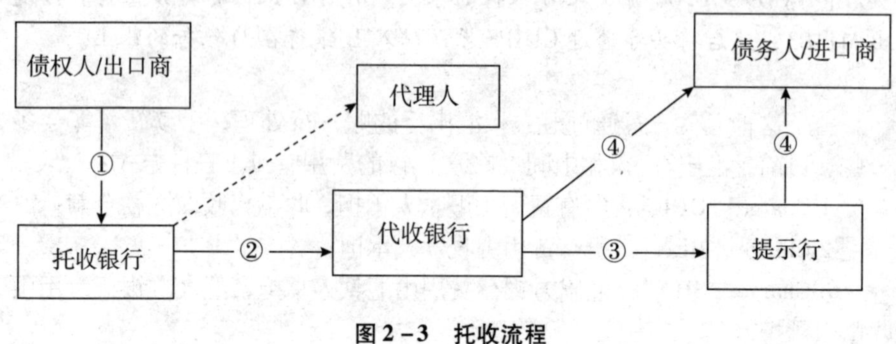

图2－3　托收流程

（一）业务特点

（1）交易双方已经是长时间的贸易伙伴，彼此建立了信用基础；

（2）交易方式由买卖双方直接负责，其他的有关方（如托收银行和代收银行）只是负有专业性的责任，而最终托收款项收到与否，托收/代收银行并不承担任何责任；

（3）托收结算程序较信用证简单，所以成本较低。

（二）托收当事人的相互关系

1. 债务人或出口商

债权人或出口商（卖家）委托银行代办托收业务，将债权凭证及/或单据连同委托申请书提交给银行要求按托收方式办理收款业务。申请书就成为与托收银行的委托收款合同，签署后就与托收银行建立了委托代理关系。债权人或出口商必须要在申请书上给予托收银行明确及清晰的指令。

2. 托收银行

托收银行（Remitting Bank）是指接受债权人或出口商委托的银行，一般是他们的账户行。托收银行在接受委托后，就要执行债权人或出口商的指令，因此，它发给代收银行的托收委托指令必须与债权人或出口商的指令一致。倘若有不能执行的指令，托收银行必须向债权人或出口商解释，并要求他们修改申请书上的指令。同时履行专业的责任，核对收到的单据份数和种类，谨慎处理整个托收过程的每一环节。托收银行没有审核单据内容或其真实性的责任。若托收费用由付款人承担但最终付款人没有缴付，则都由委托人承担。

3. 代收银行

代收银行（Collecting Bank）是指接受托收银行委托向债务人或进口商收款的银行，一般来说是托收银行的海外分/联行、代理行或账户行，也有可能是债务人或进口商的账户行（由债务人或出口商向托收银行提供）。当代收银行接受了托收银行的委托后，它们便建立了托收代理关系，必须执行托收银行给予的托收指令和履行专业性的责任，但代收银行与债权人或出口商并没有直接的关系或委托代理关系。代收银行的主要责任有：

①保管好债权凭证及/或按托收银行指令释放给债务人或出口商；

②将拒绝付款或承兑情况按托收指令通知托收银行；

③按一般银行的习惯做法，定时按托收指示规定方式向托收银行通知托收情况；

④无义务对托收项下货物采取任何行动，除非得到托收银行的委托而本身又愿意接受委托，但对保护该项货物的第三者所采取的行动与疏漏不负任何责任；

⑤代收银行的所有费用，如果最终不能获得偿付，托收银行要负责赔偿。

4. 提示行

提示行（Presenting Bank）是指向债务人或进口商提示债权凭证及/或单据的银行。一般情况下，代收银行会直接向债务人或出口商提示，但如果代收银行与债务人或出口商没有直接的账户关系，为了方便结算的进行，代收银行会再委托他们的账户行向他们提示债权凭证及/或单据。

5. 债务人或进口商

债务人或进口商是直接责任付款的人，他们与代收银行或提示银行并没有直接的托收关系。所以，债务人或进口商应否向代收/提示银行付款，完全根据他与债权人或出口商所定的契约责任而决定。

6. 代理人

代理人（Agency，in case of need）是指在托收过程中，如发生付款人拒付，委托人指定在付款地处理一切事务的人，包括获得公证行的拒付证明书，将货物提取、存仓、转售或运回出口商，等等。但代理人的权限必须在委托书上详细说明，否则代收银行可以不接受代理人的任何指示或不接受超越其权限的指示。

（三）托收的基本分类和流程

依托收是否附带货运单据区分，有光票托收和跟单托收两大类。

1. 光票托收（Clean Collection）

光票托收是指提交金融单据（如汇票、支票、本票或其他债权凭证用以取款的文件）但不附带其他货运单据，委托银行代为收款。有时光票托收也会附带发票或其他整付清单等，但是没有货运提单的。以下是光票托收流程（图2-4）：

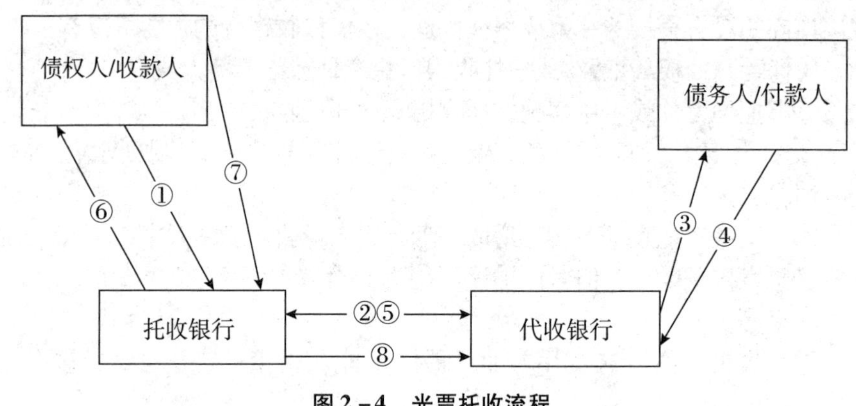

图2-4　光票托收流程

①债权人/收款人（委托人）提交金融单据连同申请书委托银行（一般是债权人/收款人的账户行）代为收款。

②托收银行将金融单据连同托收面函（指令）送交其海外分/联行，代理行或由委托人指定的银行进行向债务人/付款人收款的工作。

③代收银行收到金融单据和托收面函后，清楚了解托收指令，然后通知债务人/付款人。

④一般而言，金融单据大部分都是即期付款的，因此，债务人/付款人必须按照他与债权人/收款人的契约协定，向代收银行立即付款；虽然金融单据大部分是即期付款，但有时也会有远期汇票，这样债务人/付款人就必须向代收银行承兑。承兑后的汇票，一般由代收银行代为保管至到期日再向债务人/付款人提示，进行收款。

⑤代收银行收妥款项后，会贷记托收银行在其银行账户或按托收银行指示将款项汇到另一银行，然后向托收银行发出贷记通知或汇款通知。但如果是远期汇票，代收银行会先通知托收银行债务人/付款人已承兑的情

况，待到期时再提示，收到款项后才进行贷记及通知。如果债务人/付款人拒绝付款或承兑，代收银行必须要按托收指令尽快通知托收银行有关信息，并要求托收银行给予进一步的指示处理该单据。

⑥托收银行收到款项或拒绝付款/承兑通知后，便会贷记债权人/收款人的账户或通知他们拒绝付款/承兑信息。

⑦如果债务人/付款人拒绝付款/承兑，债权人/收款人必须指示托收银行处理单据的方式。

⑧托收银行将指示通知代收银行代为执行。

2. 跟单托收（Documentary Collection）

商业单据（发票、提单、装箱单、保险及其他类似的单据）的托收称为跟单托收。跟单托收可以是有汇票的或没有汇票的。国际贸易中所采用的托收结算方式都是跟单托收，按照释放单据的条件，跟单托收又可分为付款交单和承兑交单两种：

（1）付款交单（Documents against Payment，D/P）

付款交单是出口商为了保护自己的货物权的交易方式，进口商要付了货款才可以拿到单据，然后到运输公司去提货。付款交单也可再细分为即期付款交单（D/P at Sight）和远期付款交单（D/P Usance）。

远期付款交单方式可以按双方协议规定按“见单后”，“发票日期后”或“船期后”多少天付款交单（D/P at ×× days after sight/Invoice Date/Shipment Date）。远期付款交单的“远期”必须与货物运送时间互相配合，否则货物到港后，付款期还未到，进口商不能立即付款而获得单据及时去提取货物，令货物滞留港口，容易受到损失或要缴付滞港费或存仓费。以下是付款交单的流程（图2－5）：

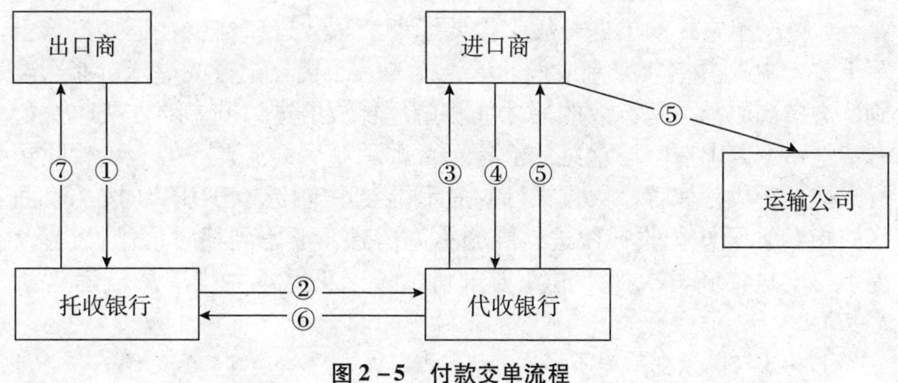

图2－5　付款交单流程

①出口商装货发运后获得提单，再准备好其他单据然后将所有商业单据、金融单据（若有的话），连同托收申请书提交给托收银行，委托其办理托收收款；

②托收银行将所有单据连同托收面函送交其海外分/联行，代理行或由出口商指定的银行委托其进行向进口商收款的工作；

③代收银行收到单据和托收面函后，清楚了解托收指令，然后通知进口商单据到达和释放单据的方式；

④进口商按与出口商签订的协议方式付款给代收银行；

⑤代收银行收妥款项后将所有单据（除了托收面函，那是托收银行给代收银行的，与进、出口商无关）释放给进口商，他就可以凭运输单据到运输公司提货；

⑥代收银行将款项贷记托收银行的账或按托收银行的指示将款项汇到另一银行，然后向托收银行发出贷记/汇款通知；

⑦托收银行收到款项后便会贷记出口商的账户并向他发贷记通知单。

如果代收银行第一次向进口商提示单据而被拒绝时，需要按托收面函的指示尽快通知托收银行。同样，托收银行收到通知后会立刻通知出口商。这样出口商便可以尽快与进口商了解情况，并对托收银行发出处理被拒绝单据的方法。

（2）承兑交单（Documents Against Acceptance，D/A）

承兑交单指出口商愿意在进口商承兑之后就放弃货物的拥有权，而可否在到期日收到款项的风险由出口商自己承担。托收/代收/提示银行对进口商是否付款的行为不承担任何责任。因此，使用承兑交单交易方式时，出口商一定要严格控制进口商的信用风险。对信用不好或不甚了解的进口商最好不要使用承兑交单方式。

承兑交单方式的单据一般都需要远期汇票，进口商就在远期汇票上写上“承兑”并签字来完成他的承兑行为。而代收银行或提示行必须要确认进口商的承兑是有效的后才能将单据释放给进口商。除非托收银行有特别命令要求退回已承兑的汇票，否则承兑后的汇票一般会由代收银行或提示行代为保管，代收银行或提示行会用电传或SWIFT（按托收面函的指示）通知托收银行进口商的承兑信息。汇票到期时，代收银行/提示行向进口商再次提示汇票要求付款。以下是承兑交单的流程（图2－6）：

①～③与付款交单差不多；

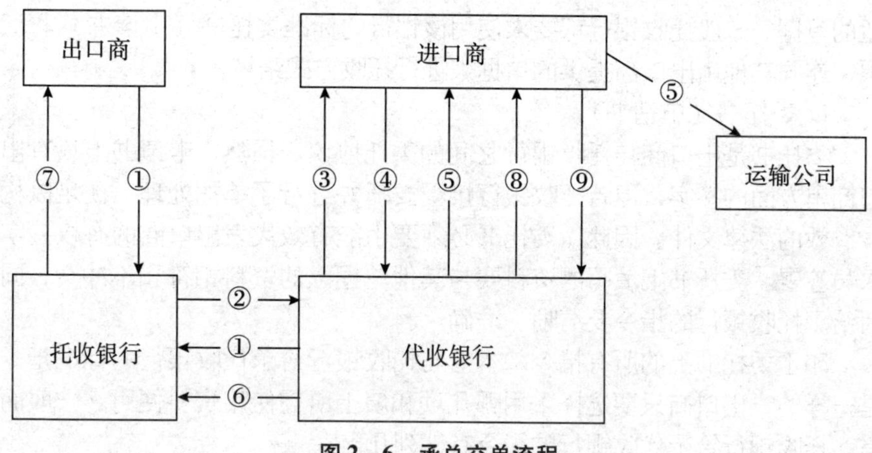

图 2-6　承兑交单流程

④在承兑交单时是承兑而在付款交单时是付款；

⑤ 代收银行收妥进口商的承兑并确认是有效的后，将单据释放给进口商，进口商就可以凭运输单据到运输公司提货；

⑥ 代收银行将承兑通知通知托收银行；

⑦ 托收银行收到承兑通知后便会通知出口商；

⑧ 到期日，代收银行向进口商提示到期的汇票；

⑨ 进口商付款给代收银行，代收银行付款给托收银行，托收银行将收到的款项付给出口商。

在承兑或付款过程，若进口商在代收银行第一次提示时拒绝承兑/付款，代收银行必须按托收面函指示尽快通知托收银行，并要求给予处理单据或对拒绝付款的对应行为。不论在承兑还是付款被拒绝的情况下，托收银行都必须尽快通知出口商，待出口商直接与进口商解决，等待出口商发出新的指示。

（四）托收所使用的文件和单据

单据是出口方履行销售合约的证明和收取款项的凭证，而进口方需要依赖出口商提供的单据进行报关、课税、提货和付款等。银行就在出口商和进口商中间扮演着中介的角色，为单据和货权的转移、购汇付款等提供贸易结算和融资服务。

在托收业务中，不一定需要下述所有单据，视每笔交易情况来使用合适的单据。一般托收银行都要求使用该银行的标准委托书（申请书）和汇票，连同其他由出口商提供的单据来进行托收方式结算。

1. 委托书（申请书）

委托书是出口商与托收银行之间的委托协议。虽然，申请书上只有出口商单方面的签字，但若托收银行接受委托并进行了单据处理，便足以构成有效的法律文件。因此，委托书必须要由能有效代表出口商的有权签字人员签署。委托书上填写的资料要与其他单据上的资料相符和不冲突，同时给予托收银行的指令要清晰、准确。

印于委托书上的所有指令基本上与托收银行给予代收银行的标准指令是一样的，出口商只要选择采用哪几项和填上所需使用资料便可。一般而言，托收银行给予代收银行的指令有下列几点：

①付款/承兑（见单后××天）交单；

②所有银行费用由出票人/受票人承担；

③按年息××%向受票人收取从提示单据日到付款日的利息；

④用 SWIFT/电传/航空邮递通知付款/承兑；

⑤用 SWIFT/电传/航空邮递通知拒绝付款/承兑；

⑥不能放弃银行费用和利息收取；

⑦货到时才向受票人提示单据；

⑧当拒绝付款/承兑时安排/不需安排公证和法律程序；

⑨适用 URC522。

2. 汇票（Bill of Exchange）

一般采用托收银行预先印好的标准格式，一式两份（“付一不付二”和“付二不付一”分别显示在两份汇票面上），这是为了方便托收银行分开两次把单据寄给代收银行时，每份单据都能附有一张汇票。汇票由出口商签名盖章出具，受票人（付款人）是进口商，而收款人是托收银行。在提交到代收银行之前，托收银行背书，指定代收银行或指定人为收款人。

3. 商业发票（Commercial Invoice）

商业发票是指出口商向进口商开立的说明货物名称、数量、单价和总金额的清单，是与汇票结合成为收取货款的主要依据，也是作为缮制其他单据的核心单据。商业发票上对有关货物做了详细的描述，便于进口商核对出口商已装运的货物是否符合买卖合同的规定和作为报关、课税的凭证，同时成为出口商确认已经履行合约的证明文件。商业发票也可以代替汇票（如果没有汇票提供）作为金融单据来提示、收取货款。

每个出口企业都有自己预先印好（包括公司名字和地址）的商业发票，也一定会有“发票（Invoice）”这个字样。而内容就包括了进口商的名称、地址、销售合同编号（或订单号码）、发票号码和日期、货物名称、描述、数量、单价、总金额和其他，如唛头、包装、运输工具名称、装运地、目的地、发运日期，等等。目前，很多大企业都直接利用计算机来制单，完成后也不一定需要签署，这已经在信用证业务中被广泛接受。

4. 运输单据

运输单据按不同货运方式可分为海运提单（Bill of Lading）、航空运单（Airway Bill）、铁路运单（Railway Bill）、邮寄（Post Receipt）和快递（Courier Receipt）等。运输单据上有托运人（Shipper/Consignor）即出口商，承运人（Carrier），收货人（Consignee）即进口商的名字。有时，也会出现被通知人的名字和地址，目的是方便运输公司在货物到港前，发送到货通知给指定的人。

运输单据上也会有货物的名称、包装和数量、发运日期、发运地和目的地等资料。运输单据是物权的凭证，物权的转移应当是在进口商付款或承兑汇票之后。因此，出口商应该将整套海运提单送交代收银行而不应该将其中一张直接寄给进口商。但按照航空运输的习惯，进口商不一定要拿到航空运单才能提货，只要他是指定收货人又能证明他的身份便能到空运公司提取货物。因此，在托收业务中，如果使用空运方式发货，最好指定银行为收货人，以确保进口商在未付款或承兑前不能提取货物。至于用其他方式发货，保护物权的可能性就更小。

5. 装箱单（Packing List）

装箱单是指记载或描述商品包装、装箱等情况的单据。一般装箱单上有唛头、货品名称和规格、包装件号码、包装件内包装情况（型号、颜色、数量等）和每一包装件的尺寸、毛重和净重，等等。有些时候，更会按照进口商的要求出具独立的重量单或尺寸单等。

6. 产地证明书（Certificate of Origin）

产地证明书是证明有关出口货物原产地或制造地的证明文件。产地证明书可以由出口商/制造商出具或出口国有关授权单位出具。

7. 保险单据（Insurance Policy or Certificate）

保险单据是货物投买了保险的证明。一般出口商或进口商会被写成被保险人，当货物受到损失时，按情况向保险公司索赔。可投保的险种很多，但一般都会采用“一切险（All Risks）”方式，而投保金额都会是货物价值的110%。

8. 商品检验证明书（Inspection Certificate）

商品检验证明书是证明出口商品的规格、品质、数量、重量和特性的检验文件。出口商应进口商的要求在货物装运前所做的有关检验证明文件。按进口商的不同要求，检验证明书可以由第三方的私营机构、公证行或国家质量监督检验部门等签发。

9. 卫生/健康证明书（Sanitary/Healthy Inspection Certificate）

卫生/健康证明书是证明经过卫生或检疫合格的证明书，一般由出口国家有关单位出具。

10. 按货物种类的不同及不同国家批准进口货物的标准，有可能需要其他种类的证明文件，如温度检验证书等。

（五）操作托收业务需要注意的事项

1. 出口托收

虽然银行在出口托收业务中不一定提供融资服务，但谨慎处理避免为出口商带来麻烦甚至损失也是银行的责任。以下是一些需要注意的地方：

①托收面函一定要清楚说明是D/P托收或D/A托收和适用哪一惯例，如URC 522；

②建议货权由托收银行持有，直至收妥托收款项或合法承兑汇票，而且全套货运单据必须经过银行提交；

③使用国际著名银行为托收行或由出口商指定托收银行（责任由出口商自负）；

④定时跟进付款或承兑情况，并将信息传达给出口商。

2. 进口托收

进口托收的付款责任在进口商，因此，代收银行不需要审核任何托收单据，但必须确保所收到的单据与托收面函上描述的一致并按照面函上的指示来处理单据。例如：

①承兑交单，在进口商承兑了汇票，确认其承兑签字真实、有效后便可以将单据释放给进口商。

②付款交单，在进口商付款后单据才可以释放。但如果是远期付款交单的托收，必须在收到单据后先通知进口商，然后在到期日进口商付款之后才将单据释放。如果进口商需要提前付款赎单，代收银行必须通知提交

单据银行并获得其同意才可以让进口商提早赎单。

③按提交单据银行的指示将不承兑或不付款通知提交行。

第三节　国际贸易结算风险和防范

在国际贸易中，买方（进口商）和卖方（出口商）永远都存在着对立和共同愿望。进口商渴望能够在付款前收到货物，而且货物的种类、数量和质量都是他所预期的；而出口商则渴望能够在释放货物拥有权之前就可以收到全部的货款。

但是任何贸易结算方式都不能完全满足买卖双方的希望和要求，因此，买卖双方必须要清楚了解每一种结算方式对自己的利与弊，然后制定内部的风险控制机制和在市场中寻找合适的工具去防范或尽量减低风险。

一、赊账方式对卖方（出口商）的风险与防范

卖方先将货物发运给买方，货款记在账上，待一定的时间后（一般为60天或90天），买方才将货款通过电汇、信汇或票汇的方式向出口商支付。对卖方来说，这一种是风险最大的结算方式，必须建立健全机制以便控制风险（表2－2）。

表2－2　赊账方式对卖方的风险和防范

卖方风险	防范方法
买方不收货或要求减价	交易前有充分的准备，签订买卖合同
买方到期不付款	买方信用调查，建立评审机制和投买出口信用保险
买方国家修改法例，禁止外汇出口	投买保险
外汇汇率波动	购买远期外汇或使用本国货币

不论采用哪种贸易方式结算，国家风险都是一个值得关注的问题。简单而言，是指某些事件在国内发生或国家颁布新的政策，令国外债权人受到损失的可能性。出口商如考虑用赊账方式结算，最好只考虑评级为A级或以上的进口国。

二、预先付款方式对买方（进口商）的风险与防范

买方预先将货款通过电汇、信汇或票汇方式先付给卖方，卖方等收到货款后（如是票汇的话，要等票款最终收到及没有追索权后）才把货物运送给买方。对买方而言，这是风险最高的一种结算方式，必须建立健全机制以便控制风险（表2－3）。

表2－3　预先付款方式对买方的风险和防范

买方风险	防范方式
买方收不到货或数量不足	交易前有充分准备，签订买卖合同
卖方的货不对板或损坏	卖方信用调查，建立评审机制
卖方迟运令买方迟收	用最快捷方式付款，定时跟踪、催货
卖方国家修改法例，禁止出口	只考虑A级或以上国家
买方本国突然禁止进口	紧贴本国进出口政策和法规
市场货价下跌	预先有足够的市场调查或已经与最终买家签订买卖合约

三、托收方式结算的风险与防范

虽然托收方式结算是建立在买卖双方的信用基础上的，但这种结算方式还是对买方比较有利一些，因为他不要预先付款或开出信用证，货物由出口商先发运，然后货到付款或承兑便可以得到货权单据，从而得到货物。对卖方而言，他需要承担进口商不付款或不要货的风险。如果买方不要货的话，出口商不单要承担运费还要承担把货物运回来的费用。以下是进口商、出口商的风险和如何减轻或避免这些风险（表2－4，表2－5）。

表 2－4　托收方式结算对出口商的风险与防范

出口商风险	防范方式
进口商不付款、不要货或要求降价	进口商全面资讯调查，建立内部额度（尤其是对承兑交单的进口商）和投买出口保险
国家风险	参考评级机构对不同国家的评级，建立内部对每个国家的总额度（建议不对 C 级国家的进口商采用托收方式结算）和投买出口保险
因为货物迟到造成延误付款	选择有良好信誉的运输公司
资金积压造成周转困难	利用适当的融资渠道
外汇汇率波动	采用本国货币或购买远期外汇
物权风险	货运提单必须全套通过银行传递并以托收银行或其指定人为收货人，避免进口商不通过代收银行就能提取货物，提货后不付款或不承兑

表 2－5　托收方式结算对进口商的风险与防范

进口商风险	防范方式
付款交单——出口商货不对板、欺诈或数量不足，货物迟到或受损	出口商全面资讯调查，投买保险和选择有良好信誉的运输公司
承兑交单——外汇汇率波动	采用本国货币或购买远期外汇
付款/承兑交单——缺乏资金	利用适当的融资方式

四、信用证方式结算的风险与防范

虽然信用证是银行信用，但也不能完全保证买卖双方零风险，在使用过程中双方都需要谨慎处理和利用有效的防范措施来避免或降低它的风险（表 2－6，表 2－7），尤其要特别留意信用证陷阱和欺诈。这是一个较为严重的问题，将在第三章予以深入讨论。

表2－6　信用证方式结算对买方的风险与防范

买方风险	防范方式
出口商的货不对板	交易前对出口商进行深入资信调查，要求第三方出具质量检验证明书
外汇汇率波动	购买远期外汇
运输方的欺诈或失误	委托著名的运输公司或代理
偿付方式	尽量采用单到付款方式，不要随便接受开出偿付信用证
银行风险	要防止付了款给开证行后，它在未付款给受益人之前倒闭，必须选择著名及有信用的银行

表2－7　信用证方式结算对卖方的风险与防范

卖方风险	防范方式
开证银行风险	要求信用良好银行开证和要求信用证加保
国家风险	由政治及经济稳定、风险极小的其他国家的银行加保和投买保险
外汇汇率波动	购买远期外汇
买方风险（故意挑剔，不接受不符点）	交易前对进口商进行深入资信调查
预设陷阱或模棱两可条款	征求银行的专业意见及要求修改信用证条款

第三章

最常用的国际贸易结算工具详析
——信用证和保函

信用证（Letter of Credit，L/C 或 Documentary Credit，D/C）是一种以银行信用为基础，不可撤销但附有条件的付款承诺，只要受益人（出口商）在规定时间内提交规定并符合信用证条款的单据，经开出信用证的银行审核相符后，开证行就承担了主要的付款责任，在一定时间内承付一定金额的款项。

保函（Letter of Guarantee）也是国际贸易常用的一种结算工具。由第三方对合同的当事人在履行合同责任及其他有关事项上提供额外保证的担保文件。一般性保函出具者的第三方承担第二位的责任，而合同当事人承担第一位责任；但融资性保函的出具者承担第一位的责任。如果保函是银行按申请人的要求开出的，那就是银行保函（Bank Guarantee）。

备用信用证（Standby Letter of Credit，SBLC，简称“备用证”）可以说是一种特殊的信用证，既有一般信用证的特点又具有担保的性质，因此，也可把它归纳为保函的一种。

备用证诞生于美国银行业萌芽时期，在19世纪后期，因美国的联邦和州法律都不容许银行涉足担保业务，担保只能由担保公司出具，但在实务中经常有客户有担保需求，因此，银行为了与担保公司竞争客户，就利用信用证的特点变通出备用信用证来代替银行保函。目前，备用证除应用于招投标、履约等一般商业用途外，还广泛地应用于国际企业的资金融通。

信用证、银行保函和备用信用证在国际贸易结算和融资业务中占据了极为重要的地位。

第一节　如何利用信用证进行结算

一、信用证业务的特点

①开出信用证后开证银行就承担第一位的付款责任，无论在什么情况下，只要受益人在信用证规定的条件下提交单证相符的单据，开证行就必须付款，不论进口商能否付款。这是开证行与受益人的独立合同。

②信用证独立于贸易合同，两者是完全分离的。虽然，开出信用证的背景依靠着贸易合同，信用证的相关内容亦与贸易合同一致，但在信用证中各有关当事人的权利和义务是以信用证的条款为依据的，完全不受贸易合同的限制和约束。

③在信用证业务中，银行处理的是单据而不是货物。开证行只负责审核单据表面是否与信用证条款相符，对于货物的真假优劣，数量及其他有关情况等都不需要理会和承担任何责任。

④根据 UCP 600（2007 年修订版）第 3 条，开出了的信用证是不可以撤销的，除非得到受益人的同意，同时信用证从未作出提示。

⑤相对赊账、预先付款和托收等结算方式而言，信用证业务的费用较高，提高了进出口商的经营成本。

⑥叙做信用证业务所要求具有的知识和技术相对其他结算方式高得

多，操作人员必须具备相当的专业知识，而且行事要小心谨慎，否则极容易造成错误或跌进贸易陷阱，导致损失。

二、信用证业务的有关当事人

1. 申请人（Applicant）

申请人即进口商，根据买卖合同所指定的条件向其往来银行递交申请书申请开立信用证。开出信用证后，申请人必须承担偿付开证行提交相符单据对受益人所付的款项。在申请人付款前，作为物权凭证的单据仍属于开证行。若开证行以其自身名义开立商业备用信用证时，该信用证就没有申请人。

2. 开证银行（Issuing Bank）

开证银行是指接受申请人的申请或根据自身的需要，以其银行信用开立信用证的银行。信用证一经开出，开证行便承担第一位的付款责任，只要受益人在信用证规定的有效时间内提交与信用证条款相符的单据，开证行就必须履行付款的责任。若单据通过被指定银行或议付行提交而被指定银行或议付行亦按信用证条款付了款，开证行就必须履行偿付的责任。

3. 受益人（Beneficiary）

受益人即出口商或中间商，信用证中受益的一方是指有权依照信用证条款提交汇票及/或单据要求兑取信用证款项的人。因此，信用证内每一条款对受益人都非常重要，能否履行所有条款是提取信用证款项的关键。若发现对自己不利或不能履行的条款应及时向申请人提出和商讨，以便对信用证条款作出修改。如信用证上未有说明信用证是此交易的“绝对”付款工具，当受益人发货及制单后，开证行因倒闭或其他原因不能付款，申请人就要承担向受益人付款的责任。

4. 通知行（Advising Bank）

通知行是指应开证行或申请人在申请书中指定通知行的要求将信用证通知受益人的银行。一般通知行是开证行的海外分/联行，代理行或预先由受益人通知申请人指定某银行为通知行。通知行的责任是核实信用证表面的真实性，但无须承担信用证付款责任。无论任何原因，若通知行选择不将信用证通知受益人，必须将此决定及时通知开证行。

5. 保兑行（Confirming Bank）

保兑行是指接受开证行的要求和授权在其开出的信用证上加上自身的

保证付款承诺的银行。保兑行与开证行有相同的付款责任。保兑的需求是源于开证行的资信较差或国家风险太大，不能被受益人接受，所以要求另一家非进口国家的银行或是受益人地国家银行加上保证付款的承诺。要保兑银行承担付款责任，单据必须向保兑行提交（除非在保兑时，保兑银行另有说明），否则保兑行有权不按承诺付款。

在市场上，有很多暗保的行为发生，就是说信用证受益人与某金融机构达成协议由该金融机构保兑信用证，但不通知开证行的暗中交易行为，这样的协议只是受益人与保兑行的私下交易关系，开证行并没有要求或授权该金融机构保兑信用证。

6. 议付行（Negotiating Bank）

议付行是指在自由议付信用证下，为受益人提交的相符单据做了议付和付了款的银行。一般情况下，议付银行对受益人所付的款项是有追索权的，除非是因为议付行的行为失误导致开证/保兑行不付款。

7. 提示行（Presenting Bank）

提示行是指向开证行、保兑行或指定银行提交单据的银行。

8. 指定银行（Nominated Bank）

被开证行指定在信用证业务中扮演不同角色的银行。

（1）付款行（Paying Bank）是在信用证中被开证行指定为支付汇票或信用证款项的银行，一般是开证行的海外分/联行或代理行，开证行利用它们作为融资的渠道；

（2）承兑行（Accepting Bank）是指在远期信用证中对受益人开出的汇票作承兑的银行，在到期日承兑行必须对其承兑了的汇票付款；

（3）偿付行（Reimbursing Bank）是指开证行在开出偿付信用证时指定某一银行为其偿付行，提示/议付行会将相符单据直接寄送给开证行，同时按信用证条款规定向偿付行发出偿付要求，偿付可以按 UCP 600 第 13 条或 URR 525 处理；

（4）索偿行（Claiming Bank）是指在偿付信用证项下向偿付行提交索偿要求的银行，可能是议付/提示行，但亦有可能是提供索偿服务的其他商业银行；

（5）转让行（Transferring Bank）是指在可转让信用证项下，被开证行要求和授权在受益人提出申请后将信用证部分或全部转让给第二受益人的银行。

三、信用证当事人间的合同关系（图3－1）

办理一张信用证业务涉及有关当事人的合同可多至七八张。这些合同表面上可以是紧密关联的，但在法律上是各自分开和独立的。这证明了合同当事人原则（即合同只对当事人有效）及信用证独立原则。

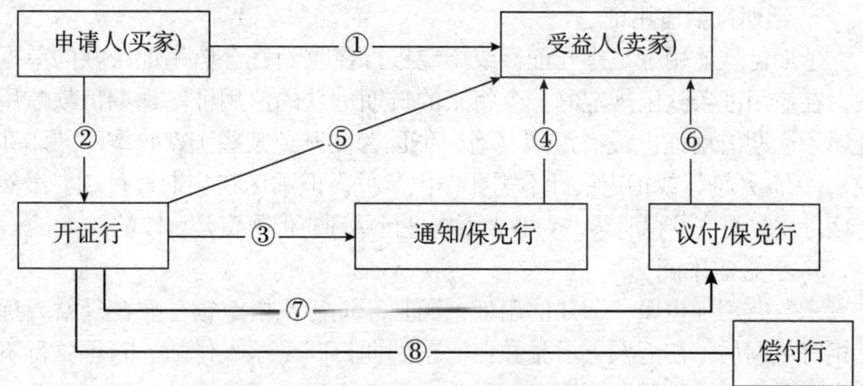

图3－1　信用证当事人之间的合同关系

①销售合同；

②信用证付款后，申请人需要偿付开证行的偿付合同；

③受开证行委托去通知或保兑信用证的代理人合同；

④保兑行与受益人之间的合同（若有保兑信用证的话）；

⑤开证行对受益人承诺提交相符单据后付款的合同；

⑥若受益人提交相符单据，代表开证行承诺信用证付款的合同；

⑦开证行与议付行/保兑行之间的偿付合同；

⑧若信用证为偿付信用证，开证行与偿付行之间也有偿付合同的存在。

四、信用证的种类

信用证业务随着国际贸易多元化的发展而不断演变，因此在功能、用途、特点各异的复杂情况下，一张信用证可能拥有多种不同的特征，要讨论信用证的种类必须从不同的角度，如信用证的性质、期限和兑用方式等方面来进行。

（一）按兑用方式分类

1. 即期付款信用证

即期付款信用证是指开证行或指定付款行在收到符合信用证条款的汇票及/或单据后立即付款的信用证。

2. 延期付款信用证

延期付款信用证是指开证行或指定银行在收到符合信用证条款的单据后，在信用证条款上规定的一个将来的日期付款的信用证。延期付款信用证属于远期信用证但没有汇票（有可能因为要避免某些国家收取汇票印花税），因此开证行或指定银行不需要作出承兑，但承诺在到期日付款。虽然延期付款信用证没有汇票，受益人不能进行贴现，但融资是可以的。

3. 承兑信用证

承兑信用证也属于远期信用证，而且开证行或指定银行要在受益人提交相符单据后，在汇票上承兑并在汇票到期日向受益人付款。若承兑行不承兑汇票或在承兑汇票到期日不付款，开证行都必须承担其责任。受益人拿到开证行或指定银行承兑的汇票后，可以要求银行贴现该汇票，贴现利息由受益人来承担。这样的信用证又称为卖方远期信用证（Seller's Usance L/C）。另一种是由买方来承担贴现利息的，即远期汇票即期付款，又称为买方远期信用证（Buyer's Usance L/C）或称为假远期信用证。一般都是由开证行为申请人或为其本身安排进口融资的一种方式。

4. 议付信用证

议付信用证是指指定银行或任何银行（如果是自由议付信用证）在相符交单下，在其应获开证行或指定银行偿付当天或之前向受益人预付或同意预付，从而购买汇票及/或单据的行为。因此，议付信用证是开证行授权某指定银行或任何进行上述行为的银行，并保证对议付银行进行偿付。议付行在议付信用证后对受益人保有追索权，除非议付行也是保兑行或因议付行的过失而得不到开证行的付款。

（二）按是否有第三方银行提供保证兑付分类

1. 保兑信用证（Confirmed L/C）

保兑信用证是指开证行授权另一家银行在其信用证上加具付款保证，

这信用证便是保兑信用证。保兑行对受益人提示的相符单据必须履行付款责任。对受益人来说，保兑信用证是双重的付款承诺。保兑是需要缴付费用的，保兑费用由谁来支付要看买卖双方的合同规定。被开证行指定的银行可以不接受要求加具付款保证，或在保兑费用未收妥前保兑信用证的行为未生效。实务中，有时受益人不希望申请人知道他不接受开证行的信用而暗地里要求自己的往来银行在信用证上加保，如果他的往来银行在信用证上加了保证，这就属于“暗保”，属于往来银行与受益人之间的约定，与开证行无关。所以信用证不能称为保兑信用证。

2. 不保兑信用证（Unconfirmed L/C）

不保兑信用证是没有委托第三方加保的信用证，或简单称为信用证。实务中，大部分的信用证都属于这一类。

（三）按信用证性质分类

1. 可转让信用证（Transferable L/C）

可转让信用证要求在信用证上说明是可以转让的。可转让信用证的受益人是第一受益人，可以要求被授权付款，承担延期付款责任，承兑银行、议付银行或通知行将信用证部分或全部转让给一个或数个受益人（第二受益人）使用该信用证。很多时候，信用证的受益人只是一个中间商而不是实际供货商，因此，他必须将信用证转让给供货商才有货物卖给进口商，而他在中间只收取货物差价作为他的利润。所以，大部分的可转让信用证，第一受益人都要更换发票和汇票甚至更改某些信用证条款（例如按货物的百分比来投买保险）来避免供货商（第二受益人）知道买家情况或暴露实际利润情况。

2. 背对背信用证（Back-to-Back L/C）

背对背信用证是指作为中间商的受益人自己没有货物，不能发货，需要从供货商那里购买货物，所以要求一家银行（通常为其给予信用额度的往来银行）凭原始信用证（又称母信用证）作为担保和抵押，依据母信用证条款，开出以供货商为受益人的信用证（又称为子信用证）。一般而言，开证行利用母信用证项下收得的款项来支付子信用证已垫付的资金，因此，对子信用证的各项要求都特别严谨。不希望有任何的差错令母信用证出现不符点单据而遭原开证行拒付。

3. 前对背信用证（Front-to-Back L/C）

前对背信用证的性质与前面所述的背对背信用证一样，唯一不同的是中间商在未收到母信用证前已经要求他的往来银行按母信用证的销售合同条款开出给供货商的第二张信用证。一般只有因为时间紧迫的原因或装船限期快到而等不及收到母信用证时才开出子信用证。由于这种信用证的风险比背对背信用证更高，因此，操作时更要加倍小心和谨慎。

4. 对开信用证（Reciprocal L/C）

对开信用证是指两张信用证申请人互以对方为受益人而对等开立的信用证。例如，甲方以乙方为受益人开出信用证向乙方购买原材料，然后将制成品售回给乙方（乙方以甲方为受益人开出信用证购买甲方的制成品）。两张信用证的生效方式可以是同时生效或分别生效（必须在双方有一定关系或互信的基础上才可使用，否则先开证一方要承担对方不开证的风险）。对开信用证广泛用于易货贸易、来料来件加工装配业务和补偿贸易等。

5. 预支信用证（Anticipatory L/C 或 Advance L/C）

预支信用证是指在信用证中有特别条款允许受益人在发运货物或提交单据前预支部分或全部信用证项下的款项。这是进口方利用开证行信用帮助受益人融资的一种方式。预支款项的银行可以按本身需要，决定在预支后立即向开证行要求偿付预支的款项或等受益人提交单据后，在议付或收到的款项中扣除预支部分和利息。预支信用证又分红条款（Red Clause）预支和绿条款（Green Clause）预支。绿条款预支需要受益人先将货物存仓，然后在仓单上列明货物主权属于银行，之后凭仓单押在银行而提取预支款项。

相关链接

红条款预支信用证的红条款：

“We hereby authorize the ×× Bank at your discretion to grant to the beneficiary up to ××% of the amount USD ×××，×××(amount in word). Any interest accrued thereon should be charged to you from the date of this advance to the date of repayment.”

Undertaking clause to the financing bank：In consideration of your bank making such advance to the beneficiary who may eventually fail to effect shipment covered by the credit，we guarantee repayment and undertake to pay you on demand any sum owing by the beneficiary in respect of such advance together with interest thereon.

6. 循环信用证（Revolving L/C）

循环信用证是指在一定条件下，信用证的金额被全部或部分支用后，不需要修改自动恢复原金额继续使用，直至达到信用证的最终规定为止。循环的次数、方式可以是时间与金额、可累积或不可累积的自由组合。例如，在一个月内可以发货多次但总金额不得超过 10 万美元而每次发货不能多于 2 万美元；又或在 3 个月内只可以发货一次，金额不能大于信用证金额（5 万美元），第一次发货后，信用证金额又回复到 5 万美元可以在第二个 3 个月内使用等。但循环条款一定要在信用证中以明确、清晰和容易理解的方式表达清楚，以免误解。

7. 备用信用证（Standby L/C）又称为担保信用证

备用信用证是指不以清偿商品交易的价格为目的，而以货款融资或担保债务偿还为目的所开立的信用证。

（四）按其他方式分类

1. 直接信用证（Straight L/C）

直接信用证是指由开证行直接付款的信用证，可以是即期的或远期的（远期汇票由开证行承兑）。直接信用证不容许第三方做融资、议付或贴现等。

2. 限制信用证（Restricted L/C）

限制信用证是指开证行指定某银行为议付行，限制信用证在该银行议付或指定某银行为承兑行或作出延期付款承诺等。当开证行与这些指定银行有融资安排时，都会采用限制信用证方式。

3. 付款信用证（Remittance L/C）

付款信用证是指当开证行收到相符单据后向议付/保兑/提示行直接用电汇、信汇或银行支票（Bank Draft）付款方式的信用证。

4. 偿付信用证（Reimbursement L/C）

偿付信用证是指开证行授权议付行/保兑行/提示行在提交相符单据后，向偿付行（Reimbursing Bank）用汇票或电汇方式索偿的信用证。开证行必须预先与偿付行作出安排，并在开出信用证时将信用证资料通知偿付行以作日后收到索偿要求时核对之用。由于这种方式可以缩短受益人收款的时间，减少利息支出，普遍受到受益人欢迎。但相反，进口商就要多付利息增加其成本，所以进口商极不主张开立偿付信用证。而且，有时候议付行/提示行在单据有不符点的情况下也先去索偿（因为他们知道申请人最终都会接受不符点），造成了在操作上的混乱和利息纠纷。当单据有不符点而不被申请人接受时，开证行有权向议付行/提示行追回已索偿的金额和利息，而议付行/提示行有责任偿还。

五、信用证业务的流程（图3－2）

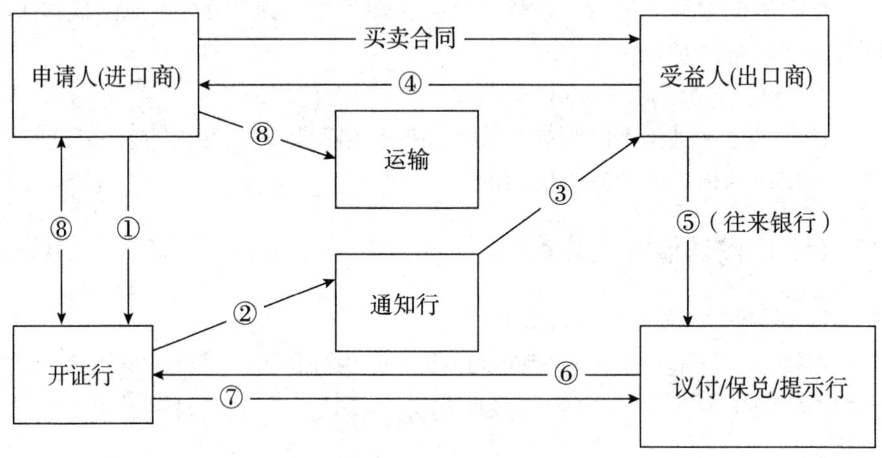

图3－2　信用证业务的流程

①按签订的买卖合同规定，进口商向其往来银行申请开立信用证。申请开证时，申请人要填写银行规定使用的申请书并向银行递交。申请书的内容基本上应该与买卖合同一致。当有效签字人盖章签字时，这就成为与开证银行的一份合约。

②开证行按申请人的要求审核有关内容，确认合理无误后用信函方式或通过SWIFT将信用证开出。由于目前SWIFT极为普遍，所以信函信用证就愈来愈少，而且用“简电开证”后附“确认书”的方式也极少，因为使用SWIFT速度快且安全性高。

③开证行将开出的信用证发送给其海外分/联行、代理行或申请人指定的银行代为通知受益人。通知行收到电文后核实其真实性，然后用最快

方式通知受益人。

④受益人收到信用证后需要检查内容是否与买卖合同一致，然后才发货制单。

⑤受益人将制好的单据提交给其账户行或往来银行，要求将单据送交开证行/限制议付行/保兑行提款。

⑥如果是保兑信用证，保兑行必须在5个银行工作日内审核单据并作出付款承兑或拒绝单据决定然后通知受益人（如果单据有不符点）；如果是议付信用证，议付行也要审核单据并与受益人商讨什么时候进行议付和付款，然后议付/保兑/提示行将单据按信用证上要求，寄交开证行。

⑦开证行收到单据后必须要在5个银行工作日完成单据审核（可与申请人商讨，由开证行决定但不能超出5个银行工作日），然后作出付款/承兑或拒绝单据决定，若拒绝单据必须要尽快通知提交单据的银行并保留单据听候命令或退回单据。

⑧开证行释放单据给申请人，申请人获得单据然后提货。至于申请人什么时候付款给开证行由他们之间自行安排。

这只是一个普遍、简单的流程，有时按照不同性质的信用证或加插一些银行提供融资就会令整个流程变得很复杂。由于变化极多，不能逐一把它们列举出来，所以从事国际贸易信用证结算的工作人员，要按实际情况融会贯通，灵活运用和理解每一笔信用证业务的流程。

六、怎样缮制信用证单据

在信用证业务中，开证银行履行付款的承诺只凭单据，是不管货物和买卖合同的。因此，受益人必须提交有效和与信用证条款相符的单据。所以在缮制单据时必须严谨务求达到“单证相符”和“单单一致”。“单证相符”即单据名称、数量等内容应与信用证条款的规定完全相符。“单单一致”即单据与单据之间所描述的资料应是一致的，并没有相互冲突。

出口商在发货的过程中就应该开始缮制单据或应该在发货后尽快将所有单据缮制好，然后在信用证有效期到期之前或在信用证条款（或在国际惯例）中另有规定的日期前提交给银行办理议付、承兑或付款。在重要的单据（如发票、运输单据、保险单、质量检验公证证明书、领事发票等）上如有修改必须由出具该单据的单位签字或盖章确认。

由于在开出信用证时，要求的是简洁、明确、清晰的条款。因此，有些在其他单据（如运输单据，保险单等）上必要的描述不一定能详细和完整地在信用证条款中出现。例如，在运输单据上的承运人、代理人、船长的名称和身份应该如何显示在海运提单上就不能逐一写在信用证的条款内，这就必须参照惯例的解释来处理。

第二节　有关 UCP 600 条文的若干问题

UCP 600 共有 39 个条文，与 UCP 500 相比，UCP 600 的条文编写得更为简短、清晰、易读。其最大的优点是将信用证业务涉及的有关方及其重要行为进行了定义和解释，界定了各银行的职责，之后当其他条文引用某个词时就不需要再作解释。但不足之处是它对某些重要问题并未作出适当的处理。下文会用一些案例来说明当遇上这些问题时，应如何处理。

一、保兑

（一）保兑行是否只在开证行不能履行责任时才有责任付款

有些人认为保兑行只承担第二位的付款责任，即只是在开证行不能履行付款承诺时保兑行才有责任去付款。但 UCP 600 第 2 条说明保兑行的付款承诺是在开证行承诺之外做出的。第 8 条进一步说明："倘若规定的单据被提交给保兑行，或任何其他被指定银行，并且构成相符交单，保兑行必须兑付……或议付……"，这就表示保兑行是作为第一位责任者而不是第二位的，即当相符单据提交时，保兑行就必须承付。因此，保兑行的付款责任是独立于开证行的。

（二）可否容许部分保兑

保兑是保兑行与受益人之间的独立合同。按照合同自由原则，合同双方可以签订任何两方均接受的条款。有些信用证开出是用来购买一条生产线的，它会写明当机器运出时，只需要付 90% 的信用证款项，其他 10% 只会在机器完成调试后才付。由于调试可能需要长时间才能完成，有些保兑行就只愿意保兑那90%的信用证金额。

另外一种情况是，按第10条b款，保兑行可以选择将修改通知受益人而不对其加具保兑。如果保兑行拒绝加具保兑的修改是有关增加信用证金额的话，例如，增加10%，那原有的保兑就成为部分保兑，即90%的修改过金额的信用证是保兑了的。

（三）如果不符点文件最终被开证行所接受，保兑行是否有责任要付款

这是具有争议性的问题。技术上而言，保兑行只对提交的相符单据负付款责任。但信用证的保兑应当覆盖开证行的付款风险和国家风险（如外汇风险）。如果不符点文件最终被开证行接受了，并不因此而增加保兑行的责任，保兑行的风险保持不变。因此，有些出口商认为当不符点文件被开证行接受后，保兑行就应当恢复承担付款和国家风险，因为这些风险与最初保兑的风险是完全相同的。

国际商会立场（国际商会银行委员会第R 520号意见）如下：

"当在保兑行承诺的有效时间提交的单据被发现有不符点时，而保兑行又在跟单信用证统一惯例容许的时间内发出拒绝接受通知，保兑行对这次提交的付款承诺就不再存在（如果受益人在信用证的时间规定内不能对不符点作出修正的话）。

"除非保兑行在发出拒绝接受不符点通知时说明愿意当不符点被开证行接受后履行承诺，否则就算按受益人的指示将不符点单据用'批准'方式提交而开证行又接受了不符点，保兑行还是没有责任要向受益人付款。除非有其他明确的说明，当向保兑行提交不符点单据时就结束了保兑行对信用证的付款责任，或不符点被开证行接受亦不能将责任重建于保兑行的事实。上述意见替代了国际商会第371号出版物的R14。"

国际商会上述的立场明显解除了保兑行的负担。但这样的立场可能在商业角度上并不受欢迎，因为受益人会觉得这样的处理对他们并不公平。这是因为保兑行的责任和风险并不因为开证行的接受不符点单据而增加。所以，建议用明列合同有关方的权利和责任以及在什么情况下保兑行的付款责任会被解除的保兑函来代替目前普遍使用的保兑印章，只说明"在某

天保兑了”的做法。

此外，有些保兑行，在考虑了业务情况下，愿意在开证行接受了不符点后仍然继续其付款承诺。

（四）如果指定银行不议付远期的信用证，保兑行是否有责任去承付或议付该信用证

按 UCP 600 第 7 条 a（i）款和第 8 条 a（i）款，如果信用证规定由指定银行去议付，但指定银行并没有议付该信用证，开证行和保兑行有责任去承付信用证。因此，开证行和保兑行都在到期日有责任付款，即使他们并没有责任在到期日前付款。

但是，第 8 条 a（ii）款（没有在第 7 条 a 款中找到相同的说法）中提到：“如果信用证规定由保兑行议付，保兑行就必须要无追索权地议付该信用证……”

如果信用证是由保兑行用议付方式兑用（通常如果有汇票，则汇票在开证行提取），保兑行（也是指定行）有责任要利用所提交的汇票及/或单据，无追索权地议付（如对受益人立即付款）该信用证，尽管它是远期信用证。因此，如果远期信用证是由保兑行以议付方式兑用的话，对受益人有利，因为当提交的是相符单据时，保兑行就要立即无追索权地对受益人付款。

（五）单据应当提交给谁——开证行或保兑行

UCP 600 对这一点并没有清晰说明，因为保兑行不一定是被指定银行。第 8 条 a 款说：“只要规定的单据被提交给保兑行，或任何其他被指定银行，并且构成相符交单，保兑行必须承付。”

第 8 条 c 款说：“其他被指定银行兑付或议付相符交单并将单据转往保兑行之后，保兑行即将承担偿付该指定银行的责任。”

第 15 条 c 款说：“当被指定银行确定相符交单并兑付或议付时，必须将单据转递给保兑行或开证行。”

最好的做法是保兑行明确说明单据必须向保兑行提交，如果受益人或提交行忽略了这一条件，保兑行的付款责任就会被解除。但是，如果保兑行在这点上保持沉默，提交者就有可能将单据提交给开证行或保兑行。提交给开证行的单据如果是相符的话，这可能会对保兑行有约束力。这也解

释了为什么在上文建议用保兑函来代替保兑印章的做法。

（六）保兑行如何保证能从开证行获得偿付

UCP 500 第 10 条 d 款明确说明如果提交的是相符单据，开证行有责任向指定银行及/或保兑行作出偿付。但 UCP 600 第 7 条 c 款只说：“指定银行兑付或议付相符交单并将单据转给开证行之后，开证银行即承担偿付该指定银行的责任。”

UCP 600 第 8 条 c 款说：“其他被指定银行兑付或议付相符交单并将单据转往保兑行之后，保兑行即承担偿付该指定银行的责任。”如果保兑行也是被指定行，开证行就有责任向保兑行偿付的说法是有疑义的。

然而按第 2 条的定义解释，“被指定银行”被定义为“有权使用信用证的银行”。如果信用证是通过议付在甲银行兑用，同时又经乙银行保兑，严格来说乙银行并不能按定义成为指定银行，因此，信用证不能在乙银行兑用。

尽管如此，跟单信用证统一惯例的精神是开证行有责任去偿付被授权作出付款承诺或付款的任何一方。为避免猜疑，审慎的做法是要求开证银行当信用证不是在保兑银行但是在任何银行兑用时，书面说明保兑行会被视为指定银行一样获得偿付。

（七）在法律上，暗保（Silent Confirmation）是否有效

通常暗保是在开证行没有指示要求受益人银行加保的情况下，受益人银行向受益人作出没有追索权付款的承诺。有些银行称之为“保证付款”或“购买承诺”，主要是描述受益人与其银行之间没有追索权的融资安排。

正如在第一节中解释过所有关于信用证业务的合同都是各自分离和独立的。因此，有关受益人与其银行之间安排的融资条款完全取决于两者之间的协定。核心问题是提供融资给受益人的银行没有被授权去加保信用证，但其付款给受益人又没有追索权，该如何获得开证行的偿付。当银行善意和付对价议付单据及/或汇票时对欺诈是不知情的话，可以享有欺诈例外的豁免，这规定已经很成熟地在普通法中建立了起来。即在这种情况下，就算提交的单据后来被发现有欺诈或伪造，开证行仍然有责任向议付

行作出偿付。

不幸的是，这样的保障并没有延伸到延期付款信用证，Banco Santander S. A. v Bangue Paribas 一案可以证明这一点。在此案中，Banco Santander 作为保兑行及延期付款承诺行，在到期日前预先付了款给受益人，Banco Santander 被英国法院裁定无权向开证行索偿，因为延期付款承诺行和保兑行都未被开证行授权在到期日前向受益人预付或融资。所以，Banco Santander 不能享有欺诈例外的豁免。

在修改 UCP 500 的过程中，有些国家认为信用证除了有付款功能外，也应该作为融资的工具。为了解决 Banco Santander 案的判决，UCP 600 第 12 条 b 款说："开证行指定一家银行承兑汇票或承担延期付款承诺，即为授权该被指定银行预付或购买其已承兑的汇票或由其承担延期付款的承诺。"

有了此款和第 7 条 c 款，只要提交单据是相符的，指定银行就享有被开证行偿付的权利。同时，指定银行善意和付对价去议付提交的单据，对延期付款承诺预先付款或购买承兑汇票时对欺诈是不知情的，就可能会享有欺诈例外的豁免。

这里有四个重点要注意：

（1）融资一定要是由指定银行提供，即信用证指定在某银行采用议付、承兑或延期付款方式兑用。如果信用证可以在任何银行兑用，那任何在信用证到期地（如信用证上有说明到期地）国家的银行都可以被认为是指定银行。

（2）建议指定银行在面函上通知开证行，其已经付了提交的单据，对已承诺的延期付款预先付了款，购买了按信用证已经承兑了的汇票。

通知开证行已经接受了指定并按第 12 条 b 款对提交的单据提供了融资，目的是要保障在信用证下的索偿权利。

（3）如果指定银行能够用书面方式通知受益人其付款是提交单据及/或汇票的议付，或是延期付款承诺的预付或是购买在信用证下承兑了的汇票，那就更理想了。此建议的目的是要避免由开证行提出的潜在争议，开证行会说融资只是指定银行提供给受益人的贷款而并不是按信用证被开证行授权的行为。

（4）由于 UCP 并不覆盖暗保，建议受益人和指定银行之间的有关文件不要使用这个词。改用例如"信用证融资总协议（Master L/C Financing Agreement）"或一些可能有相同效用且可以避免含糊的词语。概括来说，利用以上或类似的步骤，融资银行按第7条（c）款可以以指定银行而不是以“暗保”者身份向开证银行索取偿付。

二、信用证修改（UCP 600第10条）

相关案例1

一、案情摘要

第一天：中国香港有一家银行开出一张信用证，在其他条款上，还要求申请人开具一份由获申请人授权签字人签署的检验证明书。

第三天：这家银行的主管翻阅该信用证并建议申请人将有关条款修改为“一份需要由获申请人授权签字人签署的检验证明书，签署人的签字一定要与存放在银行档案的签字样本相同”，修改在当天发出。

第七天：受益人向一家在中国台湾的银行提交了单据，该银行议付了单据。

第十天：当收到提交的单据时，开证行发现在检验证明书上的签字与银行保存的签字样本不符。因此，开证行基于“检验证明书上签字与银行保存的记录不符”为理由拒绝接受所提交的单据。

二、案例分析

问题：开证行能拒绝接受所提交的单据吗？

答案是不能的，事实上，受益人从未收到过开证行在第三天发出的修改。就算受益人在提交单据前已收到通知行的修改通知，受益人都有权拒绝接受信用证的修改，因为未经开证行、保兑行（如有）及受益人同意，信用证不得修改（UCP 600第10条a款），虽然在实务中，期望审单员依据信用证的修改版本来审查所提交的单据是正常和合理的。正如上述信用证修改若未被接受但被依据来审单的实务习惯会铸成严重的错误，因为事实上开证行不能确定修改是否已经被接受或拒绝，甚至受益人是否已收到修改通知。

UCP 600第10条c款容许受益人以其行为来表示接受或拒绝信用证修改。这表示如果银行可利用那信用证修改来核对所提交的单据，识别受益人的决定是接受或拒绝修改就能解决问题，但实际上没有这么简单。原因在于：

大部分的受益人都不愿意以书面形式通知开证行是否接受或拒绝修改，因为他们不想承担发电文的额外费用。况且，推迟到提交单据时才表示接受或拒绝修改对受益人有利；

有些修改可能是错综复杂的，根据受益人所提交的单据来确定受益人是否接受或拒绝修改非常困难。

三、建议解决办法

开证行/申请人可以考虑在信用证中要求受益人出具受益人证明书证明：

①受益人在提交单据时有否收到修改；

②如果有收到修改，哪些修改被接受或拒绝。

这样做会消除时间差的问题。此外，融资银行和开证行都可以清楚知道对提交的单据需要审核哪些有关的修改。

开出信用证时已经明确说明若受益人在××天内没有回应，修改便可认为被受益人所接受。因为在受益人没有提出反对这条款或类似的文字但又按信用证提取，此提取便被视为接受信用证的条款，包括上述认为受益人接受修改的条款。在这种情况下受益人有责任在所述时间内提出拒绝接受修改，否则对受益人就有约束力。

三、信用证兑用方式

（一）议付信用证

UCP 600 第 2 条重新定义“议付”：“议付指被指定银行在相符交单下，在其应获得偿付的银行日当天或之前向受益人预付或者同意预付款项，从而购买汇票（其付款人为被指定银行以外的其他银行）及/或单据的行为。”此新的定义有三大要素：

1. 什么是议付

议付是购买汇票或单据或两者。因此，就算议付信用证下没有要求汇票都可以叙做议付。

2. 怎样做议付

通过贷款或同意贷款，即通过立即付款或承诺在开证行偿付之前付款。

3. 什么时候做议付

议付可以在指定议付银行获得偿付到期的银行工作日或之前的任何时

间，例如，在远期信用证下开证银行同意付款的到期日。这就明确了指定银行的立场，就算有关汇票及/或单据被寄送出去开证行之后仍然可以叙做议付。

笔者认为，不符点单据被开证行接受后就可被视为符合议付的条件。与 UCP 500 比较，新的定义明确了有关议付的三大问题。但 UCP 600 并未谈到部分议付问题，因此，根据 UCP 部分议付是否有效或是否容许部分议付成为疑问。国际商会银行委员会对 2006 年提交给他们的一个问题给出如下的意见（TA 613）："没有理由，受益人和指定银行不可以达成协议去议付少于百分之百的提取金额。当同意议付时，指定银行对单据与信用证条款相符须是满意的。用你举出的例子（提取 HK ＄100），符合指定银行在单据提交时与受益人达成的合同，指定银行对受益人留有 HK ＄60 的追索权。"

基于国际商会的这个意见，显然部分议付是国际商会所认同的。

（二）信用证兑用方式在背对背信用证交易中有哪些影响

为中间商提供资金让他能从供货商购买商品然后转卖给最终的买家，这其中非常普遍的做法是银行依赖出口信用证的支持开出背对背信用证去购买商品。在这种情况下，主要风险的控制技巧可概括如下：

除了申请人和受益人的名字、金额、船期和到期日（在背对背信用证中应该较早）、保险覆盖率，其他在出口信用证和背对背信用证上的条款和条件能相同的话就十分理想了。有些银行可能容许中间商改变某些条款，例如货运术语（如由成本和运费转为船上交货）、期限（如出口信用证是即期但背对背信用证是见单后××天等）、运输通知明细或在背对背信用证上要求加多一些单据。

要避免迟交单、单据在途丢失等风险，以及保障背对背信用证开证行对出口信用证开证行的索偿权利，建议确定出口信用证由背对背信用证开证行兑用或由任何银行兑用。这样就能方便背对背信用证开证行有能力去议付、预先付款或购买出口单据/汇票，然后利用所得款项去履行其在背对背信用证的付款责任。重要的是当按背对背信用证提交的进口单据被开证行用作出口信用证的提取时，背对背信用证开证行就算进口单据有不符点，也不能拒绝接受进口单据。因此，出口信用证最好能在指定银行所在地国家到期。

应该避免用进口贷款方式（提用中间商的信贷额）而不是用出口贷款方式（提用开证行的信贷额）去支持背对背信用证的提取的习惯性做法，这样做会暗示背对背信用证开证行并未接受指定，因此无权向开证行索偿和可能不拥有欺诈例外的豁免。

背对背信用证开证行也可能陷入另一个风险，即中间商可能会倒闭。如果中间商在背对背信用证开证行议付、预先付款或购买出口单据/汇票前倒闭，信用证的收入会成为倒闭了公司的资产，可能需要与其他债权人分享。因此，建议背对背信用证开证行要拿取出口信用证收入的让渡用以保障其在该收入上有优先权。如果有需要的话，让渡中可以再加入一项授权令开证行有权对以中间商名义按出口信用证提取所要求叙做的单据预先付款。

四、审单和拒绝

（一）“最多5个银行工作日”决定提交单据是否相符（第14条b款，第15条a款和第16条b款）

银行是否在合理时间内完成所提交单据的审核要视乎每个独立案件的事实。由于在UCP 500中并未说明合理时间的明确标准，受益人经常使用这个词去控诉开证行或承兑行延误，尤其在不符点争议案件中是弱势一方时。

为了减少不确定因素和不必要的法律诉讼，大部分的UCP顾问团成员和银行技术委员会成员都支持在条款中移除合理时间的概念，希望给予银行一个固定的天数去完成单据的审核，在这段时间内，银行只要不超过固定天数去付款（对相符交单）或去发出拒绝通知（对不符交单）就不会受到质疑。国际商会国家委员会最后同意这一固定的时间是5个银行工作日。

很多信用证操作者仍然对“最多”这一个词存有顾虑，其是否在暗示开证或保兑行可能没有整整5个银行工作日去决定每个提交是否相符。专家认为加插这个“最多”的词是要清楚表明银行在完成审核单据后应当立即付款。例如，如果银行在第一天已经完成单据的审核，他不应该将单据放闲至第5天才付款，应当是在第1天，最晚第2天付款。这是与第15条a款“当开证行确定提示相符时，必须兑付”相符的。

事实上，在实务中证明使用“最多”这个词不是重要的问题。银行在审核，拒绝及/或承付单据是采用很多方法的，例如下面这些：

①审核单据—发现相符—立即付款：这是符合第15条a款的，例如单据在第2或第3天完成审核，当天就付了款。在这种情况下，“最多”这个词就没什么关系。

②审核单据—发现不符点—获取申请人的放弃：审核单据需要2或3个银行工作日是常见的，可能还需要2或3个银行工作日去从申请人处获取放弃不符点。因此，就算用了整整5个银行工作日去审核单据和获取申请人的放弃，开证或保兑行都不大可能会被质疑。

③审核单据—发现不符点—立即拒绝：如果开证或保兑行在第2天或第3天完成审核单据并立即发出拒绝通知，银行不用担心其并未用尽5个银行工作日，这“最多”这个词没什么关系。

④审核单据—发现相符—留存单据至第5个银行工作日付款：这样做可能有问题，因为当开证或保兑银行决定所提交是相符时（例如在第2天），其应该不延误地立即付款而不是等到第5天才付款。如果等到第5天才付款而延误，最后被受益人或融资银行发现，开证或保兑行就会对延误时段的延迟付款利息负责，即在上例中的第3天到第5天。在普通法的法律诉讼过程中，各方在披露过程时需要将所有有关文件向对方披露。此过程就会显露出开证行或保兑行的不适当扣留付款。

⑤审核单据—发现不符点—扣留发出拒绝直至第5个银行工作日：如果在第2天已经完成单据审核但银行不立即与申请人联络要求放弃，或不立即发出拒绝通知，而是等到第5天才进行，这样做也可能有问题，因为这种做法违反第16条的精神，受益人有权尽快获得通知有关所提交单据的情况以及开证或保兑行对单据的决定，从而可以不延误地处理有关货物。

⑥扣住单据至第5个银行工作日才审核：这是不适当的处理单据方式，是极危险的，除非开证或保兑行能提供造成延误的合理理由（例如天灾），此外，就算有不符点银行可能会被禁止拒绝所提交的单据。这是因为不适当延误明显危害受益人的利益并违反UCP 600第14条的规定。

（二）对信用证没有要求的单据，正确的处理方法（第14条g款）

在这种情况下，提交行可以将单据退回给受益人或将它寄给开证行。

如果提交行选择将它寄给开证行，他应当采取一些预防措施，例如下述：

①在面函上说明哪些是信用证没有要求的单据以及说明因此没有审核哪些单据；

②将那些没有要求的单据与要求的单据分隔开并做一份注释，说明哪些是信用证没有要求的附加单据；

③另一做法是，为避免繁复，提交行可以将所有信用证不要求的单据退还给受益人并让受益人将这些不要求的单据直接寄送给申请人。

相关案例2

一、案情摘要

信用证要求一份健康证明书，但没说明由谁来出具。受益人提交了一份自己出具和一份农业部门出具的健康证明书，提交行并没有说明哪一份是信用证没有要求的单据。开证行审核了两份健康证明书，在农业部门出具的证明书上发现一些不符点并拒付，提交行因此提出争议说农业部门出具的证明书是附加的单据，不应当被审核。基于农业部门出具的证明书不是要求单据的事实，开证行指出一些其他的不符点，提交行认为开证行是被禁止拒绝单据的，因为其并没有在第一次的拒绝通知中提出这些附加的不符点。

二、案例分析

上例说明了为什么建议采取预防措施以避免混乱。当开证行面对类似困境时，即如果不能完全清楚哪些单据被认为是附加的，可以基于下述三个假象来指出不符点：

①假设两份证明书都是要求的单据；

②假设受益人出具的证明书不是要求的单据；

③假设由农业部门出具的证明书不是要求的单据。

将上述三个假设下所有可能的不符点都包括在一份拒绝通知中就会降低银行的风险，因为开证行享有只发出一份拒绝通知的权利。

（三）有哪些新的处理单据可以加入到拒绝通知中，每一个相关选择的含义是什么（第16条c款）

在UCP 500第14条d（ii）款中只提供了两个有限的处理单据选择给

开证行/保兑行：

①留存单据等候提交者的指示；

②退回单据给提交者。

UCP 500 规定开证行需要在合理时间（不能超过从提交后第 2 天起算的最多 7 个银行工作日）去决定提交是否相符。这个时段是否包括获得申请人放弃不符点的时间未有明确规定。因此，大部分银行都采用当发现不符点时先拒绝提交单据的保守处理方式。然后在发出拒绝通知后才寻找申请人放弃。

法律观点认为，当开证行或保兑行拒绝了提交单据后，就算最终申请人放弃不符点，他们未得到提交者的同意就没有权利去处理单据，所以为了减低被指控非法侵占的风险，有些银行便在拒绝通知中加入下述条件(或类似词句)：

“我们持有单据等候你的指示处理，但如果当申请人放弃上述列出的不符点时我们还没有收到你的退回单据指示，我们就会在不通知你的情况下释放单据给申请人。”

“但如果当申请人放弃上述列出的不符点时我们还没有收到你的退回单据指示，我们就会在不通知你的情况下释放单据给申请人”属于处理条件，对提交者是没有约束力的。因为这是开证行单方面加进去的条件，提交者从未接受。根据 UCP 的规定开证行要留存单据等候提交者指示。开证行说明会释放单据给申请人明显违反了根据 UCP 500 第 14 条（e）款的规定，如果开证行没有留存单据等候提交者指示或退回单据给提交者，就算单据有不符点，开证行都被禁止拒绝单据。

为了解决上述问题，有些银行将此处理单据的条件放在信用证中，当受益人以提取方式接受了信用证，该条件就对受益人有约束力。为了缩短信用证的长度以及减少开证行与提交者的不必要文书，UCP 600 加进第 16 条 c（iii）来反映目前国际银行的实务习惯。

此外，UCP 600 第 16 条 c（iii）款的（d）选项更清楚地令提交者可以说明他希望开证行使用哪种处理单据方式。例如，提交行可以在面函上说明单据一旦被拒绝必须退回。在这种情况下，开证行必须审慎处理，要在发出拒绝通知前去寻找申请人放弃。这是因为一旦开证行发出拒绝通知后，就算申请人最终接受放弃不符点，开证行都必须要按提交行的指令，退回单据给提交行。

所以 UCP 600 的第 16 条 c（iii）款提供了两个新的选择：

①开证行留存单据直至收到申请人通知弃权并同意接受该弃权，或者同意接受弃权前从提示人处收到进一步的指示；

②银行将按之前从交单人处获得的指示处理。

因此，开证行要小心细阅提交行的指示且不能按常规方式来处理提交的单据。

五、转让信用证

（一）如果信用证是可以转让的或可以在任何银行兑用的，任何银行都无须得到开证行的特别同意就可以转让信用证吗（第38条b款）？

答案是不可以的。只容许指定银行作为转让行的主要目的是方便有关方能够对信用证转让及单据的提交进行适当的控制。如果不是这样的话，开证行就对信用证是否会被转让、谁做了转让和按什么条款或者说对信用证会否被全部或部分转让、会否换单和谁会提交单据等完全无法控制。

这就解释了为何第38条b款明确说明转让行是指“当信用证可在任何一家银行兑用时，被开证行特别授权并实际办理了转让的银行”。因此，银行想要转让可以在任何银行兑用的转让信用证必须要在转让信用证前获得开证行的批准。

按照第38条b款，如果信用证是在开证行兑用，开证行也可以成为转让行。但为了方便，身处别国的第一受益人通常会要求开证行特别授权通知行去转让信用证。这是可能的，只要开证行明确授权通知行去转让信用证，就可以达到上述结果。这样的特别授权并不会被认为违反UCP规定。

（二）转让行可以释放哪些转让资料给开证行

1. 不需要替换单据的转让

如果是全部转让或不需要换单的部分转让，转让行可以简单地通知开证行那转让是不容许换单的。因此，转让行可以将全部转让细节通知开证行，包括第二受益人的名字、转让金额及给予第二受益人的指示通知（可以将单据直接提交给开证行）。如果没有了转让行的通知，开证行就完全想象不到为什么一个完全陌生的人（即第二受益人）要突然间提交单据。

2. 要替换单据的转让

如果需要替换单据的话，转让行通常会要求第二受益人在最晚提交单据日期前提交单据。在这种情况下，转让的内容（包括金额和第二受益人的名字）与开证行无关，因为第一受益人会用自己的汇票和发票去替代第二受益人的予以提交。因此，当信用证被转让时，转让行只需要通知开证行信用证已被转让和第一受益人会进行换单即可。更为审慎的做法是通知开证行不要接受不是从转让行提交的单据。这可以避免第二受益人不通过转让行直接向开证行提交单据，以此剥夺第一受益人所赚取的货物差价。

但是如果开证行以合规或其他政策原因，坚持转让行要通知所有有关转让的细节，建议转让行在通知开证行时，在通知书上明确说明所有提供的资料需要绝对保密，不能向任何第三方泄露，尤其不能向申请人透露。

在 Samson Lancastrian v Royal Bank of Canada 一案中，信用证是部分转让给第二受益人的。第一受益人利用替换发票的方式提交自己的发票以赚取差价。但由于开证/转让行的过失将第二受益人的单据包括发票，交给了申请人，显示出第一受益人在这交易中所赚取的丰厚利润（大概 19%）。该利润就算不超过也几乎等同申请人在此交易中所能赚取的利润。因此，申请人决定直接从泰国的供货商进货而将第一受益人剔除于此交易之外。英国的高等法院、上议院和终审法院都一致裁定，根据开证行/转让行与第一受益人的合同，将第二受益人的单据交给申请人的行为违反了合同的保密性。因此，由于银行违反了合同，第一受益人获得按递减法计算的未来 4 年的利润赔偿。

（三）除了信用证金额、单价、到期日、交单期限和最迟发运日（第 38 条 g 款）外，在转让信用证中修改其他条款有哪些风险及怎样降低这些风险

根据第 38 条 g 款规定，一张已转让的信用证，除下列条款外，不能改变任何原信用证条款：

①信用证金额；

②信用证规定的任何单价；

③到期日；

④单据提示期限；

⑤最迟装运日期或装运期间；

⑥（如有需要的话）加大投保百分率。

但是，大部分已转让的信用证都在上述6项外加上了其他条款。例如，不将申请人要求第一受益人提交的发运通知转让给第二受益人；另外第二受益人出具的装箱单或重量单都需要由第一受益人替换等。因此，第一受益人可能需要替换多于第38条h款所说明的发票和汇票的单据。

如果转让信用证时不能完全依照第38条g款和h款的规定，建议在转让信用证中明确说明任何超越UCP条款的变更。否则，如果因为第一受益人替换的发运通知或装箱单中有不符点而被开证行拒绝，第二受益人就可能提出争议说转让行显然违反了第38条g款的规定，自己被误导了，没有在转让信用证中得到通知有超越第38条g款的变更，因此发了货。

没有完全依照第38条g款的规定还会令转让行暴露在另一个风险中：如果第二受益人所提交的单据构成相符提交，但第一受益人没有替换原信用证要求的单据，转让行只好根据第38条i款将第二受益人的单据提交给开证行。在这种情况下，开证行可以基于没有得到其同意因而超越第38条g款的规定的转让无效，拒绝承付信用证的提取。

（四）是否需要对第二受益人及/或第一受益人所提交的单据进行审核

这是一个微妙的问题。UCP 500或UCP 600都没有说明这一点。虽然如此，UCP 600第38条i款说："如果第一受益人提交的发票导致了第二受益人提示的单据中本来不存在的不符点，而其未能在第一次要求时修正，转让行有权将从第二受益人处收到的单据照交开证行，并不再对第一受益人承担责任。"

这暗示了转让行有责任审核第一受益人所提交的替代单据。国际商会银行委员会第R375号意见谈到过，适用UCP 500惯例的已转让信用证的单据审核问题："银行B（转让行）收到的单据显示符合已转让信用证的条款。提交替换了第二受益人的发票和汇票出现的不符点，并没有改变第二受益人最初提交的单据的可接受性。单据（包括替换了的发票和汇票）处理应该是按第一和第二受益人的协议。基于第二受益人的单据与已转让信用证条款相符，银行B应该依照UCP 500第48条i款处理，如有需要，使用第二受益人的单据作为信用证的提交。”

此意见暗示转让行的最低责任是，要审核第一受益人所替换的单据，若没有这样做的话，就不能知道用来替换的单据是否损害第二受益人的利益。需留意的是，如果转让行决定将第二受益人的单据不经替换而提交给开证行，必须同时将一份已转让信用证的副本提交给开证行，而且明确在面函中说明并未替换过单据。同时要求开证行基于已转让信用证的条款来审核单据。在这种情况下，实务中转让银行有以下三种不同的处理方式：

①对第一及/或第二受益人提交的单据不进行审核。在这种方式下，转让行会坚持因为在已转让信用证中明确说明在收到开证行的可使用款项后才会付款，所以对第一或第二受益人并没有任何责任或义务，包括审核单据的责任。

②只对第一受益人的替换单据进行审核。如上述，这种情况只是为符合 UCP 600 第 38 条 i 款的规定。但对转让行是否有责任按已转让信用证条款去审核第二受益人所提交的单据没有明确的说法。曾经有一出口商向转让行投诉说，如果转让行在将他的单据转送给开证行之前审核过单据，那么他就会修改单据上的不符点而使提交变成相符。

③审核第一和第二受益人两者所提交的单据。这个当然是最安全的做法，但需要较多的时间。如果转让行选用①方式，强烈建议其在转让函内明确说明转让行不会对第一或第二受益人所提交的单据进行审核。这样就会降低来自第二受益人对转让行没有履行责任提出质疑的可能性风险。

对于②方式，要避免争议的话，建议在转让函中说明转让行对第二受益人所提交的单据不会进行审核。

（五）根据第 38 条 k 款规定，第二受益人的单据提交是否一定要交给转让行

加入第 38 条 k 款的主要原因是为了避免第二受益人可能直接将单据提交给开证行，这样做就会剥夺第一受益人用发票替换和提取以赚取差价的机会。但这只可能在需要换单的情况下发生。对于全部或部分不需要换单的转让，转让行可以在转让函中说明第二受益人可以直接将单据提交给开证行。在这种情况下，转让行必须通知开证行转让的明细，包括给第二受益人可以向开证行直接提交单据的指令。这就可以解决由第

38 条 k 款所造成的模糊不清。上述建议在近期国际商会银行委员会对 UCP 600 第 R632 Rev 号意见中被认同，意见说："当开出可转让信用证时，开证行通常对很多情况不知情或知道不多，如信用证会否被转让，若被转让，会否发生一个或多个转让以及这些转让加起来是否等于可转让信用证的全部金额等。因此，在大部分情况下，由开证行去修改或免除第 38 条 k 款是不太恰当的。只有转让行拥有所有有关转让的资料。

"当转让一份信用证时，转让行有责任给予第二受益人一份转让通知。在通知单上，当是全部转让时，转让行可以将这惯例修改，说明单据是向开证行直接提交的。在这种情况下，转让行应该通知开证行。相反，当开证行发生全部转让时，可以选择修改第 38 条 k 款并说明单据应该向其直接提交。但可转让信用证就需要特别说明任何转让都要是信用证金额的全部和没有替换单据。在这种方式下，转让行就能知悉修改的理由并只会接受第一受益人的全部转让命令。第一受益人亦可以知悉不需要有换单的发生。"

相关案例 3

一、案情摘要

中国香港一家银行开出一张可转让信用证给在新加坡的第一受益人。信用证是由在新加坡的转让行以议付方式兑用的，在新加坡到期，到期日是 2006 年 2 月 6 日。信用证被转让给在韩国的第二受益人。转让的信用证也是由在新加坡的转让行以议付方式兑用且在新加坡到期的，到期日是 2006 年 1 月 25 日。第二受益人在 2006 年 1 月 18 日向新加坡的转让行按转让信用证的提交和截止要求提交了相符单据。第一受益人拒绝换单据，转让行也拒绝将第二受益人的单据提交给开证行要求付款。（注意，第二受益人没有按售货合同的规定安排验货，第一受益人和申请人都怀疑这是欺诈交易，第一受益人和申请人后来从质检公司证实第二受益人所提交的检验证明书是伪造文件。）转让行将提交的单据退回给在韩国的提交行，并没有说明理由，但建议提交行直接将单据提交给开证行。

开证行在 2006 年 2 月 1 日收到从韩国的提交行提交的单据，并在 2006 年 2 月 3 日基于不符点拒绝接受，将单据退回提交行。在 2006 年 2 月 6 日（即是母信用证的截止日），提交行通知开证行其已经在韩国收到修改过的单据，辩称有关提交因此是相符的。

二、案例分析

（一）问题一

当转让行在2006年1月20日拒绝处理第二受益人所提交的单据时，已转让的信用证在什么时候到期？

①2006年1月25日在新加坡（即已转让信用证的截止日和到期地）？

②2006年1月25日在韩国？

③2006年1月25日在中国香港？

④2006年2月6日在韩国？

⑤2006年2月6日在中国香港（即母信用证的截止日和到期地）？

按照UCP 500和UCP 600，一张信用证可同时在开证行及指定行兑用。因此，如果指定银行拒绝接受指令，有关信用证就在开证行兑用，其有责任对在已转让信用证的提交日期或截止日期（取决于哪个日期比较早）当天或之前收到的相符单据作出付款。在此案中，由于转让行拒绝接受指定及代第二受益人向开证行提交其单据，因此，已转让的信用证变成由中国香港的开证行兑用，截止日期是2006年1月25日（即已转让信用证的截止日期）。由于在中国香港的开证行第一次收到单据的时间是2006年2月1日，已经是已转让信用证截止日后的第7天，开证行因此有权利因为过期而拒绝其提交单据。

1. 到期地

由于转让行并没有将截止日和到期地从新加坡转变成韩国，已转让信用证于2006年1月25日在中国香港到期。因此，第二受益人在2006年2月6日将修改过的单据提交给他在韩国的银行是不相符的，因为已明显超过了已转让信用证的提交期限和截止日（即2006年1月25日）。这与UCP 600第38条j款的立场应当是一样的。

2. 截止日

对于已转让信用证是否于2006年2月6日在中国香港到期是有争议的（即母信用证的截止日）。第二受益人只享有但并不能多于已转让信用证下转让给他的权利和利益。所以，如果第一受益人决定不替换单据，第二受益人只能享有已转让信用证的金额，而不是母信用证的金额。因此，第二受益人不能有多于已转让信用证转让给他的任何权利和利益，包括信用证金额和截止日。这与UCP 600第38条i款的立场应当是一样的。事实上，第二受益人对母信用证的条款并不知情，但反过来开证行可以从转让行中获得已转让信用证的明细，所以，这也支持了上述观点。如果容许第二受益人行使母信用证的截止日，但不容许他提取母信用证的金额，就明显造成一个双重标准。

（二）问题二

当第一受益人和申请人分别通知开证行和转让行第二受益人所提交的检验证明书是伪造的文件时，开证行和转让行应当怎样做？

开证行和转让行应当分别要求客户提供有关欺诈的证据。如果声称的欺诈有表面证据支持，银行应尽早去通知有关方以阻止欺诈行为。例如，建议转让行通知开证行和提交行，基于检验公司出具的信函，第一受益人怀疑检验证明书是伪造的。这应该能阻止提交行被第二受益人欺骗，同时能阻止提交行以不知悉欺诈存在而善意议付了单据为理由索取偿付。需要注意的是在UCP 600下，当指定银行在议付、预先付款、购买或付款时是善意和不知悉欺诈存在的情况下，指定银行受到保护并有权向开证行要求偿付。就算提交的单据后来被证实是伪造的，只要有欺诈的表面证据并小心地撰写通知书给其他银行，毁谤的风险就会很低。无论怎样，如果检验证明书最终被证实是伪造文件，就根本不会有毁谤的问题。

（三）问题三

提交行可否议付第二受益人所提交的单据并以自身的名义向开证行要求偿付？

因为已转让的信用证是在新加坡由转让行以议付方式兑用的，韩国的提交行无权议付第二受益人按信用证所提交的单据。当然，韩国的提交行可以提供一个独立的贷款给第二受益人，但这并不给予提交行任何地位或权利以自身的名义向开证行就已转让的信用证提出偿付。

第三节　信用证陷阱和欺诈

一、信用证陷阱

由于信用证是较为安全而且风险较小的结算工具，再加上它的独立性原则，很多出口商就经常不详细检查进口商开出信用证的每一条款。因此，有些不诚实的商人就在开出信用证时预设一些软条款、不符点或陷阱。若出口商不留意就会上当而蒙受损失。

过去人们似乎总是对转让信用证慎之又慎，对其风险格外重视。但对带有软条款的信用证就忽略了。其实一张带有软条款的信用证，其性质从某种意义上来说，不外乎是一种欺诈，与转让信用证的风险程度相比，有过之而无不及。

例如：有一家意大利银行开出的信用证称，该信用证只有在收到意方进口许可证后方能生效，而这种生效还需经开证申请人的授权。此外，议付行还要提示开证申请人验货证明，待由开证人确认后，开证银行方可将款项贷记有关账户。这是一张比较典型的带有软条款的信用证。因为开证申请人（进口商）自始至终都控制着整笔交易，而受益人（出口商）则完完全全处在被动地位。

带有软条款的信用证的主要特点，恰恰是在货物的问题上设置陷阱，诱人上当受骗。所谓验货后付款，说穿了就是开证行对付款及单据均不承担责任，这样受益人对货物及货权实际上完全失去了控制，处于一种窘困和无保障的状态。应该说，这类信用证完全违反了国际商会跟单信用证统一惯例的精神。

在这里需要指出，截至目前，国际商会有关信用证的惯例对此并无特别的说明和规定，这也是软条款信用证得以常出现的原因之一。然而，尽管处理软条款信用证是件比较头痛的事，但也不必过于惊慌失措。即使是直至货物出运才发现信用证含有软条款，也不应束手无策，要冷静分析、仔细寻找突破口，争取较为圆满地解决问题。

相关案例4

一日，某公司一并交来单据连同信用证，请求银行议付。该客户虽在议付行开户，但此证却非该行通知。信用证中有如下条款：“documents will be released free of payment. Payment to be effected to beneficiary upon receipt of our authenticated message authorizing you to release payment.”对于这样一张规定了单据将免费放给申请人，议付行在收到开证行授权后才能向受益人付款的，明显带有软条款的信用证，收汇的风险已显而易见。据受益人说，在交单前曾多次联系申请人，要求删除该条款，但对方始终保持沉默，不予理睬。银行对信用证条款进行了全面细致的审核、分析，发现这张信用证在条款上开得并不严谨，尚有一些漏洞。而且，信用证中含有这样一些索汇指示：

“Please draw our account with Citibank N. A. New York for the amount of negotiation after 7 business days from date of despatch of documents under telex advice to us indicating amount and value date provide all terms and conditions are complied with.”

由于偿付行清算货款的规定对出口商和议付银行是非常有利的。于是，银行经办对单据进行了严格把关，清除了单据表面可能出现的所有瑕疵，在7月3日向开证行寄单的同时向偿付行电索，定起息日为7月12日。偿付行如期在7月12日解付。

虽然，开始时开证行拒付，要求退回从偿付行所收款项，理由是信用证已声明“将免费放单给申请人，待收到开证授权后方可对受益人付款”。议付行的态度十分明确，并据理力争不同意退款。经过几个月的争辩，最终，开证行同意不用退款。

因此可见，最简单且最恰当的做法是不要接受有软条款或陷阱的信用证。如果需要货物质检的话，可由双方认可的国际性品质检验公司负责并由其出具认可的检验证明书。对于领事馆的认证文件可以由进口国在出口国当地的领事馆办理。

小贴士

预设不符点是没有用的

一些申请人坚持在申请开信用证时要求银行在信用证中“预设”不符点，希望能够争取减价或甚至在货价下跌时拒绝付款。一个常见的例子是要求由申请人出具单据或由申请人加签单据而申请人的签字一定要与存在开证行的记录相符。然后申请人就拒绝出具那需要的单据或故意不按留存在开证行记录来签署那些单据，又或者故意填上一些有冲突的资料，目的是令到信用证下单据出现不符点。

虽然这种“预设”的不符点可能令开证行有按信用证拒绝付款的权利，但这通常不会解除买家在销售合同下的付款责任。法院在Arma Far East Ltd. v Uni Fit Garment Factory Ltd. 一案中命令买家去按销售合同进行付款，虽然按信用证所提交的单据有不符点。这是由于买家制造这些不符点是为了故意防止卖家从银行获得款项。这又一次说明了信用证的独立性原则，就是信用证合同与其他合同是分开和独立的，包括销售合同。

相关案例5

Arma Far East Ltd. v Uni Fit Garment Factory Ltd. ［2002］（Hong Kong）

一、案情摘要

申请人：Uni Fit Garment Factory Ltd. （Uni Fit）

受益人：Arma Far East Ltd. （Arma）

在1997年7月31日，一张USD267 000.00的信用证开出给了Arma。信用证要求正式的货物收据证明货物已收妥且完整。货物收据同时必须确认所发货物有指定的款式号码，其中一个是“590”。

Arma提交所要求的单据给开证行，但被拒付，理由如下：

Uni Fit的货物收据并没有说明货物已收妥及完整；款式号码是“500”，不是“590”。

二、问题

①按信用证合同，货物收据是不符点吗？

②Arma有权获得购货价的付款吗？

三、分析

①按信用证合同，货物收据是不符点吗？

是的。Uni Fit发出的货物收据表面上明显地不符合信用证条款。因此，开证行绝对有权拒绝接受提交的单据。

②Arma有权获得购货价的付款吗？

法院裁决：

“在被告的货物收据上发现的不符点肯定是意图阻止（Arma）从银行处获得付款。我注意到该不符点不被Uni Fit接受。由上述原因，我不认为这样的抗辩是可信的。”因此，Uni Fit被命令按销售及购买合同去支付购货价给Arma，虽然提交的单据表面上与信用证合同不符。

四、评论

有些申请人坚决要求他们的银行在开证时包含一些“预设”的不符点，借此希望可以与受益人争取减价，甚至当货物跌价时拒绝付款。一个常见的做法是要求申请人签发一份文件或在某文件上加签（其签字必须与留在开证行的记录相符），然后申请人拒绝签发该文件或故意令签字与存放在银行的记录不符，以及故意在文件上填上不相符的资料，目的是令文件与信用证不相符。虽然本案在法律上严格来讲不能构成欺诈，但可以完全合理地推断这是申请人的“不符点预设”行为。

二、信用证欺诈

信用证欺诈存在已久，而且在不断地增加。但什么是信用证欺诈并没有特定的解释。简单来说，在多种情况下以不正当或不合法的手段来骗取其他有关方款项或货物的行为就可以称为是信用证欺诈。例如：

①受益人意图伪造单据或者提交记载内容虚假的单据；

②受益人恶意不交付货物或交付没有价值的货物；

③受益人和开证申请人或者其他第三方串通提交假单据，而并没有真实的基础交易；

④受益人在基础交易中对开证申请人犯有欺诈；

⑤在以 FOB 为条件达成的出口交易中，不法进口商与其指定船公司或货物代理人勾结，故意在提单出具时设下陷阱，造成提单与信用证条款不符并以此拒付；或者当行情、汇率不利时采取刁难、拖延等手法使出口商难以按时出运履约；又或者在设下陷阱造成信用证没法结汇后，货物代理与整个船都下落不明，造成出口方的货物损失；

⑥在信用证中预设不符点来争取议价空间，等等。

（一）信用证欺诈的成因

1. 信用证的独立性原则。它是独立于贸易合同，当受益人提交与信用证条款相符的单据，开证行就必须履行无条件的付款责任。

2. 银行并没有责任去核对和确认买卖合同的真实性。

3. 银行处理的是单据而不是货物，对买卖双方是否履行买卖合同的情况不需要了解。

4. 银行对所提交的单据的真实性并无责任和义务，因此，在印刷技术甚为发达的今天，伪造的文件可以乱真。所以，分辨文件真伪是极为困难的。

5. 在国际商会的跟单信用证统一惯例中从来就没有任何条款可以用来

规避欺诈风险。

6. 信用证欺诈在很多国家都只属于民事或商事案件，并没有用严厉的刑法来威慑犯罪者。

7. 本身从事国际贸易业务的人员素质低，缺乏国际贸易的经验和防范欺诈的意识，给犯罪者提供了机会。

8. 一般从事信用证欺诈的罪犯都具有非常丰富的国际贸易经验并对银行内部操作的程序十分熟识，因此提高了欺诈成功的概率。

（二）常见的虚假单据

1. 卖方造假提单的三种可能：虚构的货物在不存在的货船上；虚构的货物在真实的货船上且正在卖方的港口装货；虚构的货物在真实的货船上但不在卖方的港口。

2. 卖方发运次级货物或垃圾货物代替合同所购买的货物。

3. 倒签提单用以说明货物在合约付运期前付运［案例：Standard Chartered Bank v Pakistan National Shipping Corporation（2003）1 AC 959（England)］。

4. 买家利用赔偿函（Letter of Indemnity）向船东提取货物，然后将货物转卖给第三方。

5. 买家利用伪造的提单从承运人处提走货物，然后失踪，当正本文件及提单到达开证行时，视乎单据相符与否，其中一方就会负上损失。

6. 同一批货物，诱骗承运人签发两套提单。

7. 利用假信用证诱骗卖家发货。

8. 利用假发票，货物等来骗取外汇，关税和进出口补贴。

9. 买、卖方串通利用虚假交易诱骗银行开出信用证，然后卖方在获得议付款项后与买方同时失踪。

相关案例6

一、案情摘要

罪犯（公司甲）首先在其往来银行获得开信用证额度，公司甲串通另一罪犯（公司乙）伪造虚假交易，由公司甲向其银行申请开出信用证给公司乙。公司乙按信用证条款提交相符单据给其往来银行要求议付（提单可能是伪造的，也有可能是真实的提单但货物是垃圾）。公司乙拿到议付款项后汇给公司甲，公司甲收到汇款后用来兑付开出的信用证，公司甲与公司乙利用这方式制造良好的交易及付款记录。突然间公司甲要求其银行开出大量信用证给公司乙，信用证金额较以前的大。公司乙在收到信用证后按条款制造单据及假提单，然后提交给其往来银行要求议付。由于公司乙有良好的记录而且以前所有公司甲的信用证收款都从来没有问题，因此，议付银行在不留意的情况下议付所有信用证单据。公司乙在收到所有议付款后通知公司甲同时消失，留待开证行与议付行来处理问题，看谁不幸承担这些信用证款项的损失。

二、经验总结

要防范或减少坠入上述串通的陷阱，银行必须要有完善的措施并由有经验的单证操作人员对下述的重点作审慎的处理：

①在审查和批核贸易信贷额度时，银行必须对客户的背景、历史、业务性质和情况作深入调查，包括公司持有人和管理层的背景和变动情况、公司的贸易伙伴和贸易方式。

②信贷额度的批核必须考虑多方面的因素，包括公司业务的实际需要、抵押品的价值及其变动和偿付记录，对突然要求增加额度或在短时间内要求增加额度时，更要审慎考虑和严格的审查。

③对未付信用证金额的增加要密切留意，有必要时对各客户的公司和厂房进行实地考察，以确保业务和生产是在正常可控制的范围内配合信用证金额的增加情况。

④对不正常的信用证业务提高警惕，或不同意参与，例如，货物种类或金额不是客户经常性经营的业务，远期付款的要求超乎常规和要求太简单的单据容易伪造。

⑤当被要求议付信用证单据时，议付行首先要确认信用证及其修改是真实的，对有怀疑的单据，最好能与承运人确认提单的真实性，考虑受益人的能力，如果货物是由第三方提供，那就要查验供货者的背景和业务情况来确定贸易是真的在进行中。

⑥对信用证受益人不太了解时，银行在审阅单据时必须要加倍小心，不能接受任何不符点（就算是很小的问题也不能接受）或担保议付，在可能的情况下将单据送交开证行待款项收到后才解付给受益人。

相关案例 7

Standard Chartered Bank v Pakistan National Shipping Corporation. [2002] (England)

一、案情摘要

保兑行：Standard Chartered Bank（SCB）

受益人：Oakprime International Ltd.（Oakprime）

某越南银行开出一张信用证经由 SCB 保兑，受益人是 Oakprime International Ltd.，信用证其中一条款是船期不能迟过 1993 年 10 月 25 日。

但受益人并没有在 1993 年 10 月 25 日或之前发货。船公司代理人和船东同意接受受益人公司董事总经理为符合信用证条款的要求而发出的倒填付运日日期的提单。

受益人公司向 SCB 提交包括不实付运日期的提单单据，并由董事总经理签署 SCB 的出口申请表并声明单据是信用证上所要求。由于其为参与安排倒签提单的人，因此此声明是虚假的。

虽然单据是在信用证过期后提交的，但 SCB 倒填收到单据日期并按信用证付款给受益人。

其后由于单据有不符点，开证行拒绝付款，而 SCB 在审单时并未发现这些不符点。SCB 在处理货物后产生重大损失，后才发现提单是倒签的，因此向受益人公司董事总经理、船东代理和船东提出法律诉讼。

二、问题

①受益人公司的董事总经理应否向 SCB 承担个人责任？

②因 SCB 也向开证行作出不实声明（确认单据在信用证到期前收到），是否会造成他向被告人追讨的金额被扣减？

三、分析

（一）受益人公司董事总经理是否会因为向 SCB 作虚假声明而被裁定负有个人责任

①终审庭的裁决。

在第一审时，法院裁定 SCB 有足够理由指控受益人董事总经理承担个人责任。董事总经理就指控他需个人承担责任提出上诉。基于受益人董事总经理只是公司代表，所以不需要承担个人责任，因此接受其上诉，推翻原判。

就董事总经理不需要承担个人责任的判决，SCB 向终审庭提出上诉。终审庭接受其上诉并裁定：

“虽然 M（Oakprime 公司董事总经理）的不实声明应归咎于卖方和信赖原告是卖方的代理，但他应是按照自己的意志做出的声明，由于他所做的属于其职责范围，所以为公司造成的过错，个人亦要承担责任。当所有的侵权因素都指向他（M）时，他对原告（SCB）后来所受到的损失应负上责任。”

②终审庭在判词中强调的值得参考的结论。

当利用简单言行表明其董事身份而做出的欺诈行为时，没有人能逃避此欺诈行为的个人责任，他的欺诈行为虽归咎于他的公司，他个人亦需要承担责任。

董事总经理并不是因受益人公司的欺诈行为被起诉，而是因自身的欺诈行为被起诉，并且所有构成民事欺诈行为的指控都是针对个人的。

③董事总经理不是因为他是受益人公司的董事总经理而有罪，而是因为他个人做出了欺诈行为。他是唯一向 SCB 发出声明的人。

（二）因 SCB 也向开证行做出不实声明（确认单据在信用证到期前收到），会否造成他向被告人追讨的金额被扣减？

承运人和受益人公司董事总经理提出的抗辩理由是 SCB 也向开证行提交了不合法的单据，因此，“基于不合法原则，SCB 无权向他们追讨其损失的赔偿”。法院不接受其抗辩理由，指出当 SCB 依赖着被告的不实声明而付款给受益人时已产生损失。

因此，SCB 向开证行提交单据行为与董事总经理的不当行为无关。此外，开证行并没有依赖 SCB 的不实声明，原因是开证行因为单据不符而拒付。事实上，SCB 并没有从开证行方收到任何利益，因为单据被拒付和退回。

四、评论

①倒签提单的不当行为破坏了提单的真实性，且在信用证业务中倒填提交单据日期，破坏了国际银行间的诚信和信心。此案对商人、承运人和受益人在提交不实运输单据及/或不实单据行为方面起到了警示作用。公司的行政人员将来在做出欺诈行为前都应三思，因为像本案一样，他们会被判承担个人责任。

②很多银行家认为开证行很难发现受益人提交单据日期被倒填收到日期，但当诉讼发生时，有关方面会被对方要求出示对争议有关联的文件，

由此可暴露提交行/议付行的不当行为，并且银行职员会被传召上庭为有关交易作证。因此，银行绝对不应该倒填单据收到日期，因为开证行凭此可能向提交行/议付行追回已付给他们的款项，甚至追讨损失。提交行/议付行这些行为会将自己暴露在巨大的金钱和名誉风险之中。

（三）防范在原油交易中使用的赔偿函（Letter of Indemnity）欺诈

有时候出口商（信用证受益人）为了议付银行愿意议付其有不符点的信用证单据，出口商提供赔偿函给议付银行保证如果开证行因为单据上的不符点而不履行付款给议付行时，出口商承担赔偿的责任。

这里所谈及的赔偿函主要是用于原油的交易。因为原油的买卖交易非常活跃，极有可能在一次的运油航程中，一船油已经转手交易了好几次，令最终买家的卸油港与原先提单上的不相符，或因为多次单据的转换，油船到港时，完整的单据（包括正本提单）还未到达。因此，原油的交易一般使用赔偿函，它有三个重要的功能：

①代替正本提单，赔偿函确认最终货主是谁，因此，船主能凭货主出示的赔偿函将货物释放；

②赔偿函说明最终的卸油港；

③最终买家在没有正本提单的情况下，凭赔偿函付款。

赔偿函一般由原卖家或交易商的银行出具，承担赔偿承运人在没有正本提单下凭赔偿函释放货物之后可能受到的损失。习惯上，赔偿函是没有金额限制的，只在承运人收回正本提单后才会作废。要防范欺诈风险，在接受上述赔偿函时一定要考虑：

①赔偿函由信用良好的公司出具，在问题发生时，公司有能力作出赔偿；

②在有怀疑情况下，赔偿函应当由著名及有信用的银行来加签作出保证；

③赔偿函内容应当是简洁及清晰的；

④赔偿函的赔偿金额不能少于货物的总值。

三、防范信用证欺诈的要点

对从事国际业务的公司和人员来说，防范欺诈是一项长期而且艰巨的任务。虽然欺诈是永无休止的，但如果能不断加深自己对国际业务的认识和了解，然后再随时随地提高警觉，欺诈是有可能避免的。以下是一些防范信用证欺诈的提示：

①经常保持畅通渠道获得最新和最准确的信息。

②审慎验查收到的信用证，对下述情况应该再深入查证：

开证行名字似是出名的大银行，但其中拼写有错误且地址不像真实的；信用证不完整，有些必要的条款并没有在信用证上，如没有申请人名字，没有到期日等；信用证上使用一些不是银行惯用的术语；要求文件直接寄交申请人而不是寄给开证行；需要受益人出具履约担保，信用证才生效；信用证的付款方式是由申请人在收到货后才支付；模糊的交易描述和文件要求；要求处理的地方（包括港口）不能用电话或其他方式联系。

③处事审慎而不应该仓促决定。

④对每一细小疑点都应该深入地调查和了解。

⑤切忌贪婪，一切都必须按照市场情况、行业习惯和操作规程。

四、怎样识别和避免背对背信用证欺诈

背对背信用证交易的重大风险可以包括：

①付款风险（如母信用证的开证行可能对按母信用证提交的相符单据不能付款）；

②单据风险（如有可能不能按母信用证提交相符单据，虽然按背对背信用证下提交的单据可能是相符的）；

③货品风险（如受益人会发运劣质货物或废物，但会提交表面上与信用证条款相符的单据）；

④货运风险（如承运人会在未得到发货人或收货人同意下处理了货物）；

⑤保险风险（如最终买家并没有为货物投保）。

每一家银行都有自己的一套标准政策和操作程序去降低上述风险。其中包括进行对母信用证开证行的审慎审查，对货物的生产商和运输公司的审查，加上对信用证条款的密切监控及获取投买足够保险的证明。

相关案例8

一家在中国香港的公司甲接到新加坡的一家公司乙的查询。公司乙告

知公司甲其一直从另一家香港的公司丙进口货物。但因为其银行正在法院控告公司丙的银行，所以公司丙的银行再不接受银行开出的信用证。公司乙提出开出信用证给公司甲，由公司甲通知银行再开出背对背信用证给公司丙。这样，公司乙可以通过背对背信用证安排继续从公司丙进口货物，因为公司丙的银行只能看见信用证是由公司甲的银行开出的。公司乙提出给予公司甲按每张信用证金额的5%作为服务费用。公司甲不需要做任何事情，只要以公司名义重做单据然后按母信用证提取即可。

经过几年之后，公司乙的银行与公司丙的银行合并。新的银行发现其实公司丙是公司乙的关联公司，通过公司甲来隐瞒这内部关系。新银行决定控诉公司甲串同公司乙和公司丙的欺骗行为，因为实际上公司乙和公司丙之间并没有具体的交易。

此案例说明了一家贸易公司可能会在不知不觉中成为诈骗的共犯。

五、我们在进口信用证业务下，怎样降低提交伪造单据的风险

开出进口信用证所暴露的最大风险就是受益人提交伪造或虚假的单据。在信用证的独立原则下，银行处理的只是单据而不是货物或服务（UCP 600 第5条），指定银行、开证行及保兑行只基于所提交的单据来决定提交是否相符（UCP 600 第14条a款）。因此，诈骗者能够将表面看来相符，但实际上是伪造或虚假的单据提交去欺骗银行。

相关案例9

一、案情摘要

一家中型规模的公司有意愿去经营钢材来扩大业务。在互联网上，它认定了一家在德国的供应商，买家通过他的银行开出一张以成本及运费（CFR）计价的信用证，货物从俄罗斯运到中国。当收到相符单据后，买家申请了进口贷款偿付开证行按开出信用证项下的付款。但买家一直没有收到船公司有关货物到达卸货港的通知。当买家向船公司代理查询时被通知有关提单是伪造单据，承运人从来没有收过声称中的货物或签发买家持有的提单。

二、案例分析

（一）如何降低提交伪造提单的风险

由于这是买家第一次与卖家的业务交易，建议由买家来安排运输，即

用船边交货（FOB）方式购货。买家委派自己的承运人的情况下，供货商能提交伪造提单的机会就会降低，因为如果承运人没有收到供货商的货物，承运人就会通知买家。因此，如果卖家仍然提交表面上相符的单据，买家可以采取防范方式禁止按信用证付款。防范方式可以包括从地方法院获得禁制令禁止开证行进行付款或阻止受益人提取信用证。

（二）如何降低发运劣质货物的风险

就算买家委派自己的承运人去处理货物运输，也不能阻止供货商发运劣质货物，委派一家质检公司在发运前进行验货能保证货物合符合同上的标准。但重要的是，单单验货是不足够的，因为检验后的货物不一定装上船。因此，建议质检公司同时监督货物装船。这样，连同买家委派承运人，就可以降低船会在别的港口卸下货物的风险。

（三）如何降低与诈骗者交易的风险

在本案中，买家从来都没有遇见过供货商。他只是通过电邮或传真联络而并没有进行过深入调研。如果买家有做过审慎的调查和审核，他一定能查出这个德国公司实际上是由一群外国人组成和拥有的。

当卖家通知了买家船名之后，买家应当立即与当地船公司代理联络确定该船大概到达时间和更多有关该批货运的资料。这就能使买家预先知道有关的提交可能会是伪造的，令买家可以采取适当的行动去阻止信用证付款。这最好在销售合同和信用证中说明，卖家必须要在发货后迅速通知买家有关资料。

六、担保提货的风险

担保提货的先天性风险是哪些？信用证下的担保提货风险比见单即付或承兑交单的托收下的担保提货风险少吗？这些问题均需认真思考。

承运人只会在收到最少一份正本提单时才会释放货物，这是行业行之已久的做法。由于有关方及/或银行需要一些时间来处理单据，所以货物到达卸货港时间可能比单据早，尤其是航程只需要数天的情况下。要加速处理货物、降低存仓费用，买家一般希望尽快提取货物。因此，承运人可能要求买家提供担保以保障在没有出示正本提单而释放货物可能造成的潜在损失和债务。承运人通常要求买家的银行在担保函上加签作为主债务人，使其在有需要时可以直接向银行索取赔偿。这种银行的或有负债通常是记录在一种叫“担保提货”的额度内。

这种担保有两个主要特征：

①有效性是开敞式的，并没有说明到期日；

②担保金额也是开敞式的，没有金额限制，这意味着买家与在担保函上加签的银行承担承运人在没有提供正本提单下释放货物所造成的所有损失的赔偿责任。

相关案例 10

一、案情摘要

一家开证银行开出一张要求全套正本提单的信用证。后来，开证行收到指定议付行发出的电文要求开证行放弃不符点，原因是“提交复印制的提单代替正本提单”。开证行要求申请人放弃这不符点，同时申请人也存放了与信用证金额相同的款项在开证行准备偿付有关的提取。开证行因此通知议付行不符点已被放弃并授权议付所提交的单据。

数日后，货船抵达，申请人要求开证行在承运人提供的担保函上加签。提货担保的处理由开证行内部另外一组工作人员处理，他们并不知道上述的放弃不符点。因此，工作人员加签了担保函并记录这交易在客户的提货担保额度内。

一星期后，开证行收到一份进口见单即付（D/P）单据要求同一申请人付款。但原先信用证要求的正本提单在这见单即付的托收交易中提交。开证行因此意识到如果不接受见单付款的托收单据，之前加签的担保函不可能从承运人处赎回。

二、案例分析

这项业务狡猾之处在于当议付行因为“提交了复印的提单代替正本提单”这不符点要求开证行放弃不符点。开证行以为有关的正本提单被受益人直接送交申请人，这样申请人就不需要提货担保了。不幸的是，这并没有发生，且让开证行要双重付款（信用证下及那见单即付托收交易）。这很明显是一个诈骗开证行的行为。因此，信用证下的担保提货风险程度可能会与见单即付（D/P）或承兑交单（DA）交易下的担保提货风险相当。

有些银行定下条件要求申请人在申请出具提货担保时必须提供一份受益人的发票副本。但如果申请人是一个诈骗者，他可以提供任何开证行需要的文件。

有一个方法可以降低这样的风险，就是将信用证结构成要求一份正本的提单（提单上的收货人是申请人或托运人，然后空白背书）由受益人直接寄交申请人。这样安排，申请人就可以不需要提货担保便可以提取货物。这对区域内的短程运输特别实用。

第四节　信用证纠纷和仲裁

上文已介绍过信用证业务的困难性、复杂性和多变性。因此，经常出现纠纷和争议并不奇怪。正如国际商会在几年前的调查显示大概有60%～70%的信用证在第一次交单时被认为存在不符点而遭到拒付，所以纠纷和争议大部分是因为单据有不符点。让我们从三方面来讨论单据出现不符点和争议的处理方法。

一、议付/提示行提出不符点

当受益人将单据提交给议付/提示银行后被议付/提示行发现单据有不符点时，一般可能出现下述两种情况：

（一）不符点是可以修改的

收到议付/提示行通知单据有不符点后，受益人应立即尽可能进行修改，然后在提交期限前或信用证到期前（视乎哪一个期限比较早）将修改过的单据重新提交。

（二）不能修改的不符点单据

由于各种原因，单据上错误/不符之处不能或不方便被修改，议付/提示银行可不议付该套单据（只作为提交行待款项收到后才付给受益人）或将全部不符点用电传/SWIFT通知开证/保兑行要求接受不符点和授权议付该套单据，又或依赖受益人的信用，接受其“赔偿承诺书（Letter of Indemnity）”，然后先议付单据将款项付给受益人，如日后因单据不符收不到开证行付款，可按赔偿承诺要求受益人连利息退款。

二、开证/保兑行提出不符点

虽然目前已经有国际商会惯例、标准银行实务和国际商会银行委员会发表和编写的很多意见作为审核单据的准则，但也经常发生开证/保兑与议付/提示行之间对某一份单据或某一项描述有不同的理解而提出不符的情形。

一般而言，当开证行发现单据有不符点后，会与申请人联络，看申请人是否愿意接受不符点，如申请人同意接受不符点，开证行就会通知议付/提交行，然后按信用证规定付款。在正常贸易情况下，申请人都会接受不符点或最多要求货物降价，因为他也是希望得到货物的。信用证申请人与受益人是这张信用证代表的真正交易者，如果双方在问题发生后能妥协解决的话，开证行与议付/提示行之间就不难解决。但当市场情况有变，申请人不想要货或因为其他开证行或议付行的原因（如做了“暗保”和无追索权的议付），各方坚持自己的意见，不能妥协，就会导致争议和纠纷升级，需要其他方法来解决争议。

在遇到对不符点产生争议时，议付行可以先进行下列步骤来了解情况：

①找一位对信用证有丰富经验的律师研究开证行提出的不符点是否能成立，或联络国际商会银行委员会征求他们对不符点的意见；

②调查货物到港情况以便清楚了解有多少时间处理这问题，因为一般货到港后短时间内必须提取，否则运输公司会收取昂贵的仓费，不负责其损坏赔偿；

③要求受益人直接与申请人联络了解实际拒付情况和背景因素。

此外，将实际情况与银行法律部和外部律师进行商讨，寻求合适的解决办法。如果开证行提出的不符点理据不强，成立的机会不高，可以先行考虑采取比较温和的手段。例如，要求在贸易领域和信用证业务中具有丰富经验的律师向开证行发出一封强有力且理据充分的要求付款函，表明在某指定日期前收不到开证行的付款或回复便会采取进一步的行动。有时候这样做是有效的，因为开证行也会寻找第三方来确认他提出的不符点是否合理和有效，倘若结果不太肯定，开证行在收到律师信函后会考虑妥协。

若上述办法仍然不能解决问题，那就要采取仲裁方式解决。仲裁可以经法院或经 DOCDEX 处理。

DOCDEX 是国际商会应大部分会员的要求在 1997 年 10 月成立的一个仲裁中心，并通过了第一份的 DOCDEX 规则。在 2002 年国际商会委员会修改了第一份 DOCDEX 规则令 DOCDEX 可以处理有关信用证、托收或担保的纠纷。

目前，DOCDEX 规则共有 11 条，一般案子交由三个专家作出独立裁决，然后经过中心与国际商会银行技术委员会咨询和讨论，最后由中心发出最终裁决。整个过程大概需要 30 ~ 60 天，标准收费为 5 000 美元。倘若案子较复杂，要看的文件又较多，诉讼金额又在 50 万美元以上，中心可能收取额外费用，目前，最高为 1 万美元。

需要注意的是，DOCDEX 的裁决并没有法律约束力，但如果诉讼双方都同意交由 DOCDEX 裁决的话，诉讼双方都会接受和遵守裁决的结果。即使任何一方不接受 DOCDEX 的裁决，当告上法院时，DOCDEX 的专家意见，一般都会被法院的裁决官所接纳而作出同样的裁决。

DOCDEX 仲裁比法院优胜的地方是问题能迅速地解决，而费用低。而且利用法院来解决纠纷所需要付出的时间和金钱往往难以估计，结果可能是赢了官司但赔偿款项不足以支付所花的时间成本和法律诉讼费用。所以，DOCDEX 颇受银行界的欢迎，愈来愈多的银行使用它来解决争议。如果需要利用法律诉讼来解决争议的话，所涉及的问题就更广泛。比如，必须要找一个不但对各种法律有深切认识，还要对国际贸易、信用证业务、惯例等极富经验的律师来处理，此外还要尽可能选择有利于自己一方的法律管辖地来提出诉讼，这样的胜算机会就会提高。

三、法院的禁制命令

在信用证法律中欺诈及禁制令是很多国际贸易融资从业人员关心的问题。国际商会的跟单信用证统一惯例对此是沉默的，并希望用每个国家的当地法律来处理这一问题。要证明欺诈或获得当地法院禁制令的条件每个国家都不一样，但下述四点是最基本的，普遍都被认同：

①一个实在的虚假陈述；

②蓄意造成；

③合理地依赖了陈述；

④对原告造成损失。

在 Hyosung v Sumagh［1998］一案中，受益人承认他知道发运的纤维质料（即 70% 人造丝/30% 羊毛）与提交单据内的货物描述不相符（即 65% 人造丝/35% 羊毛）。受益人亦知道如果提交的单据表面相符的话，申请人是有责任按信用证付款的。法院认为那是有意去欺骗且 5% 织物含量差异是与销售交易有实质性的不符的。

很明显，如果受益人没有伪造文件，银行不会按信用证付出款项。所以，法院裁决认为受益人作出了虚假的陈述令银行依此陈述最终付了信用证款项，因此，颁发禁制令禁止开证行进行付款。但必须留意的是，若虚假陈述的行为由第三方所做而受益人不知情，在这样的情况下，受益人还是享有获得信用证款项的权利的。在 United City Merchants v Royal Bank of Canada［1983］案中，提及“欺诈例外”一词，所以让我们再看一下什么是欺诈例外。

（一）欺诈例外

信用证的独立性原则是导致欺诈产生的理论缺陷。例如，一旦受益人欺诈，买方便首当其冲遭受损失，他只有通过买卖合同向受益人起诉，但挽回损失的机会微乎其微。在这种情况下，从商业交易的一般原则来谈判，固守独立性原则是有违诚实信用原则显失公平的。因此有必要引入“欺诈例外原则”。

“欺诈例外”是指在肯定信用证独立原则下，允许银行在存在欺诈的情况下，不予付款或承兑汇票，法院亦可以颁发禁止支付令对银行的付款或承兑予以禁止。目的是使真正的欺诈得到惩罚，但此原则也不能滥用而导致信用证赖以存在和发展的机制遭到破坏。因此，适用“欺诈例外”的条件在每个国家的法律下必须建立起来。例如：

①欺诈必须是实质性的；

②欺诈必须是现实存在的；

③“欺诈例外”不能针对善意的受益人和正当的持票人，当受益人是善意的或善意的当事人和正当的持票人在不知情且并没有参与欺诈行为时银行对该单据就形成了绝对化的义务，不能援引“欺诈例外原则”加以否定，这就形成了欺诈例外的例外。

就银行角度而言，即使在法律制度下，银行可以享有“欺诈例外”而拒绝付款的权利，但不宜使银行承担查证欺诈的义务。换言之，在没有法院止付令的情况下，只要银行不是明确认识到欺诈的存在，即使事后查证受益人确有欺诈行为，银行也不会因违反开证申请人的要求对欺诈受益人拒付的意愿而承担责任。因此，银行必须要明确认识欺诈的存在或在法院发出的止付令下才可以使用“欺诈例外”来拒绝付款。

要令法院发出临时禁制令，申请人必须提出清楚及能令人信服的证据去证明欺诈的事实。临时禁制令有以下几种：

①禁止开证行对信用证承兑或付款。

②限制受益人处理信用证款项，这与马利华禁制令（Mareva injuction）相同（即一张禁制令禁止受益人处理其财产），这种禁制令的申请人必须指出受益人会提走款项的风险存在及他会反对申请人可能获得对他的任何裁决。值得注意的是，这种禁制令并不是依靠欺诈已被显现（或甚至指控），像所有马利华禁制令一样，所需要的是一个合理的争辩，通常是违约（或其他的原因）、财产消失的风险和适当的平衡。正如在Prime Deal（HK）Enterprises Ltd. v The Hong Kong and Shanghai Banking Corporation Ltd. 一案中，财产消失的风险性极少，因此，法院并没有发出禁制令去制止受益人处理信用证款项，因为如有损失会得到适当的赔偿。

③禁止被告将财产转移（Mareva Injunction）。

相关案例 11

Hyosung America，Inc. v Sumagh Textiles Co.，Ltd. ［1998］（USA）

一、案情摘要

申请人：Hyosung America，Inc. （Hyosung）

开证行：Bank of Seoul

受益人：Sumagh Textiles Co.，Ltd. （Sumagh）

按申请人要求开证行开出一张 USD491 133.00 的信用证购买一些 65% 人造丝/35% 羊毛的纤维质料，受益人是 Sumagh。

Sumagh 知道运给 Hyosung 的是 70% 人造丝/30% 羊毛的纤维质料，但为了符合信用证要求，Sumagh 提交了显示为 65% 人造丝/35% 羊毛的不实单据。

开证行收到表面相符单据后付款给 Sumagh 并向 Hyosung 索偿。

在 1993 年 9 月 30 日，最终买家通知 Hyosung 收到的纤维质料与购买合同不符，拒绝付款。

二、问题

Hyosung 可以禁止 Bank of Seoul（开证行）对信用证付款吗?

三、分析

（一）纽约普通法认为欺诈索偿必须包括的要素

①一个实在的虚假陈述;

②蓄意造成;

③合理地依赖了陈述;

④对原告造成损失。

（二）上述条件是否适用于本案

Sumagh 承认他知道发运的纤维质料（即 70% 人造丝/30% 羊毛）与提交单据内的货物描述不相符（即 65% 人造丝/35% 羊毛）。Sumagh 亦知道如果提交的单据表面相符的话，Hyosung 是有责任按信用证付款的。因此，法院认为 Sumagh 是有意去欺骗 Hyosung 的并且 5% 织物含量差异是与销售交易有实质性的不符。很明显，如果 Sumagh 没有伪造文件，Bank of Seoul 是不会付款的。所以法院裁决认为 Sumagh 作出了虚假的陈述令，Bank of Seoul 依赖其陈述最终给付信用证款项。

在本案中一个技术性的问题是原告并不是 Bank of Seoul 而是 Hyosung，当 Sumagh 做出的虚假陈述是给 Bank of Seoul，那么，Hyosung 能否提出按欺诈索偿?

法院裁决:

“在本案中，Hyosung 对 Sumagh 按信用证向 Bank of Seoul 提款有责任偿付。银行的角色只是金融中介，信用证交易风险应由 Hyosung 承担。

“5% 织物含量差异对 Hyosung 的伤害是即时和确切的，因为当按信用证提款时，Sumagh 令 Hyosung 对银行产生一个新的付款责任，此外，当 Hyosung 申请信用证时已得悉银行只需凭提交所要求的单据就可代表他立即付款。因此，我认为当 Hyosung 开立及修改信用证时，他预期地依赖 Sumagh 向银行的提交。在这种情况下，虽然伪造的文件是提交给银行而非 Hyosung 的，Hyosung 也符合依赖了欺诈的要求。”

法院裁决:

“合同独立性原则是确保开证行对信用证立即付款的，然而当开证行对信用证付款后，即满足了合同独立性原则，它不能成为向提交伪造文件的受益人行使追款权的阻力。”

虽然在信用证中开证行与受益人的关系是独立于其他的，但考虑到申请人利益的迫切性，独立性的先付后诉讼原则是有例外的。在纽约的统一商业法典第 5 ~ 114 条中有此例外法则，它说如果受益人提交伪造单据或销售存在着欺诈，申请人可以禁止开证行对信用证付款，除非索款的是善意持有人。

虽然有强烈政策反对此“优先限制”，但申请人若提出欺诈，可以禁止银行对信用证付款。

四、评论

这是一个精彩的案例，指出了在纽约普通法下欺诈的要素及法院对开证行发出禁制令禁止其对信用证付款需要考虑的条件。更重要的是该案例清晰表明了就算陈述是由受益人向开证行而不是向申请人做出，申请人都可以依赖虚假陈述的立场予以抗辩。

相关案例 12

Prime Deal（HK）Enterprises Ltd. v HSBC Ltd. and Another. [2002]（Hong Kong）

一、案情摘要

开证行：HSBC

申请人：Prime Deal（HK）Enterprises Ltd.（Prime Deal）

受益人：Teddy S. p. A.（Teddy）

HSBC 按 Prime Deal 的要求在 2001 年 4 月 4 日和 5 月 24 日开出两张备用信用证给受益人“Teddy”，金额分别为 250 000. 00 欧元和 100 000. 00 欧元。

在 2002 年 5 月 28 日，Teddy 提取两张备用证款，总数为 350 000. 00 欧元。Prime Deal 尝试用电话及电邮联络 Teddy 但都没有回应。因此 Prime Deal 怀疑 Teddy，Prime Deal 获得中间禁制令，限制 HSBC 对信用证付款以及限制 Teddy 从两张备用证获得付款。Teddy 向香港法院申请取消禁制令，香港法院必须决定执行或取消禁制令。

二、问题

要限制开证行不对信用证付款及受益人不能处理信用证款项，法院必须有哪些证据?

三、分析

临时中间禁制令有以下两种:

①一张禁制令阻止开证行对信用证付款;

②一张禁制令限制受益人处理信用证款项。

虽然两者明显有关联,但它们是按照不同的法律原则由法院颁令的。要颁布临时中间禁制令,法院要考虑以下情况。

(一)阻止对信用证付款的禁制令

一般法院都会尽量保持信用证的完整性。法官在本案中引用 Lord Donaldson 在 Bolivinter Oil 一案中的用词:

“申请人获得阻止银行履行其承诺的禁制令会削弱银行的最大资产,因为那是银行在财经界及诚实合作伙伴之间的可能极重要的声誉。更且,如果经常发生此类情况的话,不可撤销信用证和履约保函的价值就荡然无存了。”

法院亦概括了考虑发出临时中间禁制令的基本原则:

“要令法院发出临时中间禁制令阻止付款,申请人必须提出清楚及能令人信服的证据去证明欺诈的事实且银行是知情的。只有一个誓言是不足够构成一个清楚及能令人信服的证据的,此外要有强有力的或确实的证据(一般都是有文件支持的),在可能的情况下,法院都期望给予被指控欺诈的一方(就是信用证的受益人)机会去就有关指控答辩后,才决定是否发出临时禁制令。有时候这不太可能但仍然经常做到。当有可能答辩但不能对指控提出任何合理的解释时,就会造成对申请人有利的情况。”

法官同时引用了以下在 United Trading Corporation 案中的原则:

“如果法院觉得眼前的资料只从事实就可推断已是欺诈的话,就已经足够构成卖方欺诈的案子了。”

法官之后解释“只从事实推断”的要求是确实和清晰的证据,这证据性的负担或标准包括了对严重问题的审讯及平衡适当性的要求。

对严重问题的审讯,表明对证据性负担的要求是愈严重的指控需要愈确实的证据。

对平衡适当性,法院除了要有欺诈的证据,还要审查其他因素决定停止付款是否适当。在上述 United Trading Corporation 一案中亦曾经说过,法院不但要考虑申请人和受益人的利益,同时或更重要的是要考虑银行的利益,这是由于一份禁制令会削弱银行的声誉和诚信,而这些对银行的经营是非常重要的。

此外，虽然申请人能证明欺诈，如果损失能得到合适的赔偿，法院会用此作为拒绝发出临时中间禁制令的重要因素。

在本案中，法院发觉在提出单方面（ex Parte）禁制令申请书后提出的证据虽显示双方存在一些真实的纠纷，但法官并不因此觉得提出的证据可从事实层面推断有欺诈成分。因此，法院基于 Prime Deal 不提供事实而取消了禁制令。

此外，法官注意到就算欺诈能成立，在平衡适当性原则下，他都不会签发临时中间禁制令。原因是原告并没有提出，在本案中不能得到合适的赔偿。第一被告（HSBC）是出名的银行；第二被告（Teddy）是在意大利信誉良好的公司，因此，法官不觉得需要发临时中间禁制令。如果日后裁定 HSBC 及/或 Teddy 需要负责，Prime Deal 能从需要负责一方就其损失获得赔偿。

（二）限制受益人处理信用证款项

这个选择通常是考虑在法院不管什么原因不发临时中间禁制令阻止付款时使用。这种考虑与申请马利华禁令禁止处理财产命令（Mareva Injunction）相同。阻止受益人处理信用证款项的禁制令只会在受益人会提走款项的风险下及反对原告对他的任何裁决情况下才会签发。值得注意的是，这种禁制令并不依靠提出欺诈（甚至指控），而像所有禁止处理财产令一样，所需要的仅是一个合理的争辩，通常是违约（或其他的原因）、消失风险及适当平衡。在本案中 HSBC 和 Teddy 两者都是知名的公司，所以资产消失的风险性极少。因此，法院并没有发出禁制令去阻止受益人处理信用证款项。

四、评论

①当申请临时禁制令时，向法院提出全部及公正的事实是原告的责任，否则，法院日后发现在单方面申请时并没有提出某些事实的情况下便会取消禁制令。

②如果不正当地获得禁制令并对被告造成伤害，申请人必须对被告所有的损失及伤害负责。这就解释了为什么法院要求申请人提交保证金以便可以向被告作出伤害赔偿。

③当被告是信誉良好的公司或金融机构时，法院有可能不发临时禁制令，因为伤害可以获得适当的赔偿。开证行同样可以用此有力理由抗辩以解除禁制令保护其声誉。法院亦可能接受这请求，因为如果日后裁

定有关付款是不合理的话，开证行不能向申请人索偿。如果开证行已借记了申请人的账户作为偿付，申请人有权向开证行追回款项。

（二）在何种情况下适用欺诈例外

按信用证独立原则，除非适用欺诈例外否则开证行有责任承付相符的提交。在 UniCredito Italiano S. P. A. v Alan Chung Wab Tang 案中，香港法院裁决："法律上已认同当要测试是否存在欺诈，知情在付款行作出付款的时候是否知悉……如果欺诈是明显存在和知情的，银行自己承担支付给受益人的风险并没有权利去索偿。但如果欺诈是不清晰和不知情的，则银行不需要去询问那涉及此交易的商人为何选择用特别方式去进行他的业务。"

法官说："很清楚，只有在有足够证据下才可以断言是欺诈和宣称其欺诈，必须有详细、精确及全部的细节。如果容许只持有含糊及不精确资料，而希望审理中才发现是真实的案子是不公平的，这是已经建立已久的原则。"

如果法院认为现有的材料能合理推断出是欺诈的话，欺诈就成立。越严重的指控，要求有越严谨的证据。简单的欺诈宣称是不会被法院接受的，所以申请人一定要提供令人信服的证据去支持他的指控。除了要证明欺诈外，法院亦会考虑其他因素看用禁制令来停止付款是否能达到方便性均衡。

例如，法院会考虑申请人、受益人及银行的立场，因为一份禁制令阻止信用证付款会削弱银行的声誉和诚信。更且，如果金钱的损失能有适当的补救，法院会拒绝颁发禁制令。这是因为申请人很可能最终能从被告人处获得赔偿，所以不需要法院颁令禁止开证行在开审前付款。

在 United Trading Corporation S. A. v Allied Arab Bank Ltd. 一案中，英国法院发现在面前的证据中，双方存在着很多争议，不可能合理推断出这是欺诈的结论。因此，法院解除了先前颁发的中间禁制令。

（三）如果欺诈是在海外发生，欺诈例外又是否适用

在 Mahonia Limited v JP Morgan Chase Bank 一案中，开证行拒绝付款是因为开出信用证是有不合法的目的的，即提供结构给 Enron 令他的不合法账户不会被发现。该最终的目的被美国的证券法宣称为不

合法。

英国法院裁决认为如果宣称的不合法目的能成立，就算有关的不合法目的构成不合法的行为是在海外的司法管辖区，英国法院会拒绝执行信用证合同，因为执行这合同会与社会政策背道而驰，在欺诈使一切变得无效原则（Fraud unravels all）下，不诚实的人基于他是不合法的原因用任何工序进行的欺诈都不会被执行。就算有信用证牵涉其中，这原则仍然生效。已证实信用证的独立原则不会延伸去保护无耻的卖家。法院在一宗有明显欺诈证据的极为严重的国际性犯罪案件中说这是会危害国际商会命脉的，因此，不去执行合同是最合理的。

结论：

目前涉及的信用证欺诈和禁制令，法院在采用欺诈例外前显然是要在受益人知悉欺诈的情况下。

（四）如果欺诈是由第三者作出而受益人并不知情，欺诈例外不适用

不是所有欺诈都是信用证有关方所作出。因此，这产生了一个重要问题：如果这虚假陈述是由第三方作出而受益人在提交那单据时对那虚假陈述并不知情，开证行有否权利去拒绝这含有虚假陈述的单据。

在 United City Merchants（Investments）Ltd. v Royal Bank of Canada 的经典案件中，承运人倒填发运日期而受益人并不知情。上议院裁定保兑行是履行承付相符单据（最低限度单据表面相符）提款责任，因为欺诈例外只适用于如果受益人知道是不适当的提取和被法院认为是欺诈的一分子。

但如果欺诈方是受益人的代理，受益人会被视为被通知了欺诈而不能受欺诈例外免除。

无论谁行使欺诈，所有欺诈指控都要进行很好的准备，提出一个模糊、不精确的欺诈指控而希望在法院的审理和举证过程中发现更多证据，是不正当和不能接受的做法。

申请人在提出申请时需要向法院作出全面和坦白的披露。在大部分的案件中，银行的立场都不能判断欺诈的证据是否清晰存在。因此，开证行会要求申请人以欺诈指控去获得法院颁发命令禁止开证行在信用证项下付款。如果获法院颁令，银行能够合理地暂时停止他在有关信用证下的付款

责任。

相关案例 13

United City Merchants（Investments）Ltd. v Royal Bank of Canada［1983］（England）

一、案情摘要

保兑行：Royal Bank of Canada（RBC）

受益人：Glass Fibres & Equipment Ltd．（Glass Fibres）

1976年3月30日，RBC通知Glass Fibres已加保了Banco Continental SA以他为受益人的信用证，金额是USD794 502.00。信用证条款要求"已装船"提单，说明货物从伦敦出运，船期在1976年12月15日或之前。

Glass Fibres将他在信用证的权利让渡给United City Merchants（Investment）Ltd.（UCM）。

承运人在信用证规定最后船期的后一日，1976年12月16日装船。但船运人的代理在提单上加入声明说"货物实际是在1976年12月15日装船的"。Glass Fibres在不知情的情况下，将单据于1976年12月22日提交给RBC。

RBC拒绝付款的理由是"我们有资料证明，船期并不是提单上所记载的"。

二、问题

UCM对不实装船日期不知情，是否仍有权利要求信用证付款？

三、分析

这是一个经典案例，有关独立于受益人的第三方做成欺诈，而受益人又在不知情的情况下，开证/保兑行的责任问题。英国的最高法院，上议院推翻了上诉庭的一致判决并对信用证欺诈营造了一个指导性的惯例。

虽然欺诈陈述是由第三方做成，而受益人在提交单据时并不知情，保兑行/开证行有权利拒绝接受这些含有欺诈陈述的单据吗？法院最终裁定保兑行要付款给受益人——只要提交的单据在表面看来是相符的。这是履行UCP 290第9和第13条的规定，即在信用证交易的独立原则下使用欺诈例外只可以是在受益人知情并在法院认为他参与了欺诈的情况下。

独立性原则下欺诈例外只可以在“卖方为了按信用证提款，向保兑行提交伪造文件，卖方是知道那些文件内容资料无论明示或暗示都不是事实”的情况下使用。因此，受益人及他的被让渡人在不知道单据含有不实资料情况下提交了单据给保兑行并不属于欺诈，所以他们的索偿有效。需注意的是，本案只涉及提单是真的但装船日期倒写的情况。

四、评论

①在本案之前，英国或美国都没有相同的案例。所有之前的案例，受益人都有参与欺诈。但如果提交的单据是无效的，法院的裁决会否不同就不清楚了。这里无效是指签发提单的公司不存在或提单上的签字是伪造的。

Diplock 法官认为：

“由于卖方/受益人不知情而提交了第三方做成的无效单据，无辜的卖方/受益人对保兑行的权利问题留待以后解决，因为其与本案不相关。承运人代理在提单上错误地填上日期不能算是无效，提单是一张有效可转让的货物收据，持有人有权在目的地提取货物即承认合同条款的证据。”

一个新加坡案例，Mees Pierson N. V. v Bay Pacific（s）Pte Ltd & Others 对无效文件有一解说。在此案中，法院裁决认为：

“商业信用证的基本原则是：银行处理的是单据而不是货物，只要提交的单据表面上与信用证的要求相符，保兑行就应对信用证付款，并从开证行获得偿付，而开证行就应从申请人获得付款。当单据表面与信用证相符但包含有与事实不符的陈述时，保兑行无权拒绝接受该单据，除非提交单据者参与犯罪，就是明知有与事实不符的陈述存在仍然欺诈性地提交单据。

“相反，如果保兑行知道单据是伪造的，保兑行即使在提交单据者是无辜且不知情的情况下，可以基于单据不符理由拒绝对信用证付款。

“在本案中，原告（Mees Pierson N. V.）在不知道健康证明书是伪造的情况下，接受了单据并对信用证付了款给第一被告。由于原告并没有按 UCP 500 第 14 条 e 款规定时间通知第一被告拒绝接受单据，现在不能辩说单据与信用证不符。

“在第一被告并没有参与欺诈且原告已经接受单据及付款的情况下，原告不能因为是错误付款的原因而向第一被告要求归还款项。考虑到商业因素和 UCP 500 的精神，如果提交者对伪造是无辜的，银行不能向提交伪造单据者追回已错误付出的款项。因此，原告对被告基于归还原则的另一途径追求也是失败的。”

基于上述第二点，保兑行在付款之前得悉诈骗是有权拒绝付款的。

对上述第三点来说，当单据表面上并没有不符点时去期望开证行/保兑行按 UCP 500 第 13 条拒绝单据似乎并不合逻辑。如果开证行/保兑行在不知道诈骗存在的情况下对信用证付了款，他还能够断言基于某些原因而拒绝付款是不可信的。

②在 Montrod Limited v Grundkotter Fleischvertriebs GmbH and Others 一案中英国上诉庭认为：

“如果要引入一般性的无效例外成为英国法律的一部分，将会令银行处于进退两难的处境，因为需要调查真相，而银行是无法做到的，且 UCP 500 清楚表明不涉及。而且，这样的例外对受益人是不公平的，因为他们参与在连串的合同中，但他们的诚信是没有问题的。如果倾向承认这样的观念则利用信用证来促成国际贸易融资的体系便会被削弱。”

在 United City Merchants 案中所建立的欺诈例外也适用于如果所提交的单据是无效的情形，Montrod 一案清晰表明了英国法律对这一点的看法。

③在 United City Merchants 案中另一点需要注意的是：如果倒填装船日期的装运代理人是受益人的代理人的话，受益人会被视为知悉欺诈。在这种情况下，受益人不能用欺诈例外被豁免。

（五）欺诈例外的例外

这是为了保护任何第三方，如善意的受益人、善意的当事人和正当的持票人在不知情和并没有参与欺诈行为时的合法权益，例如：

①开证行的指定人、授权人已按照开证行的指令善意地进行了付款；

②开证行或者其指定人、授权人已对信用证项下票据善意地作出了承兑；

③保兑行善意地履行了承兑或付款的义务；

④议付行善意地进行了议付。

在上述情况下，银行就不能依赖欺诈例外而拒绝向上述当事人付款，而法院的终止支付信用证款项命令也不应该指向上述当事人。

例如，福费廷业务的包买商在不知情并没有参与欺诈行为的情况下，没有追索权地买断了开证银行承兑了的汇票，款项付给了出口商或卖出银行，开证银行就不能援引欺诈例外，必须在到期日前向包买商付款。

第五节　保函与备用信用证详析

一、保函（Letter of Guarantee）

保函具有从属性或独立性。从属性保函的担保人承担第二性付款责任，是在申请人未能按双方协议履行其责任或义务时，负责在一定期限范围内向受益人支付一定金额的赔偿。其法律效力随基础合同的存在而存在，也随其改变而发生相应的改变。而独立性保函，担保人的偿付责任独立于申请人，只要保函规定的偿付条件（一般规定为提交某种单据或声明）已经具备，担保人就要偿付受益人的索偿。至于申请人是否确实未履行合同项下的责任和义务，担保人不用理会。在国际贸易结算实务中，最多采用的是独立性保函。

（一）业务特点

①开出保函主要以自身的信用向受益人保证申请人履行合同责任和义务，只有在申请人违约或受益人具备索偿条件时才能依据保函要求赔偿，主要目的在于担保而不是付款；

②付款的依据是受益人提出符合保函规定的索偿条件，包括受益人证明、申请人违约声明和其他有关文件（单据）；

③既可以用作各种商务支付的手段，以解决交易中合同价款及费用的支付问题，又可以用来作为对履约责任人必须按期履行其合同义务的制约手段和对违约受害方的补偿保证工具；

④很多时候在保函或备用信用证上都会有自动展期条款，即保函在到

期时自动续期一年之类的字句，以令业务方便运作和减少成本。

（二）保函的有关当事人

1. 申请人（Applicant）是指向开出保函的银行提出申请开立保函的合同当事人。开出保函的申请书就成为申请人与开出保函银行之间的合同。申请人的责任是在发生索赔时，担保银行按照保函规定向受益人作出赔偿后，必须向银行作出偿付。

2. 担保银行/担保人（Guarantor）就是接受申请人委托开出保函的银行，它向受益人承担有条件或无条件的保证付款责任，在收到受益人符合保函条件的索赔要求时要立即履行付款责任，然后向申请人提出偿付。

3. 受益人（Beneficiary）是指有权依据保函条款向开出该保函的银行提出索偿的当事人。能否履行保函内所有条款是提出索偿的关键，若发现对自己不利或模棱两可的条款应及时向申请人提出和商讨，以便对保函条款作出修改。受益人在对方不履行或不完全履行交易合同中规定的义务时，才根据保函中规定的条款提出索偿。

4. 通知行是指受担保银行委托将保函通知给受益人的银行，通知行的责任是要核实保函表面的真实性，并不承担任何其他责任或支付义务。

5. 保兑行是指应开出保函银行的要求，以自身的信用对保函的支付加具承诺和保证的银行。

6. 反担保行（Counter Guarantor）是指向开出保函银行作出反担保承诺的银行。有时候申请开立保函的申请人不一定与开出保函的银行有直接关系又或受益人只接受本国银行开出的保函，因此，必须由申请人的银行向开出保函的银行担保申请人的偿付能力和履行交易合同的责任。

二、备用信用证（Standby Letter of Credit，简称备用证SBLC）

备用证可以说是一种特殊的信用证，既有一般信用证的特点又具有担保的性质，因此，也可把它归纳为保函之一种。

备用证的当事人与一般商业信用证一样，有申请人、开证行、通知行、受益人、保兑行、指定行、提示行等。

备用证的业务流程基本上与信用证的业务流程相同，只有一点比较特别的是，当申请人按基础合同履行了所有的义务和责任后，开出备用证的银行一般都不会收到索偿要求而要履行付款责任，其担保责任在备用证到期时便解除。

三、银行保函与备用证的分类

与信用证一样，从不同的角度看就可以用很多不同的分类方式，例如，前面已经谈过的从属性和独立性，还有付款类和信用类，直接和间接等分类方式。但从国际贸易结算的具体使用情况来分类，大致可分为出口类保函和进口类保函两大类。

（一）出口类保函

1. 投标保函［Bid/Tender Guarantee（Bond）］

投标保函是指招标方为了防止投标者在中标后不遵守在投标书中作出的承诺而要求投标者通过招标方承认的银行出具书面的付款保证文件，保证若投标者日后违约，担保银行向招标方赔付一定金额的款项作为补偿。投标保函的金额一般是合同总价的1%～5%。

2. 履约保函［Performance Guarantee（Bond）］

银行按委托人（供货方、劳务承包或工程承包等）要求向受益人（买主或业主方等）开立的保证文件。保证委托人在保函的有效期内若未能履行合同规定的责任和义务或未能完成工程时向受益人赔偿一定金额的款项。履约保函的金额一般是合同总额的5%～10%。

3. 预付款（定金）保函［Advance/Down Payment Guarantee（Bond）］

预付款保函是指进口方或接受承包的业主在预付定金时要求出口方或承包商提供的银行担保。出具担保的银行向受益人保证在出口方或承包商不能履约时负责将预付款项连利息退回给他。预付款保函一般金额会是合同总额的15%～25%，而且保函中会规定在收到有关预付款项后，保函才生效。这种保函的效期一般较长，因为要等到所有发货或全部工程完成后，预付款在每笔付款中扣除至零为止。

4. 其他类保函

包括质量保函（Quality Guarantee）、维修保函（Maintenance Guarantee）和关税保付保函（Customs Guarantee）等。

（二）进口类保函

1. 付款保函［Payment Guarantee（Bond）］

由银行应进口商或业主要求向出口商或承包商出具的付款保证。付款保函是对合同价款的支付保证，而不是违约赔偿保证，所以也可以作为独立的支付工具。

2. 延期付款保函［Deferred Payment Guarantee（Bond）］

延期付款保函是指银行应买方或业主的要求向卖方或承包商开立对延期或远期支付的合同价款及/或利息的付款保证。这适用于大型的机电设备进口，船舶和飞机的制造及大型工程建设项目的建造等项目的支付。

3. 保留款保函［Retention Guarantee（Bond）］

保留款是指在进口大型机电设备或建造大型工程时，进口方或业主为防止出口方或承包商在完成设备安装或完成工程后的一段时间内不履行合同规定的调试、维修和保养责任，一般都会保留合同总价的5%作为保留款至一定时间后才退回给出口商或承包商。因此，在这种情况下，出口商或承包商都会要求进口商或业主通过其银行开立保留款保函。

4. 其他类保函

包括补偿贸易保函（Guarantee for Compensation Trade）、来料加工保函（Processing Guarantee）、来料装配保函（Assembly Guarantee）、保释金保函（Bail Bond）和租赁保函（Lease Guarantee）等。

四、银行保函与备用证的内容

银行保函与备用证应该对下述各点有清楚和准确的说明：

①主债务人、受益人和担保人（完整名称和地址）；

②开立保函与备用证依据的交易（合同编号、签订日期等）；

③保函与备用证名称，编号和开立日期；

④最大承保金额和支付货币，金额递减条款；

⑤失效日期及/或失效事件；

⑥要求付款的条件（规定单据、证明文件及违约声明等）；

⑦生效条款一般在开出后立即生效，也有在一定日期后或某一事件

发生后才生效，例如，预付款保函是在申请人收到预付款后才生效的，但这条件必须单据化，就是要提交相应的单据（如证明申请人收到预付款的声明）；

⑧担保银行的责任（第一性或第二性付款责任）；

⑨适用法律或仲裁条款与规则。

五、ISP 98、URDG 758 和 UCP 600 三者间之关系

前文已经谈过备用证可以适用 UCP 600 又或适用 ISP 98，而备用证也是一种保函，保函可以适用 URDG 758。这样看来三者之间有一些关系或共通的地方。那么，当开出保函/备用证时，采用哪一惯例或规则会比较适合呢？这个问题很难有一个固定或肯定的答案，必须视乎每一个交易情况来决定。所以，在这里我们以 ISP 98 的条文为基础，将它与 UCP 600 和 URDG 758 作一简单的比较，希望读者能多了解三者之间的关系以及它们之间不同的地方，这样在选择使用时更能发挥其效用（表 3－1～表 3－6）。

表 3－1　规则一　总则：本规则的范围、适用、定义和解释、一般原则

UCP 600		ISP 98		URDG 758	
条文		条文		条文	
1	适用于任何信用证，包括备用证，在其文中明确表明受其约束	1.01	适用于备用证（包括履约、融资和直接付款备用证），或其他类似承诺（无论如何命名和描述），用于国内或国际	1	见索即付保函统一规则适用于任何明确表明适用本规则的见索即付保函或反担保函
	除非信用证明确修改或排除，对信用证所有当事人均具约束力		适用于本规则的承诺可以明确地变更或排除其条款适用		除非见索即付保函或反担保函对本规则的内容进行了修改或排除，本规则对见索即付保函或反担保函的所有当事人均具约束力

续表

UCP 600		ISP 98		URDG 758	
条文		条文		条文	
	没有类似条文	1.02	本规则在不被法律禁止的范围内对适用的法律进行补充，当与其他实务规则有冲突时，以本规则为准		没有类似条文
3	信用证不可撤销，即使未说明是不可撤销的	1.06a	备用证是不可撤销的，不需要如此写明	4b	保函一旦开立即不可撤销，即使保函中并未声明其不可撤销
4	信用证与可能作为其开立基础的销售合同或其他合同是相互独立的交易	1.06c	它是独立于基础交易和其他当事人间的合同	5a	保函就其性质而言，独立于基础关系和申请人，担保人完全不受这些关系的影响或约束
14a	银行仅基于单据本身确定其是否在表面上构成相符交单	1.06d	它是跟单性的，取决于单据的提示和对所要求单据的表面审查	6	担保人处理的是单据，而不是单据可能涉及的货物、服务或履约行为
15	银行确定交单相符时必须承付	10.6e	它开出后即具有约束力	20	一旦担保人确定索赔是相符的，就应当付款

表 3－2　规则二　义务

UCP 600		ISP 98		URDG 758	
条文		条文		条文	
3	一家银行在不同国家的分支机构被视为不同的银行	2.02	开证人的分支机构、代理机构或其他办事处或以开证人以外的身份作出承诺作出备用证下的行为，则仅负有该身份下的义务，并应视为不同的人		无类似条文
	在 UCP 600 并无类似条款。开立不可执行信用证在 UCP 下是一个问题，不予鼓励	2.03	一旦备用证脱离开证人的控制，即为已开立；除非其清楚注明该备用证那时尚未“开立”或不具“可执行性”	4a 4c	保函一旦脱离担保人的控制即为开立。受益人有权自保函开立之日、保函约定的开立之后的其他日期或事件之日起提交索赔

表 3－3　规则三　提示：到期日不营业

UCP 600		ISP 98		URDG 758	
条文		条文		条文	
8c 15c	其他指定银行承付或议付相符交单并将单据转交保兑行后，保兑行即承担偿付该指定行的责任 指定行必须将单据提交给保兑行或开证行	3.04	如果备用证是保兑的但在保兑书中没有注明提示地点，向保兑人（和开证人）的索款提示必须在保兑人开出保兑书的营业处或向开证人作出		无类似条文

续表

UCP 600		ISP 98		URDG 758	
条文		条文		条文	
	无类似条款	3.09	要求“展期或付款”视为要求付款提示和按本规则进行审核 它要求开证人自主决定去征求申请人的同意发出展期修改	16和23	“展期或付款”处理方式不同： ①无延误地通知指示方或反担保方 ②如果该展期期间未获满足，则应对该相符索赔予以付款，而无须再次索赔 ③即使得到展期指示，担保人或反担保人仍可拒绝展期，并应当付款
36	银行恢复营业时对于因为不可抗力在营业中断期间已逾期的信用证不再进行承付或议付 无类似条款，因此如是备用证的话可以说明不使用 UCP 600 第36条	3.14	如果在允许提示的最后一个营业日，备用证中注明的提示地点由于任何原因停业，自动延期到提示地点重新开业后的第30个日历日	13	由于不可抗力导致保函项下的交单或付款无法履行，在此期间保函失效，则…… 保函及反担保函均应自其本应失效之日起展期30个日历日，担保人在可行的情况下应立即通知指示方、反担保人
	无类似条文		开证人可以选择另一个合理地点提示并需要通知受益人	14a	向担保人交单应在保函开立地点或保函中指明的其他地点

表 3-4 规则四 审核

UCP 600		ISP 98		URDG 758	
条文		条文		条文	
14d	单据中的数据与该单据本身的数据，与其他要求的单据或信用证中的数据不能有冲突	4.03	只需要在备用证的规定范围内审核单据之间是否一致	19b	保函所要求的单据内容应结合该单据本身、保函和本规则进行审核。单据的内容无须与该单据的其他内容、其他要求的单据或保函中的内容等同一致，但不得矛盾
	无类似条文 国际标准银行实务（第23段） 期望受益人制造的单据语言与信用证相同	4.04	所有单据的语言应是备用证中使用的语言	附件	除非另有规定，申请人或受益人出具单据使用的语言应与保函的语言一致
14h	如果信用证含有一项条件，但未规定用以表明该条件得到满足的单据，银行将视为未作规定而不予理会	4.11b	非单据条款： ①无须提示单据 ②开证人根据其自己的记录或在其自己正常业务范围内不能确定该条款被履行	7	除日期条件之外，保函中不应约定一项条件，但未规定表明满足该条件要求的单据。如果有这样情况的……则担保人将视该条件未予要求而不予理会……

表 3－5 规则五 单据的通知、排除和处理

UCP 600		ISP 98		URDG 758	
条文		条文		条文	
14b 16d	银行有 5 个营业日去审核单据 这期限并不会因为是交单的最后限期或是信用证到期有所影响 拒付通知必须以电讯方式或其他快捷方式发送给提示人	5.01	及时的拒付通知需要： ①在 3 个营业日内（不是不合理）但不超过 7 个营业日（不合理） ②用电讯（或其他达到迅速通知目的）方式通知从其收到单据的人 发出通知的时间是否不合理并非取决于提示的最后期限是否临近	24	如果提交索赔时没有表明此后将补充其他单据，则担保人应从交单第 2 天起 5 个营业日内审核该索赔并确定该索赔是否相符 当担保人拒绝赔付时，应就此向索赔提交人发出一次性的拒付通知。该通知应说明：担保人拒绝赔付，以及担保人拒绝赔付的每个不符点
16c	必须说明银行所依据拒付的每一个不符点	5.02	需要注明所有不符点		见上文
16f	如开证行/保兑行未能按照第 16 条行事，则无权宣称交单不符	5.03	没有及时发出拒付通知，则： ①不能再提出该不符点 ②并不影响针对同一份或其他备用证下的不同提示提出该不符点	24f	担保人未能按照 24 条 d 款或 e 款的规定行事，则其将无权宣称索赔书以及任何相关单据不构成相符索赔

续表

UCP 600		ISP 98		URDG 758	
条文		条文		条文	
16c	拒付通知必须声明：①留存单据听候交单人的进一步指示 ②留存单据直到收到申请人放弃不符点或交单人指示 ③退还单据 ④按之前从交单人处获得的指示处理	5.07	被拒付的单据必须按提示人的合理指示加以退还，持有或处置。在拒付通知中没有表明单据处置情况，并不排除开证人用任何本可以主张的抗辩权来拒绝承付	24g	担保人在提交了本条d款中要求的通知之后，可以在任何时候将任何纸质的单据退还交单人，并以自认为适当的任何方式处置有关电子记录而不承担任何责任
	无类似条文	5.09	申请人应该依开证人在5.01条的规定，通过迅速的方式及时向开证人提出对承付不符提示的异议		无类似条文

表3－6　规则六　转让、让渡及因法律规定的转让

UCP 600		ISP 98		URDG 758	
条文		条文		条文	
38b	信用证必须特别说明其为“可转让的”	6.01	如果备用证有说明，只有提款权利可以转让。转让要求由受益人提出	33a	保函只有特别声明“可转让”方可转让，在此情况下，保函可以就转让时可用的全部金额多次转让。反担保函不可转让

续表

UCP 600		ISP 98		URDG 758	
条文		条文		条文	
39	说明受益人根据所适用的法律规定，将信用证项下其可能有权或可能将成为有权获得的款项让渡给他人的权利	6.06	本规则适用于确认款项让渡，除非适用的法律另有要求	33g	无论保函是否声明其可转让，根据可适用法律的规定，受益人可以将其在保函项下可能有权或可能将要有权获得的任何款项让渡。但是，除非担保人同意，否则担保人没有义务向被让渡人支付该款项

第六节 操作备用证的要素

一、操作备用证要考虑的因素

在开出或接受一张备用信用证前，哪些重要的条款是银行或贸易融资从业人员要考虑的呢?

（一）金额

备用信用证的金额在开出前就确定和设定最大限额是非常重要的。这是因为一张无限金额的备用信用证会令开证行暴露在无限的风险中。因此，如果开证行想开出一张需要由申请人承担贴现利息及银行费用，金额为100万美元的远期备用信用证，就必须说明贴现利息及银行费用包括在最大金额的100万美元之中或必须增加金额的一定比率用来包含贴现利息和银行费用。

（二）到期日和到期地

大部分银行标准的做法是要求每张备用信用证说明一个到期日，日后就不再容许提取。如果备用信用证不是用 SWIFT 开出的，就建议使用文字而非数目字来说明这个日期。例如 1－4－2008 可能会被认为是使用欧洲式的 2008 年 4 月 1 日，或使用美国式的 2008 年 1 月 4 日。用字母并写出日期就可避免歧义。

此外，非常建议在备用信用证中说明到期地。受益人通常喜欢备用信用证在其自己国家到期，但开证行就较喜欢在自己国家到期。后者不但能让开证行更好地控制单据的提交，亦能降低开证行承担的单据遗失风险。容许受益人通过电子方式提交提款证明书，例如通过受益人银行用 SWIFT 电文发出，可以解决受益人与开证行之间要求的分歧，这是相互让步和可接受的方法。

（三）不一致

通常受益人提供的备用信用证样板都没有显示到期日，这些样板有效期都是无限期的。在这种情况下，备用信用证会明确说明开证行在备用信用证下的责任只会在下述情况下被解除：

①如果按备用信用证支付了全部款项；

②申请人按照合同完全履行了责任。

开证行的标准做法是在无限期的备用信用证中加入到期日。但再加入一个解除责任条款也是非常重要的，即“当备用信用证到期时，视乎哪种情况先发生”。这就令到期日与解除责任情况的条款一致了。

（四）由银行提交

虽然按照 UCP 600 规定，容许受益人直接向开证行提交备用信用证，但建议限制提交给某一银行。因为很多备用信用证只要求一份提取证明书而不需要提供运输单据。这样做能够降低欺诈性的提取，另外，第三方如果有途径知道有这备用信用证的存在，很容易冒用受益人的名义作出欺诈的提取要求。但提交行通常会要求提交提取证明书时同时提交备用信用证的正本，这样，欺诈性提取的机会就会大大地降低。提交行也可以核对签字并核实在出口业务申请书上签字人的权限，从而降低欺诈或不获授权提取的风险。

（五）无单据条件

在法律上很好地建立起来的适用 UCP 600 或 ISP 98 的备用信用证是与有关的商业合同分开和独立的。但有些备用信用证包含一些条款，例如，“如果借款人违约，受益人可以提取备用信用证”，但并没有说明需要提交哪些具体单据。这明显是一张撰写得很差的备用信用证，因为其没有单据的条款，提取的有效性是依赖某独立事件的发生的（即借款人违约）而不是凭审核受益人所提交的单据。由于开证行不一定能核实借款人实际上有否违约，因而陷入进退两难的困境。如果开证行付了款，而申请人可能因为他并没有像受益人宣称违约拒绝偿还；如果开证行拒绝付款，受益人可能会以开证行拒绝承付他在备用信用证的付款责任为理由控诉开证行。

相关案例 14

开证行被要求开出一张备用信用证，该备用信用证的文句是由受益人撰写的。其中，备用信用证说：“当申请人违反有关合同时，开证行要赔付受益人因申请人违反合同所造成的所有损失。”

基于受益人不能证明他的损失，开证行拒绝承付受益人的赔偿要求。开证行说一旦受益人能提供当地法院最终裁判，确认由申请人违反合同而对他造成的实际损失数目，他就会承付受益人的赔偿要求。

此案例表明了正确撰写备用信用证的重要性。要维护信用证的独立性原则和信用证单据的本性，当开出备用信用证时，开证行必须坚持其付款是由提交单据所引发的，而不是基于商业合同上某一方的违约而产生的。奇怪的是，在该案中，备用信用证中的文句缺陷是由受益人所造成的。

二、哪些 UCP 600 条款可能不适合开出备用信用证

因为不是所有 UCP 600 条款都适合在备用信用证中使用，有关方，尤其是开证行可以考虑排除或修改某些不适用的条款或某些会与标准备用信用证实务有冲突的条款。这些条款可能包括（但不限于）下述条款。

（一）银行之间的偿付安排（第13条）

备用信用证是否容许电索？如果是的话，偿付是否适用国际商会的银行之间的偿付规定呢？这些是申请人及开证行必须在开出备用信用证前要考虑的问题。

（二）提交日是基于提交的正本运输单据上说明的发运日来计算（第14条c款）

如果备用信用证不要求任何正本运输单据，这条款可以被排除。如果备用证需要提交一份正本的运输单据，开证银行必须认真考虑是否应该保留这条款，因为与商业信用证不同，受益人可能需要多于发运日后的21天来确认，申请人实际上是否违约和准备有关的提取单据。

（三）运输单据（第19～25条）

如果备用信用证不需要提交运输单据，有关的第19～25条可以被排除。

（四）到期日或最迟交单日的顺延（第29条a款）

ISP 98的第3.14条规定如果恰逢在最迟交单日当天银行停业，最迟交单日会自动顺延30天，除非备用信用证有其他说明。但UCP 600第29条（a）款规定到期日或最迟交单日，视何者适用，不因为不可抗力原因多加拖延，只可以顺延至下一个银行工作日。

这是ISP 98与UCP 600的一个最大的分别，受益人可能想希望商讨修改UCP 600第29条a款来保障他的利益。

（五）分期支款或分期发运（第32条）

由于大部分开出的备用信用证都是用来防范申请人违约的，如果不存在违约的话就没有提取。如果第32条没有被排除或修改，没有提取任何一期的话，这会令以后各期都失效。因此，受益人应当在接受备用信用证适用UCP 600的条款前慎重考虑如果含有分期支款所带来的结果。

（六）不可抗力（第36条）

受益人必须认识清楚UCP 600第36条与ISP 98（第3.14条）不同，规定银行在恢复营业时，对在因不可抗力原因而导致营业中断期间已过期的信用证，不再进行承付或议付。这是ISP 98与UCP 600的另一个重大分别。

（七）可转让信用证（第38条）

如果备用信用证是不可转让的话，可以完全排除第38条。如果有关方有意让第二受益人再转让备用信用证给第三受益人（像ISP 98的第6.02条b、i款，它规定备用信用证可以完全转让多于一次），有关的备用信用证就第38条必须作出明确的修改。

三、备用证常见陷阱

有别于商业信用证，当受益人要按备用证提款时，通常要出具申请人不履约的声明，因此，申请人可以尝试否认或质疑提款的合法性而拒绝付款。所以，在接受备用证时，受益人一定要极小心地审阅每一项条文避免掉进陷阱。

在备用证中常见的陷阱是在一张备用证中同时存在“自动展期条款”和“最后限期提款”，这经常给各有关当事人带来冲突和纠纷。另外，如果已经开出的备用证有自动展期条款，若要取消这条款是比较困难和麻烦的。所以，处理时要非常小心。

我们将用两个案例来简单说明以下两个问题及其处理的正当做法。

相关案例15

如果备用证有“自动展期条款”及“最后提交日期条款”存在时，哪一个优先？

AXA Assurances, Inc. v The Chase Manhattan Bank［2001］（USA）

一、案情摘要

开证行：The Chase Manhattan Bank（Chase）

受益人：AXA Assurances，Inc.（AXA）

在1992年6月2日，Chemical Bank（后与Chase合并）开出一张USD350 000的信用证，受益人是AXA Assurances，Inc.，信用证上未说明适用法律。

信用证上有一永远有效条款："信用证到期时无须书面修改自动顺延一年，以后以次类推，除非我行在任何到期日前30天以书面形式用挂号邮件或隔天到达速递方式发出不再展期通知。当收到通知时，你可以开出以我行为付款人的汇票向我行提款，提款金额不能超过信用证可用款额。"

信用证上也有到期条款："在1994年6月2日或之前，但不能迟过1994年6月2日，向我行Commercial Letter of Credit Dept.，55 Water Street New York，NY10041按信用证条款提交的指定相符单据，我行承诺付款。"

在1998年3月9日，受益人按信用证提款。基于信用证已在1994年6月2日到期，Chase拒绝AXA的提款。

二、问题

①开证行的付款责任在1994年6月2日终止了吗？

②受益人能否以开证行做成的信用证模棱两可为理由提出争议？

三、分析

按照美国法律，"自动展期条款"或"永远有效条款"被定义为信用证中提供自动将信用证展期的条款，该条款反映了各方有意让那信用证没有期限限制。这些条款一般会在备用证中使用，而较少用于商业信用证。与3Com案不一样的是，在3Com案中集中讨论开证行要终止备用证，而本案是从受益人角度去讨论。

（一）开证行的付款责任在1994年6月2日终止了吗？

永远有效和提款到期条款相互矛盾，永远有效条款是想令信用证没有期限限制直至开证行选择不再延伸为止。提款到期条款下，虽然开证行并没有发出任何不展期通知，但其也不容许在1994年6月2日后有任何提款。

从法律效力方面来分析这两个条款，美国法院采用了以下原则：

①一般合同构建原则对信用证有同等的效力；

②合同必须是整份来阅读而不能单看只言片语，独立条文和特别用词必须与合同其他部分连贯。同时，所有文字及单词（如有可能的话）都要有含义。

法院对上述两条款作如下的理解：

“永远有效条款令信用证有按年展期的特性，1992 年 6 月 2 日开出的信用证在 1993 年 6 月 2 日按永远有效条款，在被告人（Chase）没有采取任何行动的情况下，信用证展期一年至 1994 年 6 月 2 日。这两个条款的解释是容许信用证从 1993 年 6 月 2 日自动展期至 1994 年 6 月 2 日并在 1994 年 6 月 2 日终止了被告人在信用证下的责任。”

因为信用证已经在 1994 年 6 月 2 日到期，因此裁定有权拒绝 AXA 的提款。本案与另一美国案例 Molter Corp. v Amwest Surety Insurance Co. 有分别，在 Molter 一案中，永远有效条款与本案的差不多，但提款到期条款如下：

“如果在 1990 年 11 月 5 日前或在这信用证设定的自动展期日到期前，按信用证条款向本行提交相符单据，本行承诺付款。”

因此，信用证已经考虑到可能有多个到期日且银行保证在 1990 年 11 月 5 日或任何自动延伸的到期日前付款。

法院因此认为 Chase 信用证的提款到期条款对永远有效条款作出了特别修改，因此，令其在 1994 年 6 月 2 日后不再承担付款责任。

（二）受益人能否以开证行做成的信用证模棱两可为理由提出争议？

在决定了提款到期条款为较重要条款之后，法院拒绝接受 AXA 的有关开证行应对做成模棱两可信用证负责的争议。

四、评论

①类似 AXA 案的陷阱在信用证交易中较常见，受益人应在接受前谨慎审阅所有信用证条款，对于相互矛盾或模糊不清的信用证条款应当向开证行查证而不应当自行猜测其含意。如有怀疑，受益人应当用谨慎的理解来降低被开证行挑战的潜在可能。

②开证行应当确定使用的文字清晰和意思不含糊，当遇到复杂或特殊的交易时，应寻求专业人士的意见，否则开证行可能会遇到持久法律诉讼的危险。

相关案例 16

当“自动展期条款”存在于备用证时，怎样终止备用证？

3Com Corporation v Banco Do Brasil，S. A. ［1999］（USA）

一、案情摘要

开证行：Banco Do Brasil S. A. （Banco）

受益人：3Com Corporation（3Com）

1994 年 11 月，Banco 按 Comp Service Ltd.（Comp Service）的要求开出一张 USD250 000.00 的备用信用证（备用证），受益人是 3Com，备用证适用 UCP。

备用证中有既定的到期日，即在每次到期日自动展期一年，“除非开证人以书面通知不再在到期日后延期”，否则“不需要书面修改备用证”。

备用证在 1995 年 5 月 20 日自动展期到 1996 年 5 月 20 日。在 1995 年至 1996 年 4 月其间，Banco 向通知行发出 3 封电传，电文说“请取得授权取消上述备用证”。每次，受益人都不同意取消要求。

在到期日（1996 年 5 月 20 日）前 7 天，开证行在 1996 年 5 月 13 日向通知行发出下列电文：“请撤销上述备用证及解除本行在此备用证下的责任。”

在到期日后两个星期，1996 年 6 月 13 日，开证行再次向通知行发出下列电文：“上述备用证原于 1995 年 5 月 20 日到期，并自动展期至 1996 年 5 月 20 日，请视本行 1996 年 5 月 13 日发出 SWIFT MT799 电文为不展期通知，并解除我行的有关责任。”

通知行在 1996 年 7 月 16 日回电如下：“关于阁下撤销备用证的要求，我们现通知阁下有关要求已被受益人拒绝。因此，有关备用证至 1997 年 5 月 20 日仍然全面有效或在自动展期的条件仍然生效的情况下，直至未来的到期日。”

Banco 坚持 5 月 13 日电文要求取消等同终止通知，因而在 1996 年 5 月 20 日时已没有自动展期条款。通知行就坚持 Banco 5 月 13 日的电文只是请求取消，并不是终止通知。由于 3Com 拒绝取消要求，所以备用证仍然有效。

在 1996 年 7 月 19 日及 1997 年 5 月 9 日，3Com 按备用证提款。Banco 基于备用证在 1996 年 5 月 20 日已到期拒绝有关提款。

二、问题

备用证是否在 1996 年 5 月 20 日没有被展期下而终止了？

三、分析

（一）问题症结

问题症结围绕着下述的“永远有效条款”：

“（备用证）在每次到期日自动展期一年无须书面修改除非我们（Banco）向你（3Com）发出书面通知不再在到期日延期。”

有关方在解释上述条文时发生争议，同时 Banco 在 1996 年 5 月 13 日电文所说：“请撤销上述备用证及解除本行在此备用证下的责任。”

（二）3Com 的争论点

Banco 声称其 1996 年 5 月 13 日的电文并不是展期通知，而要求取消，因此需要 3Com 的同意才能生效。由于 Banco 的电文并不是适当的不展期通知电文，3Com 辩称备用证按其自身条款在 1996 年 5 月 20 日展期了，所以 Banco 需要兑付 3Com 的提款。

（三）Banco 的争论点

相反，Banco 辩称其在 5 月 13 日电文的用语是不展期的通知，符合备用证条款。为了支持其论点，Banco 断言“取消”一词含义与“终止”一词相同。同时，Banco 指出 5 月 13 日电文的用语与前面 3 封电文不同，并没有要求 3Com 同意去“取消”备用证。因此，Banco 认为 1996 年 5 月 13 日电文将在 1996 年 5 月 20 日到期的备用证终止。

（四）法院意见

在法院裁决 5 月 13 日电文是否终止了备用证之前，法院需要先决定上述通知的含义，因为各方建议的标准不一致。

3Com 争论称“不展期”通知一定要是“清楚及不含糊”。相反，Banco 争论称通知只要是“合理”即可。双方对电文有否做成合理的不展期通知或构成足够的终止备用证通知产生不同意见。从另一角度看，哪方需要承担模糊不清的风险问题，法院裁决认为无论是按备用证合同的解释或按纽约法律该风险都应当是由开证行承担。

除了说明不展期需要书面通知外，备用证并没有明确划分谁承担含糊风险，但备用证有明确说明适用 UCP 惯例。

虽然 UCP 在相关问题上的观点是不明确的，但法院认为适用 UCP 惯例，就意味着 UCP 的一般性原则及政策引申出一些明确的条款也可用于解释不展期通知。UCP 500 第 12 条说明“信用证的通知、保兑或修改，只有在完整和清楚指示已被通知行收到……”。此外，第 5 条要求“开证指示、信用证本身、修改信用证指示和修改书本身，必须完整、明确……”。根据这些条款，法院认为备用证业务期望详细和清楚的条款和指示。

因此，法院裁定开证行必须在精细说明问题上采取主动，否则要承担不利后果。同时说如果一张不可撤销的信用证没有清楚地通知不能被“修改”，那么清楚的终止通知也是必需的。

最后，法院觉得“永远有效条款”至少也应该有明确划分风险，即是说，如将不展期责任归于 Banco，Banco 可以很容易地选择用固定的条款在信用证上或将展期责任归于 3Com，那么展期需要 Banco 的确认通知。但 Banco 并没有选择上述做法而选择了让备用证自动展期除非他采取行动阻止展期，即是将不能有效通知而容许自动展期的风险归于自己承担。对法院来说，Banco 似乎表明愿意承担所有风险（除了模糊风险）。

美国法院因此认为对永远有效信用证不展期通知一定要“清晰和不含糊”，并且标准应当与纽约法律在信用证交易要求的“绝对相符”标准是一致的。

在本案中使用“清晰及不含糊”标准，法院认为从法律观点来说，Banco 提供的不展期通知不能算是“清晰及不含糊”，因为该通知容易被解释为要求立即取消。虽然按上下文意思，Banco 的主张“取消”包含“终止”的意思有可能正确。在这种情况下，备用证的终止有两个说法，即是说，立即终止需要 3Com 的同意以及不需要 3Com 同意的不展期。在 Banco 的 5 月 13 日前的 3 张电文，Banco 只用了“取消”这个词。所以，法院裁定 3Com 和通知行认为 5 月 13 日电文内的“取消”与前电文的“取消”意思相同是绝对合理的。况且，5 月 13 日电文并没有提到 1996 年 5 月 20 日到期，所以认为电文原意为即时生效。

最后，在 Banco 的内部文件中亦显示出 Banco 认为 5 月 13 日电文不清晰，在 1996 年 6 月 13 日，Banco 向 3Com 发出另一张电文，内容是“请视我们 5 月 13 日的电文为终止通知”。

因此，由于 Banco 不能提供证据证明 5 月 13 日电文是“清晰及不含糊”。法院裁决 Banco 拒绝 3Com 的提款是错误的。

四、评论

①美国法院在本案中也裁定如果模棱两可存在，包括不展期通知的模棱两可，归开证方，因为是由其起草的备用证（不利解释原则）。本案再次表明在信用证交易中使用正确的词句是重要的，对英语为非母语的国家，这点更为重要。

②美国上诉庭建议清晰的不展期通知可以是“我们决定在 1996 年 5 月 20 日后不展期”，这是与永远有效条款语言同轨的。

③UCP 500 明确强烈要求有指定日期的到期日。UCP 第 42 条说明不单所有信用证必须指明一个到期日，同时银行亦应该不鼓励使用条款如“一个月可用”代替确定日期。这个并不是本案的最大因素，由于备用证原先已说明到期日是 1995 年 5 月 20 日，当自动展期一年后，新的到期日是

1996 年 5 月 20 日。

在近期美国的一个案例 Avery Dennison Corp. v The Home Trust & Savings Bank 中，备用证的到期日是星期日，由于此备用证并未说明适用哪一惯例，因此，应按 UCP 600 第 29 条 a 款规定自动延伸到下一个银行营业日或备用证就在星期天到期并不能延伸的问题上产生争议。

由于提交的单据有不符点，法院并没有对这争论提出看法，但在此问题上缺乏准确无误的论据会是一个陷阱，银行应当尽量避免。

第四章 国际清算

各国间的货物、劳务、人才、资本及技术等资源不断流通与交换，跨国的支付和结算是必然会发生的。有贸易背景的债务偿还称为贸易结算，而不属于贸易项下的货币转移就称为非贸易清算。快速、有序、安全地实现货币所有权转移便成为国际货币清算的根本任务。

第一节　国际货币清算体系、分类和系统介绍

一、国际货币清算体系的构成要素

要构成一个支付清算体系，最少要包括付款人、付款人的开户银行、清算中心、收款人的开户银行和收款人等五个有关方，而最核心、最关键的当然是清算中心。要为全球银行进行某种货币的清算，清算中心必须是高效率、稳健，有高度的防范风险意识和能力，以及为使用者信任的机构。所以，清算中心一般都由当地的中央银行牵头组建或由多家世界知名的银行合力组建。然后使用者在清算中心或中央银行开立账户，以便进行货币清算或使用者成为清算中心的成员，通过使用者开在当地中央银行的账户进行轧差式清算和平账。使用者一般都是收、付款人的开户银行或他们的账户行。

除了清算中心之外，金融机构之间的电信系统也是非常重要的。银行结算系统环球同业银行金融电信协会（Society for Worldwide Interbank Financial Telecommunications，简称 SWIFT）是一个传递银行间金融交易电讯的系统，它本身并不包括结算或清算，只是通信网络，成立于 1973 年，是一个国际银行间的非营利性合作组织，其总部设在比利时的布鲁塞尔。最高权力机构是由 25 人组成的董事会。目前，SWIFT 的组织网络覆盖全球超

过200个国家，它的计算机通信网在各会员国设有地区处理站，共连接了超过11 000个用户包括银行、经纪/券商、基金投资公司和大企业等。2015年平均每天处理SWIFT电讯接近2 500万笔，但到2016年3月31日SWIFT电讯高峰就已经超过2 800万笔。SWIFT的每一个会员或用户都有特定的号码（Bank Identifier Code，BIC）由8个或11个英文字或数目字组成（图4－1）。例如：

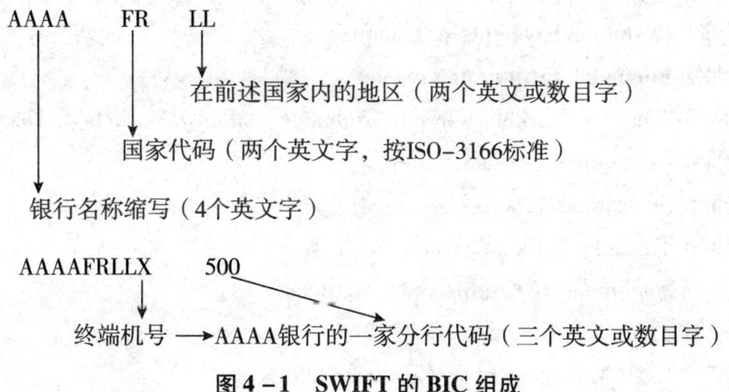

图4－1 SWIFT的BIC组成

现今，SWIFT系统还接受企业申请有特定的号码（Business Entity Identifier，BEI）以方便用直通方式来处理不同的业务。BEI的组成基本上与BIC一样都是8位或11位的英文或数目字，除了第8位在BEI的是“1”。BEI不能用作SWIFT电文首部分的发送或接收单位，只能被用在SWIFT电文内容以方便直通处理业务。SWIFT系统主要有两方面的优点。

1. 快速，准确和安全

SWIFT系统一天24小时运作，不会停顿。一般在发出电文后数分钟收电行就会收到电文。电文分为加入密押和不加密押两种。如果要使用加入密押的电文，收发双方在业务发生前就必须申请建立关系（Relationship Management Application）互相交换密押，以便日后电文核押之用。密押的交换也分全球押或个别押，当使用全球押时，指同一机构在全球各地的分行都可以用同一密押来核对电文。加入密押电文是由系统自动核对。因此，很多银行都将本身的计算机系统与SWIFT直接连接，这样很多业务都可以由SWIFT和计算机自动处理，节省人手，提高准确度和安全性。

2. 统一标准和规范严格

SWIFT对收、发电文都规定使用国际标准化组织的标准统一化格式。

通信系统对发出电文建立了一套电文输入、复核和证实等严格的制度。输入资料信息不符规定时，系统不会接收其输入和传送。

按业务类别的不同，SWIFT 把电文的种类分成如下类别（Category），“0”类别电文是 SWIFT 系统电文。在每一类别下，又按业务性质不同，规定使用不同统一标准格式的电文。每种电文（Message Type，MT）都有特定的号码方便识别。除类别 3 和 9 电文外，其他类别电文都是核押电文。所有 n99 都是自由格式电文。

类别 1 Customer Payments & Cheques

类别 2 Financial Institution Transfers

类别 3 Treasury Markets Foreign Exchange，Money Markets & Derivatives

类别 4 Collections & Cash Letter

类别 5 Securities Markets

类别 6 Treasury Markets Syndications

类别 7 Documentary Credits & Guarantees

类别 8 Travellers Cheques

类别 9 Cash Management & Customer Status

类别 n Common Group Message

二、国际货币清算系统的分类

国际货币清算系统主要分为由中央银行和私营机构营运的两大类型。

（一）中央银行拥有及参与经营

国际支付对世界各国的经济、金融和民生有着非常重要的影响。因此，各国政府对支付系统的建设、清算风险和运行都给予高度的重视。所以，大部分国家的中央银行都直接拥有并参与开发、更新和经营本国的货币清算系统，如美国的联邦储备银行、日本银行、瑞士国民银行和中国人民银行都拥有本国货币的清算系统。

（二）私营机构拥有及参与经营

由于历史原因，很多国家的银行工会或私营的银行机构都早在国家中央银行建造清算系统前就已经建立私营机构的清算系统，目前有美国纽约清算所协会的 CHIPS（Clearing House Interbank Payment System），英国的 CHAPS（Clearing House Automated Payment System）和日本的 FXYCS（Foreign Exchange Yen Clearing System）等。虽然中央银行一般不会直接参与私营清算系统的运行，但各系统的资金轧差清算往往会通过成员在中央银行的账户来平账，而且中央银行也负责监督和管理这些私营的清算机构。

三、全球主要货币的清算系统

在全球范围内所有贸易活动中所使用的通用货币主要是美元、欧元和日元，在中国南方地区使用港元为结算货币的也不少。当然人民币也开始走向国际化，将来肯定会成为国际清算货币的其中之一。

由于大部分亚洲地区国家与美国时差都在 10 小时或以上，如果要等待美国的银行开始营业后才发出付款指令，亚洲的银行必定要到第二天才收到，那么解付工作就被推迟了一天。所以，很多美资银行为赚取中间行的汇款费用，不希望汇出银行以“头寸报文”方式来做亚洲区的美元汇款，便推出所谓“亚洲美元汇款”的特别服务。

简单来说，只要在亚洲的汇出银行所发出的美元汇款指令（MT 103）是符合标准格式的，其在美国的账户行或代理行的系统就会在（银行未正式开门营业）收到指令的几分钟内自动向在亚洲的受益人银行发出 MT 103 的核押电文，然后通过在美国的美元清算系统（CHIPS 或 FEDWIRE）将头寸付给受益人银行在美国的账户行。受益人银行在亚洲时间收到美国银行发来的加押 MT 103 电文，可以考虑当天就解付给受益人，加快了汇款的解付速度，提升了效率。

第二节　美元清算

虽然在全球数个较为活跃的金融市场（例如新加坡、日本、中国香港地区和内地）都有美元清算系统的建立，但最主要的美元清算还是在美国。美元的国际性清算系统有美国联邦储备银行的即时实值清算系统 FEDWIRE 和一个私营的 CHIPS 系统。ACH（Automated Clearing House）是美国本土的其中一个主要的清算系统。

一、FEDWIRE

FEDWIRE 是由美国联邦储备局开发、管理、运行和维护的联邦电子资金划拨系统。它提供电子化的资金和债券转账服务，是一个即时实值大额清算系统，在美国的支付机制中发挥着重要的作用。

FEDWIRE 系统由 FEDWIRE 资金转账，FEDWIRE 证券簿记，FEDWIRE 风险管理和 FEDWIRE 收费政策构成，连接联邦储备局、美国财政部和 12 个联邦区的联邦储备银行。目前有超过 9 300 个在线或离线参加者，成员必须是美国当地的银行或非银行金融机构，而且在所属区域的联邦储备银行开设清算或储备金账户（账户号码由 9 个数目字组成，第 1 和第 2 个数字代表是在哪个联邦储备银行开户，例如 02 是代表纽约州）才可以使用 FEDWIRE 来直接与其他成员进行清算。当资金完成转账后就成为不能撤销的最终转账。主要被用作大金额和限时的清算，同业之间拆借的清算、证券交易的买卖、筹措资金、债务清还和不动产交易的收与付等。2015 年平均每天资金清算超过 56 万笔，每笔平均金额约为 33 000 亿元。

连机参加者可以通过主机或一个电脑连接联邦储备银行发送指令，联邦储备银行就不需要人工干预。离线参加者利用电话把指令发给联邦储备银行，一旦电话指令被确认核实后，联邦储备银行便将转账指令输入系统之内进行清算。

系统每星期一至星期五从前一晚 21：00 开始到翌日 18：30（美国东部标准时间）截止。一天 24 小时只停顿两个半小时进行维护。由于系统是采用即时实值清算模式，各成员账户必须要有足够的头寸或预先与联邦储备银行安排日间透支额度和最大净负值（Net Debit Cap），否则当账户余额不足时，付款指令不会被执行，使用日间透支需要付利息。成员银行账户日终不能透支，必须要从贴现窗融资解决，融资利率一般比较高。

例如：X 公司在纽约州的 A 银行开户，现希望将 10 万美元汇给在宾夕法尼亚州 B 银行开户的 Y 公司。

账户处理（表 4－1）：USD100 000.00

表 4-1 Fedwire 汇款账户处理

A 银行	联邦储备银行系统	B 银行
借记 X 公司账 （USD100 000.00 + 手续费 10 美元） 贷记纽约联邦储备银行账 （USD100 000.00） 贷记手续费账（USD10.00）	借记 A 银行账 （02× - ××××× - ×） （USD100 000.00） 贷记 B 银行账 （03× - ××××× - ×） USD100 000.00）	借记宾夕法尼亚州联邦储备银行账（USD100 000.00） 贷记 Y 公司账（扣除手续费）（USD99 990.00） 贷记手续费账（USD10.00）

（＊银行手续费各 USD10.00 只是假设，由 X 与 Y 公司各自承担）

二、CHIPS（Clearing House Interbank Payment System）

CHIPS（纽约清算所银行间支付系统）是由纽约清算所协会经营管理的同业支付系统，主要进行跨国美元交易的清算。纽约清算协会（New York Clearing House Association）成立于 1853 年，是最早且最大的银行清算协会。在 19 世纪和 20 世纪初，协会不断推动着银行的高效率和财政的稳定性，以避免出现银行倒闭情况。因此，在 1970 年创建了这个私营的 CHIPS 清算系统。目前，CHIPS 是全球美元清算的一个最重要系统，占美国跨境美元清算的 95%。

CHIPS 系统的成员由清算用户和非清算用户两类组成，采用双方和多方的净差额方式进行即时清算，当收到 CHIPS 的收、付款通知时，实际交易便完成。目前，CHIPS 的成员有 49 个，每个成员都由 CHIPS 分配 4 个数目字的美国银行公会（American Bankers Association）号码作为识别身份代号（即 ABA 号码）。而每个成员的所属客户可以通过成员向 CHIPS 申请一个 Universal Identification Number（称为 UIN 代号）。代号以 6 个数字组成，以方便在 CHIPS 或 SWIFT 系统的识别来达成直通清算的目的。同一家银行可能是两个或两个以上成员的客户，但 UIN 只能由其中一个成员代申请。每一家银行只可以有一个 UIN 号码。通过 CHIPS 的每一笔收、付都必须通过 CHIPS 成员进行。2015 年，每天平均清算业务笔数超过 43 万笔，每笔平均金额约为 340 万元。目前，CHIPS 是在前一晚的 21：00 开始运作，接受第二天起息日的收、付款，直至翌日的下午 5 时（图 4-2）。

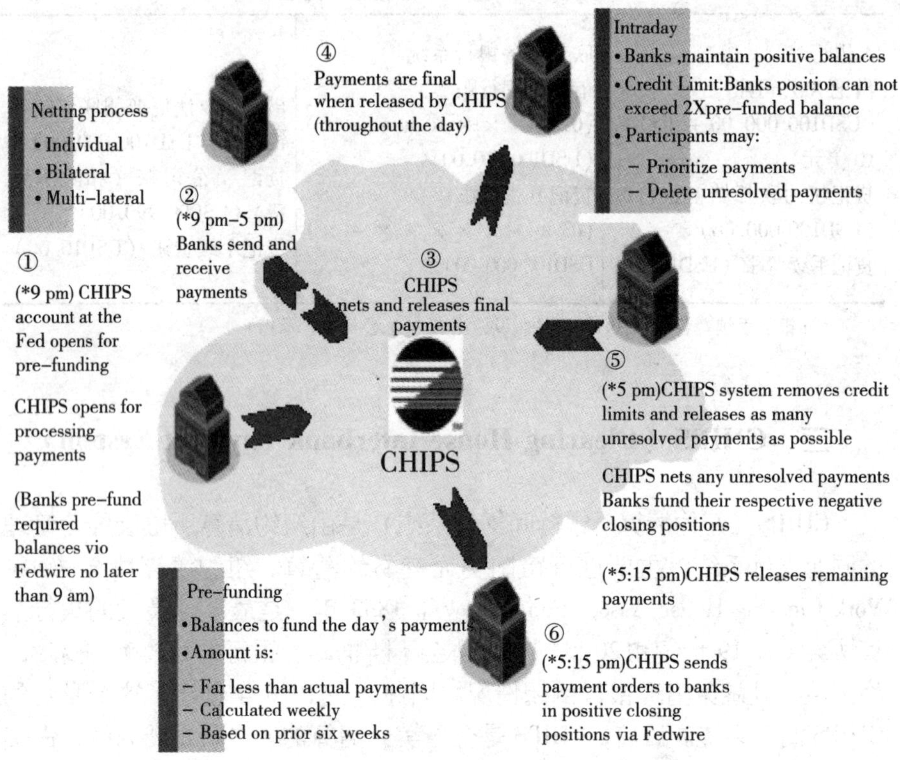

图 4-2　CHIPS 汇款流程（摘自 www. chips. com）

由于系统是采用净差额方式清算，所以成员间必须要互相设定双边额度（Bilateral Limit），而且成员每天与 CHIPS 设定有价证券抵押的最高信贷额度（Credit Limit），以求系统能顺利运行。另外，成员每天要估算当天的清算总量，计算预先存入资金（Pre-funding Balance），在 CHIPS 开始运作前，通过联邦储备银行将资金存入 CHIPS 系统。以下是 CHIPS 的操作流程：

①CHIPS 系统会按成员过去六个星期的每天平均总量的 1. 75‰计算预付资金，然后成员要先将预付资金存入 CHIPS 在联邦储备银行的专用账户。成员在前一晚的 21：00 前按当天估算的总量将余额存入 CHIPS 在联邦储备银行的专用账户。

②CHIPS 系统在前一晚的 21：00 开始第二天的清算，成员可以开始发送和接收指令。

③CHIPS会进行双方及多方的配对，然后计算成员的净负或正差额，再检测成员的信贷额度（一般是预先存入资金的2倍）有否超越，如超越了信贷额度，付款暂时不会被执行，直至下一轮配对时再重新执行，成员可以自行编排付款命令的先后次序或取消某一付款指令。

④当付款成员的付款指令通过CHIPS的检测后便会发送给收款成员。通知发送后，付款便成功完成。

⑤在17：00，CHIPS会尽可能将可以发送的付款指令全部发送，然后移走在系统内所有成员的信贷额度，并同时通知成员有关未执行的付款指令总金额。成员接到通知后，需在15分钟内将未执行的付款指令总金额汇入CHIPS在联邦储备银行的专用账户，CHIPS会在17：15将所有未执行的付款指令全部执行。

⑥在17：15，CHIPS会通知正差额成员的余额并通过联邦储备银行的账户平账。至此，CHIPS完成当天所有的清算。然后系统关闭进行技术维护，到21：00重开，进行第二天的清算。

三、ACH（Automated Clearing House）

ACH（自动清算所体系）是美国国内的电子支付系统。早在1972年加利福尼亚州的银行家们就提倡无纸张化的电子清算，因此成立了第一家自动清算所协会。之后，各州纷纷成立自动清算所协会。到1974年多个州的自动清算所协会合并为国家自动清算所协会（National Automated Clearing House Association），创建电子支付网络平台（Electronic Payment Network "EPN"）。

ACH系统是用批量（batch）方式清算，主要用于零售的支付、保险费、房屋贷款月供款、直接入账或扣账、社会福利金和其他费用支付等。ACH成员主要是美国国内的金融机构。

四、The Office of Foreign Assets Control of the US Department of the Treasury（美国财政部海外资产控制办公室），简称"OFAC"

OFAC并不是清算系统，它的使命在于管理和执行所有基于美国国家安全和对外政策的经济和贸易制裁。OFAC直接隶属于美国总统战时和国家紧急情况委员会，经特别立法授权可对美国境内的所有外国资产进行控制和冻结，同时负责在对外经济和贸易制裁事宜上，与美国的欧洲盟国进行紧密合作。OFAC 的经济与贸易制裁范围共分成六大部分：

①特殊指定国家和个人的制裁（Specially Designated Nationals Sanctions）；

②反恐怖主义制裁（Anti-terrorism Sanctions）；

③反大规模杀伤性武器制裁（Non-Proliferation Sanctions）；

④反毒品和麻醉品交易制裁（Narcotics Trafficking Sanctions）；

⑤伊朗制裁（Iran Sanctions）；

⑥其他项目制裁（Other OFAC Sanctions Programmes）。

针对每一个制裁范围，都有严密的美国联邦法律或者行政法规等立法依据予以支持，而且 OFAC 被授权对可疑财产予以扣押或冻结。这六个既相互独立又相互联系的制裁范围共同组成了一个体系庞大，涉及行业众多，惩罚力度极强，影响跨越全球的美国经济和贸易制裁网络。

OFAC 对其管理范围内的六大部分的经济和贸易制裁进行不定期的重新评估和更新，根据评估的结果并结合美国的国家安全和外交政策，发表一系列的制裁名单。这些名单上的全部国家、地区或个人，或是因为被认为可能对美国的国家安全和外交政策造成威胁，或是认为其行为已经触犯国际法，属于国际犯罪。同时，这一系列的制裁名单，并不是简单意义上的被制裁者的姓名罗列，而是具有法律效力的，适用于所有的美国个人与团体。一旦被列入任何一个名单，则被列名者就陷入了一个无形无影却又无处不在的制裁大网，至少在美国势力可以控制和影响的范围内，他的所有金融行为都面临着被拒绝、他的全部财产都面临着被限制转移的巨大经济风险。为了避免来自美国政府的政治压力和法律风险，所有美国的金融机构在进行交易时，都被要求必须先对自己的交易对手和原始交易关联方进行 OFAC 名单的审查，只有当交易方不在 OFAC 的名单之内时，才可以与之交易；反之，则必须中止交易。所以，当某银行要进行美元清算时，必须先审查交易方是否被列入黑名单中，只有不在黑名单内的才可以通过美元清算系统进行清算。

虽然，美国税法规定纳税人每年都要申报上一年的海外金融资产，但由于国税局长年经费和人力不足，成效不彰。因此，美国国会在 2010 年的“海外账户税法遵行法案（Foreign Account Tax Compliance Act 简称 FATCA)”中，严格规定纳税人从 2012 年开始在所得税表上附上 8938 表来申报“特定外国金融资产（Specified Foreign Financial Assets）”。同时，开始要求全世界所有国家和金融机构配合美国这一法案，签署合作协议，定时申报所有美国籍人士在该国和该金融机构的资产。这一举措给各国带来庞大的政治和金融压力，但也为各国考虑效法的防止本国国民海外偷税的最佳办法。

第三节 欧元清算

在欧洲货币还没有统一之前，西欧和中欧很多国家就有自己独立的支付系统，大部分是即时实值（Real Time Gross System）清算，但由于货币及支付习惯的不同，给跨境清算带来很多不方便。所以，欧盟成立后便引入欧元并致力于建立统一、高效而有竞争力的支付服务。

为实现里斯本议程关于“2010 年之前使成为最有竞争力和活力的知识推进型经济体”的设想，欧盟首先在欧元区内引入欧元纸币和硬币，然后统一零售支付的业务和技术标准，之后再整合非现金支付系统，最终形成单一欧元支付区（Single Euro Payment Area，“SEPA”）。目标是实现个人、企业以及其他经济主体可以在泛欧区域内收付欧元，不论国家及地域差别，支付的基本条件、权利和义务均相同，跨境支付与国内支付之间的差异将不复存在。伴随欧元在 2002 年的全面流通，SEPA 标准的贷记转账、支付卡，以及直接借记等支付工具相继应运而生，支持 SEPA 标准支付工具应用和清算的欧元支付系统也逐步建成运行，对于欧元体系货币政策的实施以及建立单一货币市场产生了深远影响。

目前，欧元区内统一的支付系统主要有 EURO1 系统、STEP 系统和 TARGET 系统。上述系统均利用 SWIFT 网络传输数据报文和其他信息。

一、EURO1 系统

Euro1 是私营的支付系统，在 1998 年建成，由欧洲银行业协会（Europe Banking Association，简称 EBA ）拥有，EBA 清算所运营。Euro1 主要为跨境和国内银行间大额欧元的支付提供即时净额结算服务，通过欧洲中央银行的结算账户为参与者完成结算。系统收费较为低廉，且有利于节约参与者流动性。

目前，Euro1 有直接参与者 66 家，附属参与者 57 家和其他参与者 11 家，直接参与者需在 Euro1 开立结算账户且必须是 TARGET 的直接参与者，附属参与者通常是直接参与者的子行或分行，它们可直接接入 Euro1，但使用隶属直接参与者的流动性余额进行结算。其他参与者是指通过 Euro1 结算其在 Step2 中债务的预存资金参与者。

二、STEP 系统

Step 系统（Straight-Through Euro Payment System）由 EBA 清算所拥有并运营，由欧洲中央银行负责监管，参与者必须是位于欧盟经济区内的商业银行。

Step1 是一个逐笔处理欧元跨境支付的清算系统，主要为商业交易和零售支付提供服务。Step1 与 Euro1 共用同一系统平台，通常未能达到 Euro1 准入条件的银行机构均会加入 Step1 系统。Step1 参与者必须通过 Euro1 的参加行完成最终结算。目前，Step1 有 99 家直接参与者。

Step2 是一个批量处理欧元支付业务的零售支付系统，能处理以多种文件格式提交的大批量、非紧急欧元商业和零售支付业务。Step2 现在可以处理 SEPA 的贷记转账和直接借记业务。Step2 只是一个清算系统，只对收到的支付文件进行清分，计算参与者待结算的债权和债务值，传统贷记转账交由 Euro1 完成最终结算，收到参与者结算信息后，再将相关的支付文件发给接收方。但 SEPA 的贷记转账和直接借记交易是由 Target2 完成最终结算的。

三、TARGET

网址：www. ecb. int/paym/target/html/index. en. html（Trans-European Automated Real-time Gross Settlement Express Transfer system）。

TARGET（自动实时总额清算快速转移系统）为欧盟所有银行的实时支付业务提供实时全额结算（RTGS）服务，它主要处理银行间的大额支付业务，是欧元体系货币政策的实施工具，促进了欧元货币市场的一体化和业务运营的协同性，是欧洲金融基础设施的重要一环，对金融稳定至关重要，也是目前国际广泛使用的欧元清算系统。

TARGET 的最高决策权由欧洲中央银行的管理委员会拥有，日常的运作则由各成员国中央银行的支付系统管理委员会与欧洲中央银行负责 Target 运作的管理员协调处理。

（一）1999 年建成并运行的 TARGET 系统

在 1999 年建成并运行的 TARGET 系统是一个高度分散化的系统，它是一个技术连接平台与 18 个欧洲国家（包括英国）的即时清算系统和欧洲中央银行的支付系统相连，使用 SWIFT 的 BIC 代码来辨别身份。TARGET 提供一个统一跨越国界的欧元清算平台。TARGET 也被用作 Euro1 的日终平账和为会员之间通过全球外汇结算银行（CLS）的欧元支付工具。TARGET 运行从 7：00 开始到 18：00（中欧时间），但是客户清算在 17：00 截止。系统会按成员每月的使用量，逐笔收取费用。

例如：在荷兰 DHB 银行的客户（Ordering Customer）要将一笔 EUR 50 000.00的款项汇给在比利时的 Fortis Banque 银行开户的客户（Beneficiary Customer）（图 4－3）。

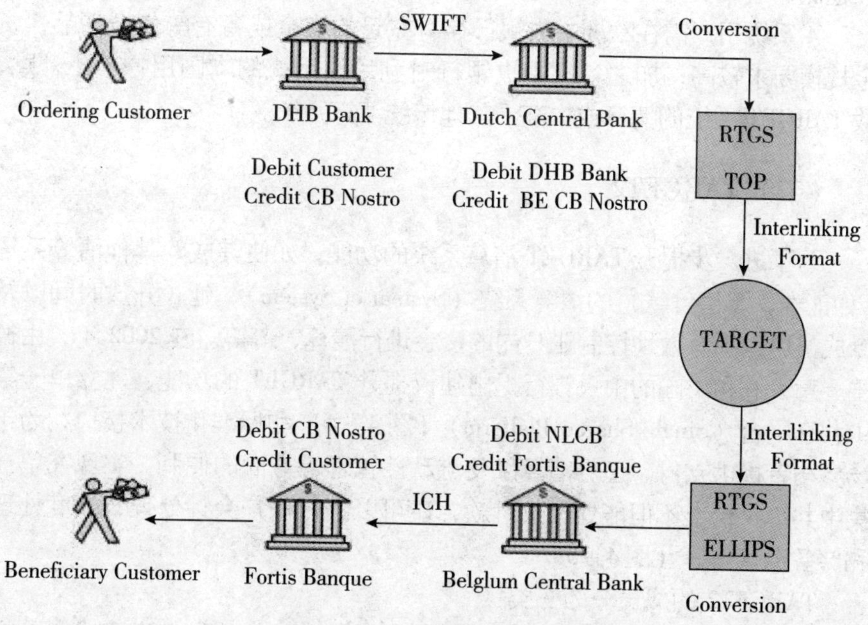

图 4－3 TARGET 汇款流程

①DHB 银行通过当地（荷兰）中央银行的 RTGS 系统（TOP）向荷兰中央银行发出 EUR50 000.00 的付款指令；

②荷兰中央银行向比利时中央银行发出 SWIFT 付款指令，同时通过 Target 系统将 EUR50 000.00 贷记比利时中央银行账户；

③TARGET 将荷兰中央银行的付款指令和贷记通知比利时中央银行；

④比利时中央银行通过其 RTGS 系统（ELLIPS）通知 Fortis Banque 银行；

⑤Fortis Banque 银行收到通知后贷记客户（Beneficiary Customer）账户。

TARGET 的特点：

①采用 RTGS 模式，系统在整个营业日内连续、逐笔地处理支付指令，所以支付指令均是最终的和不可撤销的，从而大大降低了支付系统风险，但对参加清算银行的资金流动性具有较高要求。

②由于资金可以实时、全额地从欧盟一国银行划拨到另一国银行，不必经过原有的货币汇兑程序，从而减少了资金占用，提高了清算效率和安全系数，有助于欧洲中央银行货币政策的实施。

③欧洲中央银行对系统用户采取收费政策，用户业务量越大，收费标准越低，这一收费标准似乎对大银行更为有利。

④系统用户需在欧洲中央银行存有充足的资金或备有等值抵押品，资金规模要求较高；加之各国中央银行对利用该系统的本国用户不予补贴，故 TARGET 系统的清算成本高于其他传统清算系统。

（二）TARGET2

为了进一步提升 TARGET 清算系统的功能，如使其成为其他清算系统（如证券，零售付款）的清算系统（System of System）、延长开放时间以及令成员可以更有效地控制账户内的资金进行清算，等等。在 2002 年，由德国、意大利和法国的中央银行提出建议提升 TARGET 的功能，建立单一集中共享平台（Single Shared Platform）（图 4－4）和标准化技术接口，为市场参与者提供支付、证券清算以及流动性管理等方面的便利。实现在单一集中共享平台上不但能处理收付款，还可以进行账户会计处理，额度处理和储备金管理等（图 4－5）。

TARGET2 的成员分为三类：

①直接参与者，可以是欧元区内或欧元区外使用欧元清算的金融机构，但必须在 SSP（Single Shared Platform）的付款平台上开设即时实值清

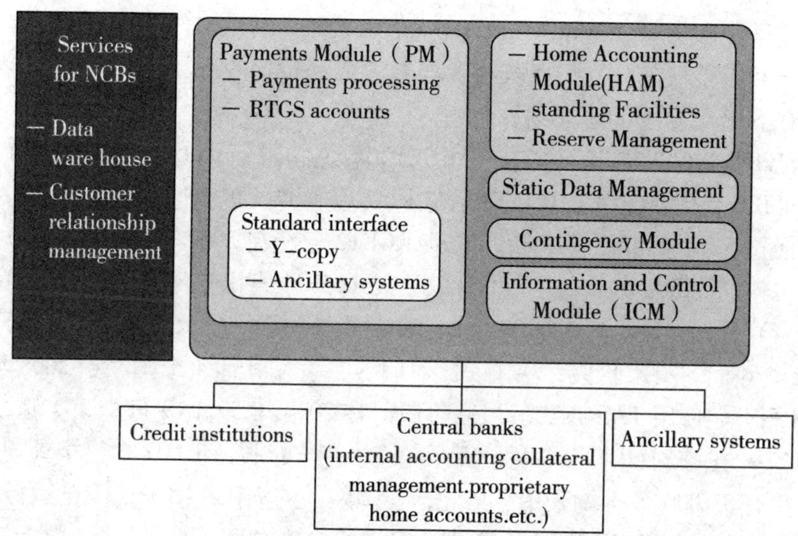

图 4－4　TARGET 单一集中共享平台

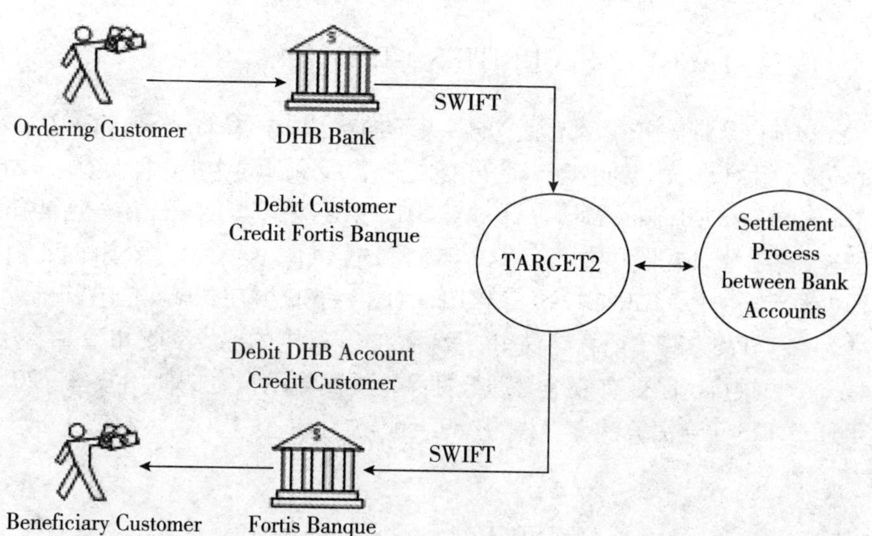

图 4－5　TARGET2 汇款流程

算（RTGS）账户，能够直接接收和发出付款指令。

②间接参与者，可以与直接参与者或中央银行签订合作协议，通过其接收和发出付款指令并利用其在 SSP 平台上的账户结算。

③群组参与者（Multi-addressee access），在 TARGET2 的系统内，直接参与者可以授权其分支行以群组参与者方式通过接收和发出付款指令并利用其在 SSP 平台上的账户结算。

SWIFT BIC 参与者不能在 TARGET2 系统内进行清算，只是将他们的 SWIFT BIC 代码登记在 TARGET2 系统内，以方便电文的直通，提高清算效率。

经过 5 年的时间，第一阶段的 TARGET2 已经在 2007 年 11 月 19 日开始实行，包括德国和奥地利在内的 8 个国家（259 个直接参与者和 2 925 个间接参与者）开始使用。除 22：00 至 1：00 时系统关闭作技术性维护外，每天运作 21 个小时。第二阶段，法国、比利时、芬兰和其他 4 个国家于 2008 年 2 月 18 日开始使用 TARGET2。最后阶段已在 2008 年 5 月 19 日全面实施，将欧洲 21 个国家的 60 多个各种清算系统连接在一起服务 1 007 个直接参与者，在线约有 55 000 个机构采用。至此，各国以前的 RTGS 系统就停止运行了。2015 年全年通过 TARGET 2 系统清算的业务总数约为 8 800 万笔，总金额为 470 万亿欧元，平均每天约为 35 万笔，每笔平均金额为 1. 9 万亿欧元。

（三）TARGET2-SECURITIES（T2S）

以前在欧洲很多国家都有独立的中央证券存管机构（Central Securities Depositories，简称 CSD），要进行跨境证券交收和清算必须通过中央银行模型（Correspondent Central Banking Model，简称 CCBM）来处理。为构建一个单一且集中的证券清算平台，欧洲中央银行在 2008 年 7 月委任德国、意大利、法国和西班牙的中央银行合力开发 TARGET2-SECURITIES（图 4 -6），并在 2014 年推出实施。

有了 T2S，跨境证券交收和清算便变成了区内的证券交收和清算平台，各国中央银行可以更有效地管理抵押品，提高流动资金的使用效率。2015 年通过 T2S 平台清算的金额约为 469 万亿欧元。

第四节　日元清算

早在 20 世纪 70 年代，日元就已经是国际贸易的主要结算货币之一，因为当时日本经济强劲、出口量大、日元强势，所以很多清算和结算业务都以日元为货币单位。日本的银行间支付结算体系主要包括三个系统，其中两个

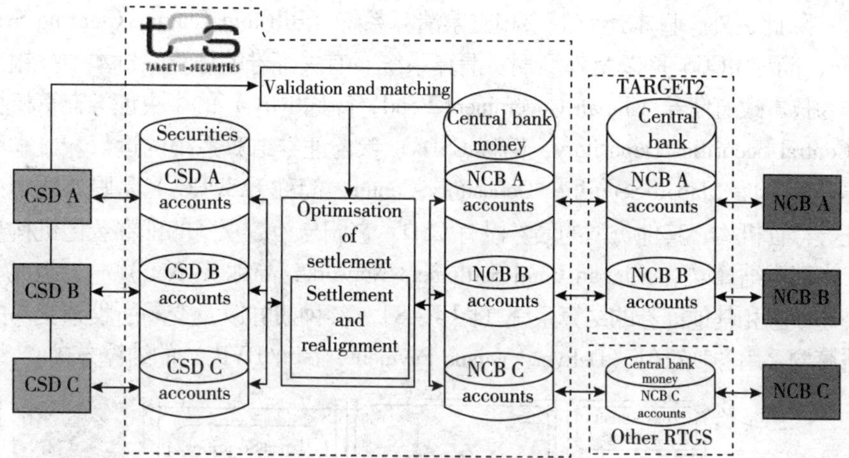

图 4-6　TARGET2 Securities

由私人部门运营，分别是全银数据通信系统（Zengin Data Telecommunication System）以及外汇日元清算系统（Foreign Exchange Yen Clearing System）。另一个是由日本中央银行负责运营的日本银行金融网络系统（图4-7）。

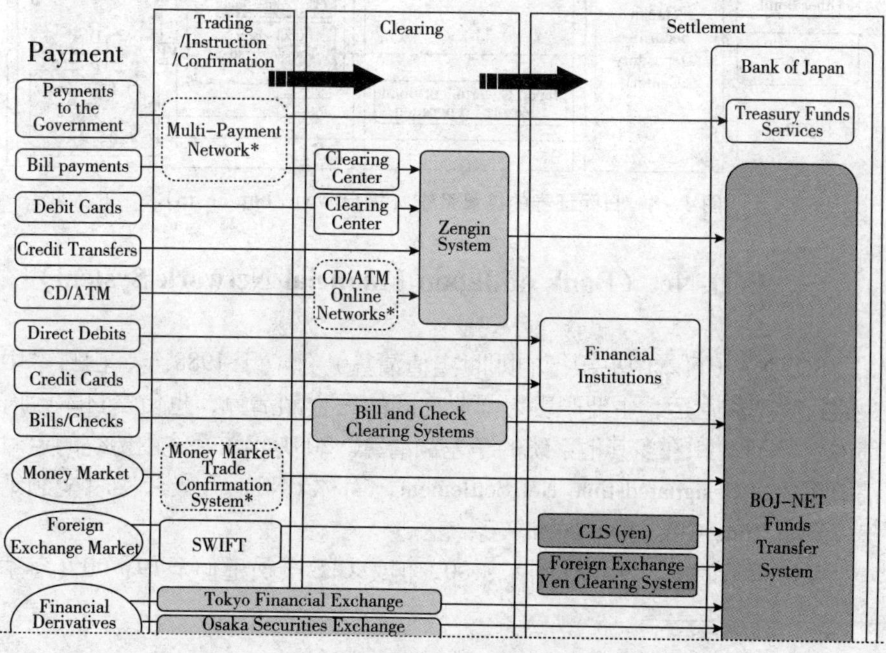

图 4-7　日元清算系统（摘自 www. boj. or. jp）

除此之外，日本还有汇票和支票清算系统（Bill and Cheque Clearing System，简称 BCCS ）以及外汇期货清算系统。有关证券的结算，日本中央银行作为日本政府债券（Japan Government Bond，简称 JGB ）的中央证券存管机构（Central Securities Depository，简称 CSD ）参与证券结算系统的运行。日本证券存管中心（Japan Securities Depository Center，简称 JASDEC ）是股票的中央证券存管机构。其他类型的债券没有 CSD，它们与为数众多的证券登记机构和日本债券结算网络（Japan Bond Settlement Network，简称 JB Net ）一起组成了公司债券和其他证券的结算系统（图 4－8）。各种债券以及交易所股票交易的结算均采用券款对付（Delivery Versus Payment，简称 DVP ）的结算方式。

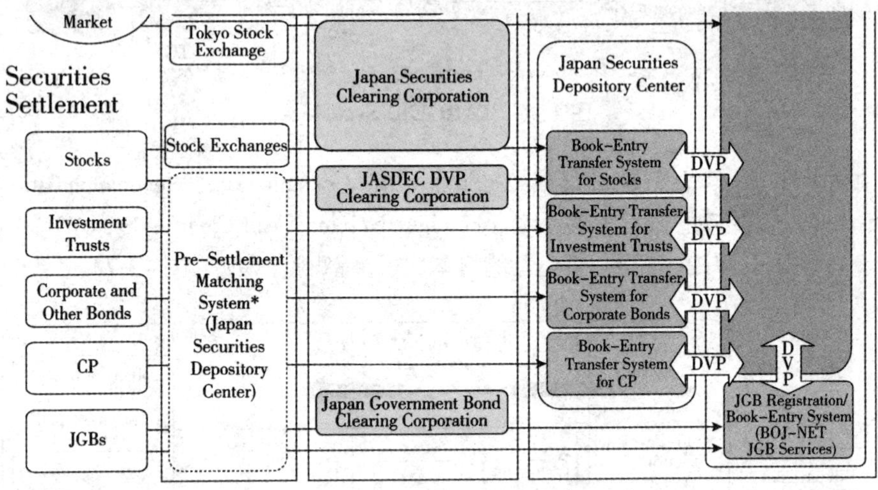

图 4－8　日元证券的结算系统（摘自 www. boj. or. jp）

一、BOJ-Net（Bank of Japan Financial Network System）①

BOJ-Net（日本中央银行的即时实值清算）建立于 1988 年，由日本中央银行管理和营运，主要职责为同业之间的大金额清算，也负责日本政府债券、FXYCS 和许多其他系统的净差额清算。2001 年该系统由传统的定时清算系统（Designated-time Net Settlement，简称 DNS）升级为实时全额结算（Real Time Gross Settlement）系统。

系统运行时间从 9：00 到 17：00，但为 CLS 会员延伸至 19：00（冬季

① www. boj. or. jp.

为20：00）。截至2010年底，BOJ－Net成员超过380个，包括银行、证券公司和其他非银行的金融机构。每个成员都必须在日本中央银行（Bank of Japan）开设清算账户才可以利用BOJ-Net来进行日元清算。而且，账户必须要有足够的余额或事前需要与日本中央银行安排资金或透支额度。

为提高三个主要清算系统的安全性和效率，并减低资金成本，日本中央银行在数年前就开始研究开发第二代的BOJ-NET，并在2008年的财政年度开始逐渐在系统内引入节约流动性功能（Liquidity-saving Features，简称LSF），同时分阶段将外汇日元清算系统和全银数据通信系统的大额支付通过LSF功能来进行清算，在2015年10月全面完成将第二代的BOJ-NET再扩展到其他清算系统。

LSF主要采用中央排队，即时和定时对冲的清算方式为成员减少清算资金成本和加快清算速度，降低清算风险。成员必须要在日本中央银行开立新的排对和对冲账户（Queuing and Offsetting Account，简称Q/O account）才可以使用新的LSF功能进行清算（图4－9）。每天9：00前从基本账户中把当天清算所需要的资金划拨到“排对和对冲账户”然后进行清算。在清算过程中，成员可以改变在排对中付款指令的顺序，取消在排对的任何付款指令和随时补充资金到“排对和对冲账户”。LSF功能在16：30停止后，“排对和对冲账户”内的余额会自动转回到基本账户。2015年，BOJ-NET日均交易额约为130万亿日元。

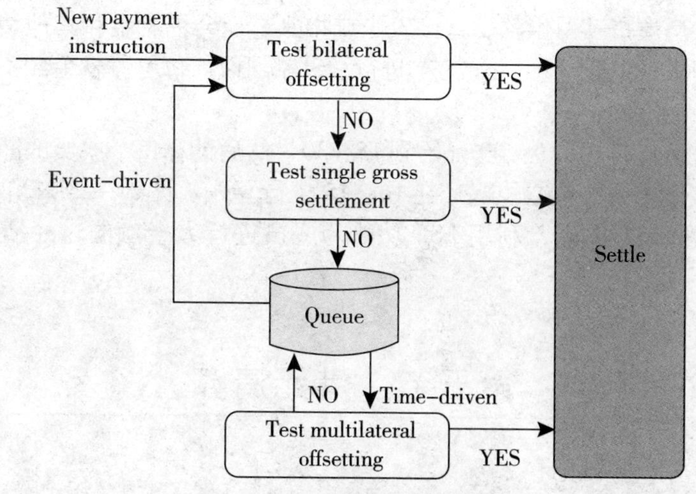

图4－9　节约流动性功能清算

二、FXYCS（Foreign Exchange Yen Clearing System）

FXYCS（外汇日元清算系统）在1980年由东京银行公会建立，现在由日本中央银行管理和营运。与外汇有关（外汇交易中日元部分）和海外银行的往来账户交、收都要通过这个系统进行，会员可以使用“净值方式”或“实值方式”进行清算。“净值方式”13：45截止，净差额在14：30通过日本中央银行账户平账。“实值方式”从9：00到17：00。但为CLS会员延伸到18：00（冬季为20：00）。

FXYCS成员大概有230多个，包括70多家外资银行在日本的分行。因为系统是采用净差额方式清算，所以成员间必须要互相设定双边额度（Bilateral Limit），而且成员与东京银行公会为通过FXYCS系统清算而商讨安排设定由有价证券抵押的最高净负额度（Debit Cap）。在2008年10月，FXYCS已经接入到BOJ-Net的LSF平台，利用LSF功能为成员进行新模式的对冲清算。

三、Zengin System（Zengin Data Telecommunication System）

Zengin System（全银数据通信系统）是日本国内的清算系统，由东京银行公会建立，也是由日本中央银行管理和营运。主要用于零售的支付，保险费、房屋贷款月供款、直接入账或扣账、社会福利金和其他费用支付等，以单笔或批量（batch）方式进行清算都可以。每笔付款金额不能超过10亿日元。

系统运行时间从9：00开始到15：30，然后计算每个成员的净值，通过成员在日本中央银行的账户在16：15进行平账。计划在2011年接入到BOJ-Net的LSF平台，利用LSF功能为成员进行大金额的对冲清算（图4－10）。

第五节　港元清算

1995年5月，中国香港金融管理局和香港银行公会出资成立香港

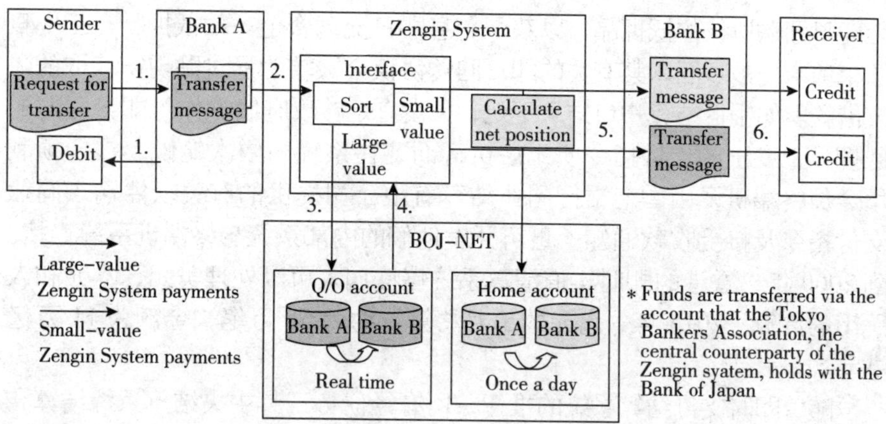

图 4－10　全银数据通信系统的节约流动性功能清算

银行同业清算有限公司（HKICL），目的是按步取代当时由汇丰银行营运的交换所。当时交换所的清算方式是采用轧差方式。香港金融管理局与香港银行公会丁 1996 年 12 月 9 日推出港元即时支付结算系统（CHATS）。直至 1997 年 4 月完成将汇丰银行营运的银行同业间的清算功能全部转移到了 HKICL，后来 HKICL 发展到可以处理公债和私债的结算工作。

一、CHATS（Clearing House Automated Transfer System）

CHATS（港元即时支付结算系统，又名“结算所自动转账系统”）是香港金融管理局与香港银行公会合力建造的，其主要特色如下：

①在金管局的账册上过账，为支付交易实行最终且不可撤回的结算；

②采用单层架构，所有持牌银行直接在金管局开设结算户口。自 2000 年 6 月，有限制牌照银行如有商业上的需要，也可直接在金管局开设结算户口；

③银行不得进行日间透支，但可利用政府债券（即外汇基金票据及债券）作为与金管局订立即日回购协议的抵押品，以获取即日流动资金；

④能与本地及国际系统联网，方便进行即时货银两讫及外汇交易同步交收结算。

在即时支付结算系统下，所有支付指令均会逐笔分开结算。当结算户口有足够结余，支付指令会立即执行。银行可利用外汇基金票据或债券作为即日回购协议的抵押品，以获取免息即日流动资金。如抵押品在工作日结束前未能被赎回，其有关的即日回购协议会被转为通过贴现窗获取的隔夜借款。如银行结算户口结余不足，又没有足够政府债券作为即日回购的抵押品，发出的支付指令便无法执行而要在系统内依次轮候。银行须利用会员终端机及由香港银行同业结算有限公司提供的有关软件输入同业支付指令及接受收款通知。也可开发他们的内部系统与终端机系统连接。到2000年，香港的即时实值清算系统慢慢加入可以处理美元、欧元和人民币的清算。2015年，港元的单月清算量约为55万笔，金额为11万亿港元。

随着即时支付结算系统的推行，所有经债务工具中央结算系统结算和交收的债券交易均能实现即时货银两讫结算（图4-11）。此外，金管局已将即时支付结算系统与香港中央结算有限公司负责的股票交收结算系统连接，并于1998年5月推出股票交易的货银两讫结算服务。

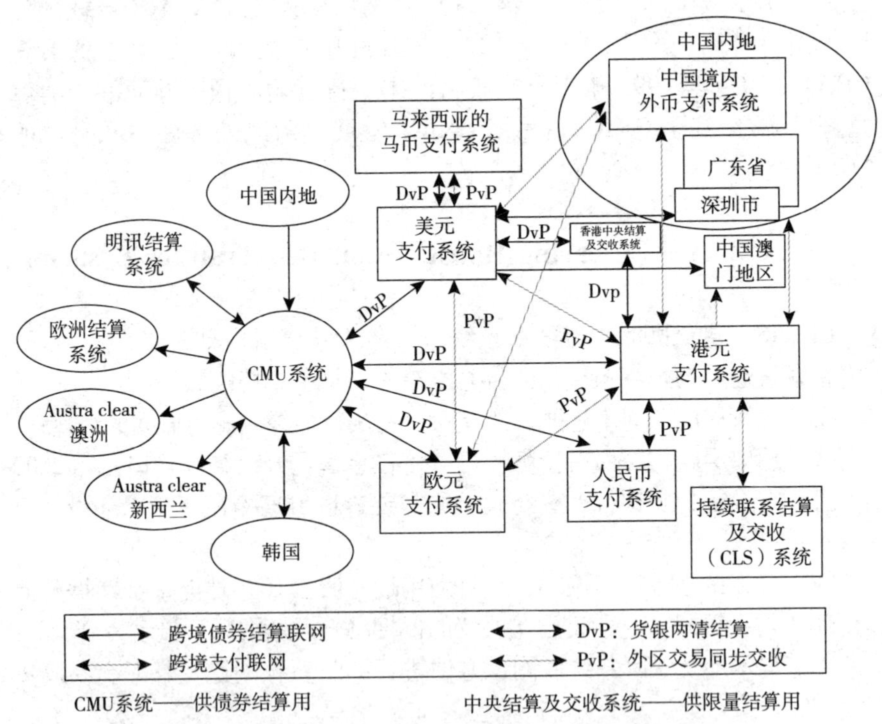

图4-11　香港支付及结算基建总览（摘自 www. info. hkma. gov）

二、CHATS 美元结算

中国香港的美元结算系统于 2000 年 8 月 21 日推出，目的是为在亚洲商业时段提供高效率的美元结算。香港金融管理局委任，香港上海汇丰银行有限公司为香港美元结算系统的结算机构。每一个直接参与者必须在美元结算机构开设美元结算户口，而美元支付指令会在美元结算机构的户口上过账。美元即时支付结算系统采用双层会员架构，参与者可以选择作为直接参与者或间接参与者。

直接参与机构可通过美元结算机构提供的免息日间透支，或以外汇基金票据或其他认可债券作为抵押品的即日回购协议获取即日免息流动资金。使用美元结算系统不是强制性的。香港的银行可随意选择作为直接参与者或间接参与者。所有支付指令均会逐笔分开即时结算。支付指令在美元结算机构的户口结算后，便会被视为最终及不可撤回。美元结算系统是根据港元即时支付结算系统的现有技术及操作模式，提供以下功能：

①美元即时支付结算；

②美元债券货银两讫结算——通过与债务工具中央结算系统联网；

③股票中央结算系统联网为美元证券提供货银两讫结算；

④美元/港元外汇交易同步交收；

⑤美元支票结算；

⑥有关股票中央结算系统款项的电子结算。

2015 年美元清算的单月清算量为 40 万笔，金额约为 5 400 亿美元。

三、CHATS 欧元结算

中国香港于 2000 年 8 月美元结算推出后，其欧元结算系统亦于 2003 年 4 月 28 日开始运作。香港金融管理局委任渣打银行（香港）有限公司为香港欧元结算系统的结算机构。这个系统可进一步提高结算效率及减少亚洲时区内的欧元结算风险。CHATS 欧元提供与 CHATS 美元的清算服务。2015 年欧元清算单月清算量约为 1. 2 万笔，金额约为 37 亿欧元。

四、香港的人民币结算系统

中国人民银行于2005年11月1日宣布扩大香港的人民币业务。为配合扩大的人民币业务，中国人民银行委任中国银行（香港）有限公司为香港人民币业务清算行。同时，中国银行（香港）有限公司聘用香港银行同业结算有限公司构建人民币交收系统。

香港银行同业结算有限公司自2006年3月为系统参与机构提供人民币清算服务，所提供的服务包括：

①人民币支票清算及交收；

②人民币/港元平盘；

③汇款业务；

④人民币银行卡。

2015年人民币单月清算量约为35万笔，金额约为19万亿元人民币。

五、中国香港与中国内地之间的跨境清算

随着香港与内地的紧密合作，以及政府对香港地区金融业的支持，香港的美元、欧元和港币的即时支付结算与内地的外币付款系统连接，提供香港与内地双向的即时支付结算服务。中国人民银行分别指定了建设银行、中国银行和中国工商银行为港元、美元和欧元的结算银行。

六、区域性的即时支付结算系统

为扩大各币种的清算业务量，在2007年7月金融管理局和香港银行同业清算有限公司利用CHATS各清算币种成员与海外代理行的联系成功构建亚洲区的港币、美元和欧元的区域性清算系统。CHATS的清算成员可以在HKICL登记成为服务的提供者，然后将与他们有关联可能成为受益人银行的名单登记在HKICL的网站上，之后服务提供者就可以通过与HKICL联系的终端机发出付款指令给另一个服务提供者。目前，系统已可以接受以SWIFT识别代码作为受益人银行的格式。

第五章 国际贸易短期性融资

何谓国际贸易融资？

在贸易洽谈的过程中，买卖双方或多方都需要对价格、交货期、付运和结算方式等各种条件进行谈判。哪一方有较多的信息和较强适应性的条件，胜算就会较高。举例来说，如果是在供过于求的市场上买家就有较多选择合适货品及价格的机会，卖家要争取到这笔交易就必须提出较其他卖家更为优惠的条件，因而增加卖家的资金成本并减低利润。反之，在求过于供的情况下卖家拥有较强的提价能力来增加利润。所以说，要交易成功，货品价格和结算方式是两大要素，这也正是企业的资金成本和利润的核心问题。

一般而言，企业不可能利用庞大的资金来即时结算每一笔进出口交易。因此，商业银行就在国际贸易活动中提供资金融通便利给进出口商。这就是国际贸易融资。国际贸易融资一般是短期性（一年以内）的，而超过一年的长期性贸易融资，一般融资金额比较大且结构比较复杂，所以又称为结构性贸易融资。

第一节 短期贸易融资的信用风险

提供短期贸易融资的银行，主要依赖的是企业的信用（包括参与的其他金融机构）和进出口国的国家风险。因此，在讨论短期贸易融资之前，在本节先来讨论银行在提供短期贸易融资时所面对的信用风险、国家风险和银行（同业）风险，以及怎样控制和管理好这些风险。

信贷风险是指贷款收益和损失的不确定性，是因为各种因素不断发生变化对信贷资产带来的影响。商业银行的信贷活动不但会受到经济形势，行业和产业变化与调整等外部因素影响，也会受到信贷活动的内部操作环节的影响。因为授信要经过调查、申请、审查、批核、签约、使用、检查和事后跟进等诸多环节，任何一个环节出现很小的差错或遗漏都会导致信贷资产的损失。

一、企业授信流程

信贷业务是一般商业银行的主要资产业务，也是其收入的主要来源。当商业银行开始营运信贷业务时，首先必须制定严格的业务流程，然后，当每一笔信贷业务发生时，一定要遵循既定流程，才能提高工作效率，减少遗漏和差错而避免信贷资产的损失。

（一）寻找客户

从银行角度来说，寻找客户亦是将信贷产品（包括贸易融资）推销给优质客户。营销人员必须要对当前和未来的经济发展、信贷市场的需求、客户结构及分布、市场竞争情况等进行全面了解，然后结合本身银行的政策和产品特长来选择和确定目标客户。例如，可以选择以进出口业务为主的企业及大型生产厂商为其主要的贸易融资客户。

（二）信贷调查

确定信贷客户后就要对客户作全面调查，了解客户的信用状况及其业务背景。这是一个非常重要的步骤，因为愈深入、愈清楚了解客户，将来失败的概率就愈低。全面调查客户可在以下三方面展开：

①通过经过审计的财务报告及其他资料来了解客户的财务状况，通过经营成果及现金流量情况，同时，根据连续几年的审阅，对企业的财务发展、变化进行全面的分析来作出未来趋势的评估；

②通过与企业管理层的面谈来深入了解企业的思维、决策管理能力和模式应变能力等，并确定企业所提供的一切资料是否属实；

③实地考察可以更清楚地了解一些不能或不会在文件上披露的事情。例如，企业大部分员工上下班都不准时可以证明企业的管理松散。

（三）授信企业评级

商业银行在国际贸易活动中，一般都会给予进出口企业授信（总额度授信或单笔业务授信）额度。企业在获得授信额度后，就可以在额度内申请使用相关的贸易融资。问题是评定给予某企业多少授信额度才恰当。

1. 5C 法

5C 法指利用下述 5 项因素进行主观权衡，然后由信贷决策人或小组作出信贷决策，但这一方法极有可能不够客观。

①品格（Character）是企业的声誉，一家企业的年龄是其偿债声誉的良好标志；

②资本（Capital）是指所有者的股权投入及其对债务的比率，这些被视为预示破产可能性的良好指标；

③偿付能力（Capacity）是指还款能力，它反映借款人收益的易变性；

④抵押品（Collateral）是指如发生违约，贷款人能否拥有在市场上可以变现的资金以抵消借款人的债务；

⑤经济周期（Cycle Condition）是指商业周期的状态，它是决定信用风险损失的一项重要因素，特别是对于那些容易受周期性决定和影响的产业而言。

商业银行对信贷企业“5C”方面的情况设计了很多评审指标和评分标准，通过系统分析和定量分析来评价受评客户的信用风险和违约可能性。然后，按照每个信贷客户的得分来核定对此客户的最高授信额度。

2. 评级方法

目前很多银行都开发了内部对信贷客户的评级方法，每家银行都有自己的一套标准，级别名称也不尽相同，但大致分为1～10个级别。

①AAA（A1）级：商业信用极佳，资产质量优等，杰出的债务偿付能力和偿还率，卓越和有深度的管理，企业是市场的领导者并且已经进入资本市场，风险程度极低；

②AA（A2）级：商业信用很好，资产质量和流动性很好，强有力的债务偿付能力和偿还率，各方面的财务状况管理得很好，企业在该行业得到高度尊重并有巨大的市场份额，风险程度温和；

③A（A3）级：商业信用中等，位于正常的信贷标准内，资产质量和流动性令人满意，良好的债务偿付能力和偿还率，在所有关联方面管理良好，企业在业内的规模和财务状况处于中等水平，风险程度不高；

④BBB（B1）级：商业信用可接受，但是超出平均风险水平，资产质量可以接受，稍微过度的流动性，温和的债务偿付能力，企业可能没有实力抵受重大挫折，风险程度可接受，但此级别贷款要求放款人给予高于平均水平的监督和关注；

⑤BB（B2）级：商业信用可以接受，但是有相当高的风险，资产质量可以接受，但资产基础较小的或较欠分散化，很少的流动性，有限的债务偿付能力，企业规模可能低于平均水平，没有实力抵受重大的挫折，风险程度可接受但要予以关注，此级别贷款要求放款人给予重点监督和关注；

⑥B（B3）级：信用状况为监督级别，资产质量大致可以接受但也需要特别关注，流动性有一定程度的紧张，企业管理上有一定的不足，此级别贷款要求放款人给予持续性的监督和关注，风险程度属管理性关注；

⑦C 级：信用状况处于可接受边缘而且具有一定的脆弱性，资产在当前得到保护但可能仅是脆弱的保护，所以还不能预计本金和利息的损失，潜在的财务弱化危机，企业没有充分的资金来源或缺少充分的抵押品，此级别贷款要求放款人特别关注，尽快减少贷款金额并准备回收贷款，风险程度属特别关注；

⑧D 级：此级别是无法接受的信用状况，存在无法正常偿付的风险，资产的现值，债务人的偿还能力或抵押品并未能令资产得到充分保护和已存在部分利息损失，风险程度未达到可接受标准；

⑨E 级：偿还能力大有问题，已达损失部分本金程度，基于现有信息、形势和估值，全部收回款项的可能性十分渺茫，风险程度属可疑；

⑩F 级：预期会发生总体上的损失，存在某项不可收回的资产或可收回的价值或残值不能达到延迟采用呆账准备冲销，风险程度属损失。

有了评级标准后，信贷委员会就会在每个级别下制定有抵押和没有抵押的最高授信额度，而且对每种抵押品的接受和估值都有一套完善的制度来管理。对于有第三方企业提供担保的贷款，担保企业的评级也应该按上述的标准来核定。

除了5C 和评级方法外，市场上还有一些量度风险的其他方式，但并没有统一标准，必须按银行本身的情况来选择采用或作适当的调整后再采用。

相关案例 1

虚设某银行对某行业企业信用评级指标体系与计分标准表（仅供参考）

①偿债能力指标（表5－1）（满分30）

表 5－1 偿债能力指标

名称	计算公式	标准值	满分	计分标准说明
资产负债率	负债总额/资产总额	60%	12	60% 或以下为满分；每上升 2.5 个百分点扣 1 分，扣完为止

续表

名称	计算公式	标准值	满分	计分标准说明
流动比率	流动资产/流动负债	130%	10	130%或以上为满分；每下降5个百分点扣1分，扣完为止
现金比率	现金/流动负债	30%	8	30%或以上为满分；每下降2.5个百分点扣1分，扣完为止

②获利能力指标（表5－2）（满分10）

表5－2　获利能力指标

名称	计算公式	标准值	满分	计分标准说明
销售利润率	销售利润/销售收入	8%	6	8%或以上为满分；每下降1.5个百分点扣1分，扣完为止
资本回报率	净利润/所有者权益	8%	4	8%或以上为满分；每下降2个百分点扣1分，扣完为止

③经营管理指标（表5－3）（满分24）

表5－3　经营管理指标

名称	计算公式	标准值	满分	计分标准说明
销售收入现金流量	销售商品或提供劳务收到现金/销售收入	80%	6	80%或以上为满分；每下降10个百分点扣1分，扣完为止
应收账款周转率	销售收入/平均应收账款额	400%	6	400%或以上为满分；每下降30个百分点扣1分，扣完为止
存货周转率	产品销售成本/平均存货	300%	6	300%或以上为满分；每下降20个百分点扣1分，扣完为止

续表

名称	计算公式	标准值	满分	计分标准说明
管理水平	规章制度的建设和执行；企业文化；财务管理；质量、技术、信息管理		4	视情况给予0分至满分
商誉	企业形象、产品质量、服务评价、行业声誉、纳税情况及遵纪守法程度等		2	视情况给予0分至满分

④履约指标（表5－4）（满分16）

表5－4　履约指标

名称	满分	计分标准说明
授信资产本金偿还记录	10	根据本年度应归还银行的各项授信资产总额进行衡量：①按期还款为满分；②按期付息，但在评估时点存在逾期1个月以上的贷款记录，扣4分；③未按期还款超过3个月，为0分，若本年度应还银行贷款本金总额为0，以其他授信形式比照给分
授信资产利息偿还记录	6	①按期付息为满分；②本年度存在拖欠利息10天以上的记录，扣3分；③评估时点存在欠息情况为0分。若本年度应付银行利息总额为0，以其他授信形式比照给分

⑤发展能力和潜力指标、得分评级指标（表5－5，表5－6）（满分20）

表5－5　发展能力和潜力指标

名称	计算公式	标准值	满分	计分标准说明
固定资产净值率	固定资产净值/固定资产原值	65%	4	65%或以上为满分；每下降3个百分点扣1分，扣完为止

续表

名称	计算公式	标准值	满分	计分标准说明
销售收入增长率	（本期销售收入 －上期销售收入）／上期销售收入	8%	4	8%或以上为满分；每下降1个百分点扣1分，扣完为止
利润增长率	（本期实现净利润 － 上期实现净利润）／上期实现净利润	10%	4	10%或以上为满分；每下降2.5个百分点扣1分，扣完为止。上期亏损，本期赢利为2分，上期和本期均亏损为0分
领导者素质	领导才能、管理素质、技术素质、开拓能力、应变能力、团体协作、法制观念		4	视情况给予0分至满分；如发生不利于预测企业发展的重大人事变更，应及时下调分值
市场前景、发展规划与实施条件	行业及产品销售远景、产业政策的影响、远近期目标、经济能力、技术条件、营销策略、人才条件、实施措施		4	视情况给予0分至满分

表5－6　得分评级指标

评级得分（分）	信用等级
100～90	AAA
89～85	AA
84～80	A
79～70	BBB
69～65	BB
64～60	B
59～50	C
49～40	D
39～30	E
30以下	F

⑥某银行对某行业企业信用等级限定指标（表5－7）

表5－7 某银行对某行业企业信用等级限定指标

资产负债率	①如资产负债率大于80%小于90%，信用等级不得超过A级； ②如资产负债率大于90%小于100%，信用等级不得超过B级； ③如资产负债率大于100%，信用等级为D级
利润增长率	如本期亏损，信用等级不得超过A级；如本期和上期均亏损，信用等级不得超过BB级
履约指标	根据贷款五级分类的结果，如存在“次级类”贷款，信用等级不得超过B级；如存在“可疑类”贷款，信用等级不得超过C级；如存在“损失类”贷款，信用等级为D级
客户规模指标	如资产或销售收入之一小于××万元，信用等级不得超过BBB级
同业竞争力	如客户在行业中不处于领先位置，可相应降低其信用评级
报表真实性	如提供的财务报表未经注册会计师审计，客户信用等级相应下调一个级别

（四）提交申请

调查人员通过对企业的全面了解，包括对信用状况和经营情况等进行评定认为可以给予授信额度的，需要撰写一份详细的调查报告和额度申请书。报告书内应说明企业的财务状况、经济前景、贷款金额、款项用途、还款安排、抵押品状况和其他的相关资料等，然后明确结论同意授予相关额度。报告和申请书经部门主管审核并同意后，连同其他所需资料一起提交给信贷部门审查与批核。

（五）审查与批核

这是商业银行信贷审批部门的工作，对银行各部门提交的申请书都需要进行详细的审查，包括财务状况的分析，企业的背景和经营情况，申请贷款的金额、种类、用途、期限等，然后确认所有提交文件的完整性及合法性，最后通过与部门主管或信贷审批小组的论证后作出贷与不贷的最终决定。

（六）签订贷款协议

在信贷额度获得批准后，商业银行必须要按照不同的贷款种类与企业签订贷款协议或签订一份总协议，然后将来在每笔业务发生时再签订该笔业务的单一协议。一般商业银行都有一套完整的融资协议，在制定这些协议时都先通过内部及外部律师审阅和认可才成为正式的协议样板。因为，这些都是具法律效力的文件，将借款企业和商业银行之间的权利和义务明确建立起来，同时将借款种类、用途、金额、利率、期限、还款方式、违约责任及其他事项等列明以便双方清楚了解其内容并严格遵守。

（七）贷款跟进

贷款协议签订后，借款企业在有需要时便可以向商业银行申请发放贷款。贷款发放后的跟进工作必须要严格执行，目的是确保借款企业按贷款协议规定的用途使用贷款，并及时了解企业的经营情况及财务状况。在情况有变或企业不按协议使用贷款时，应迅速采取适当措施包括资产保存、贷款回收等，尽量降低银行的风险。

（八）回收贷款

在贷款或付息日（一般中长期贷款是按季或半年付息一次）到期前通知借款企业做好还贷准备。有些贸易融资的还款来源是从自身业务中产生的（例如，对出口商叙做的出口押汇，还款是从进口商的付款中扣除），所以，商业银行必须按每种和每笔业务的情况进行定时的催收工作，确保对出口企业的贷款在到期或之前能收到进口商的付款。

二、信贷风险及其防范

（一）借款人欺诈

借款人欺诈是指借款人利用假身份或伪造文件及有关资料等骗取商业银行资金，最常见的是利用空壳公司、虚假的财务报表、伪造的营业记录、夸大利润、隐瞒事实真相、虚假的借款用途等。其防范方法是：

①选择信用良好的客户并遵守严格的客户审查程序；

②有关的法律文件应该在有银行部门主管在场的情况下，由借款单位的有权及有效签字人签署；

③财务报表必须经由独立的会计师在没有负面意见的情况下出具审查证明；

④制定贷款定期跟进机制，以防止不正当使用贷款情况发生或企业经营情况出现变化。

（二）担保者风险

担保者风险是指提供担保的企业其资格及/或其信用存在疑问，令银行最终无法执行要求担保者履行责任或担保者本身财力不足以赔偿的风险。其防范方法是：

①对担保者的担保资格和财务实力进行审核，按等级评定能接受的担保金额；

②签署合法及有效的担保文件；

③定时检查担保者的合法资格和经营情况。

（三）抵押品风险

抵押品风险是指提供给银行作为抵押物品的风险，包括价值和拥有权。一般而言，银行对接受有形物质为抵押品时抵押品价值评估方法和可接受的最高比率都会有一套既定的程序。例如，使用房产作为抵押，房产的拥有权必须完全转让给贷款人，房产的估值必须由独立的估值机构作全面性的评估，贷款额不能超过新评估值的60%~70%等。其防范方法是：

①严格遵守银行内部对接受抵押品的规定；

②在未获得抵押品的合法权益前不能发放贷款；

③紧贴抵押品市场值的变化。

（四）市场风险

市场风险是指借款企业所属行业在市场上的变化有可能影响借款企业偿还贷款的能力。这些变化包括，竞争加剧令市场份额减少从而影响利润，新替代品出现令市场需求减少，企业适应能力薄弱和转型困难容易被市场淘汰。其防范方法是：

①密切关注市场动势，及时作出适当的调节；

②保持与借款企业管理层的沟通，掌握企业经营状况。

（五）银行从业员的操守风险

银行从业员的操守风险是指银行从业员的素质和职业道德风险。其防范方法是：

①通过培训提高从业人员的基本素质和职业道德水平；

②建立严格的奖罚制度，培养从业人员的忠诚度和归属感。

三、银行内部信贷管理

贷款业务是商业银行的主要收入来源，但亦是容易为银行带来损失的关键业务。因此，预防和降低信贷风险是商业银行的首要任务。所以，为有效控制信贷风险，每家商业银行都应建立内部信贷管理和预警系统。

（一）贷款程序规范化

在贷款业务的整个过程中会涉及多个不同的部门（如公司业务部负责提交贷款申请，信贷部负责分析和认证所有文件和数据，然后作出贷与不贷的决定，信贷委员会在贷款金额超出信贷部权限时作出最终决定，贷款部负责在贷款获批准后发放贷款等），每个部门都应该有明确的分工和职责，互相制约。管、审、贷分离是贷款业务的关键。

（二）信贷权限级别化

集中或分散式的信贷管理，谁优谁劣是没有绝对答案的。商业银行必须要按自身的情况及分行的经营和经验来制定一套适合自己的标准。一般而言，银行会按贷款的规模和风险度来制定信贷权限。由于没有特定的标准，下表仅供参考（表5－8）。

表5－8　信贷权限级别参考表

级别	贷款总金额
总行信贷委员会	超过5 000万美元
总行信贷部首席信贷官＋次席信贷官	3 000万至5 000万美元

续表

级别	贷款总金额
总行信贷部首席信贷官	3 000 万美元以下
总行信贷部次席信贷官 + 一位信贷官	2 000 万美元以下
总行信贷部次席信贷官	1 000 万美元以下
分行行长 + 分行信贷委员会	500 万美元以下
分行行长	200 万美元以下

（三）检查与稽核制度化

严格的内部检查和内外的稽核是商业银行安全管理信贷业务不可缺少的制度。通过检查和稽核可以及早发现问题和隐忧，尽早作出有效的防范，以避免或减少损失及对银行造成的伤害。检查方式可有以下几方面：

①业务资料日报、月报及季报，由专责部门分析和审查；

②营业单位每月自查并向上级提交报告；

③在总行成立信贷风险评估部门对所有信贷个案进行风险再评估，提出有效降低风险建议并监督营业单位和信贷部门落实执行建议。

至于内部稽核由总行稽核部负责定期对各项信贷资产进行现场和非现场审查，对贷款的合法性、安全性、风险、还款保障等作全面性的检查和评估；同时对分、支机构在信贷业务管理和内部控制方面的执行情况进行核查。一般而言，稽核部直属于银行监事会直接向董事会和股东负责，不受银行董事长或首席执行官约束。正因为它的独立性才能有效地发挥其稽核功能，严防各部门和个人的违规和违法行为。

（四）风险控制电子化

电子化控制是银行对信贷风险管理的一个非常重要的组成部分。信贷系统可以从最初的输入客户资料，财务信息，进行评分和评级，然后到授信，最后到使用等层次来设计。完善的信贷系统一方面能尽量降低信贷管理过程中的失误率；另一方面通过系统所储存的数据，分析银行的信贷风险状况并设立预警机制。信贷系统的使用一般可以分为三个级别：

1. 系统操作

系统操作包括信贷额度的输入、修改和取消及日常系统的维护。一般信贷额度的输入和修改必须要由两个或两个以上不同级别的操作员进行输入和核准。

2. 系统使用

系统使用是指有具体业务需要使用信贷额度时由业务单位在系统内记录每笔业务的种类、期限、利率和金额等。一般亦需要由两个或两个以上的工作人员进行输入和核对。在输入完成后，系统会自行计算所余额度是否足够叙做这笔业务。如果所输入的金额大于所余额度，系统是不会接受这笔业务的。

3. 数据查阅

数据查阅功能可以开放给多个部门使用，包括营业部、信贷部、稽核部、风险评估部和规划部等。使用者只能有数据查阅功能，并不能修改或删除任何数据。

第二节　代理行额度授信管理

顾名思义，代理行就是代表委托者办理其要求的业务。就算世界上最大的银行，它的分支机构网络也无法覆盖到全世界各个国家和各国的城市。因此，必须要有一个庞大的代理行网络来支持它提供全方位的服务给其客户。国际贸易结算就是一种需要庞大代理行网络来支持的业务。跨国、跨地区的汇款，进出口托收和信用证等有关业务都需要通过异地的代理行来进行。同时，需要给予不同代理行信用额度以方便与之进行不同的业务。

一、代理行授信额度设立和管理

（一）代理行授信额度的设立

在国际业务往来中，银行之间开展涉及信用风险的业务首先要根据对方（代理行）的信用风险水平，为其核定授信额度，然后才能开始进行业务往来。对海外代理行提供信用额度时不可避免地涉及国家风险。因此，在提供代理行授信额度时，也是将其置于国家额度授信之下。以下是设立代理行授信额度的步骤。

1. 国家风险的评估

国家风险的核心是国家的经济、政治、法律、商业和社会的稳定性。市场上有很多国家风险评估理论或指标体系都环绕着这些因素加上不同的权重设置来评定风险，然后按风险高低情况来给予国家评级。一般都会用英文字 A、B、C、D 及"+"或"-"号等来评定等级。例如：（表 5-9）

表 5-9 国家风险等级

A++（或 AAA）	风险非常小
A+（或 AA）	风险可忽略
A	低风险
B	风险略高
C	高风险

2. 国家额度授信

每家银行都有自己的一套标准，按不同级别的国家规定最高的授信额度。额度核定后，各类客户与该国家所发生的各项信用业务总和都不能超过该国家的总额度。

3. 代理行信用评级

代理行信用评级是指对代理行所负各种债务能否如约还本付息的能力和可信任程度的综合评估。银行的资本充足率、资金流动比率、资产变现能力和赢利能力等是银行债务偿还能力的主要因素，而是否愿意及时偿还债务和是否存在赖账历史是银行的信任程度指标。通过分析这些数据来评定每家银行的级别就像给借款企业评级一样，如 AAA、AA、A、BBB、BB、B、C、D、E 和 F 等。银行内部预先规定每个级别的最高授信额度，然后按实际需要和代理行的信用级别来批核给该代理行的额度。

由于市场上有一些评级公司，如穆迪、标准普尔和惠誉等，他们对世界上大部分的银行都有评级。因此，商业银行简单地购买他们对某银行的评级报告，然后将他们给予某银行的评级自动转化为自己系统的信用级别，最后按实际需要来批核额度。下述的例子只可以作为参考（表 5-10）。

表 5－10　代理行信用额度

评级	AAA	AA	A	BBB	BB	B
总额度/净资产（%）	≤15	≤14	≤13	≤10	≤8	≤5
最高限额（亿美元）	35	30	25	15	10	6

4. 代理行额度授信方式

一般而言，代理行评级越高，规模越大，业务往来就越多越频繁，授信额度就越高。反之，则额度低甚至不给予额度。在给予总额度下，根据各类业务的不同需求，为各业务核定相应额度。同时，按业务性质，划分为短期、中期和长期额度。一般短期是指 1 年以内（含 1 年），中期是指 1 ~5 年（含 5 年），而长期是指 5 ~ 10 年或 10 年以上。下述的例子仅供参考（表 5－11）。

表 5－11　代理行授信额度

单位：亿美元

	资金额度				结算额度			
评级	总额度	短期	中期	长期	总额度	短期	中期	长期
AAA	20	8.0	7.0	5.0	15	10.0	4.0	1.0
AA	18	8.0	6.0	4.0	12	9.0	2.0	1.0
A	15	9.0	5.0	1.0	10	7.0	2.0	1.0
BBB	12	9.0	2.5	0.5	5	4.0	0.5	0.5
BB	8	6.5	1.5	0	3	3.0	0	0
B	4	4.0	0	0	2	2.0	0	0

（二）代理行授信额度的管理

商业银行对代理行授信额度的管理亦应按照对企业授信管理的模式来进行，加上使用电子化的信贷系统，各业务部门在办理具体业务时，在系统内进行记录，提取额度使用。系统应当能按照各类业务产品的风险权重来自动扣减代理行的额度。例如，同业资金拆放风险权重为 100 %，7 天内交割的外汇买卖风险权重为 10 %等。

当在额度执行期间，代理行的资信状况发生变化或发生重大事故而影响其正常营运时，相关部门必须要及时按实际情况调整该代理行的内部信用评级，并相应降低或取消额度。同时，通报各业务部门停止与该代理行发生任何需要使用信用额度的业务并监测已发生业务的解决情况。

如发生代理行并购情况，暂时可按照较高授信额度执行但必须对并购后新银行作全面审查，重订新额度。

相关的管理部门亦负责不同类型额度和期限的调剂，如未使用的资金同业拆放额度可调节为结算额度使用，或未使用的中期额度可调配为短期额度使用等，但需注意的是低风险的额度不能调配作为高风险业务使用；短期的额度不能改用作长期融资额度。

第三节 对出口商的短期贸易融资

按不同的结算方式，对出口商的短期贸易融资可分为赊账、出口托收和信用证三大类。

一、赊账结算方式的融资

（一）供货前的融资

供货前的融资是指一种提供给出口企业需要营运资金购买或生产产品的贷款。这种贷款是按照企业的信用或用其他抵押品方式，再加上企业现金流量的情况批出额度。额度在规定时间内循环使用，每月付息。由于这种贷款并没有用出口商品来抵押，还款不一定是从每笔出口货款收到后自动冲减，所以融资成本较高。它可以是营运资金贷款、临时贷款、透支或订单融资等。这种融资也可以用票据方式发放。

1. 票据方式发放贷款

在国内采购商品后出口的贸易商，或在国内采购原材料为主进行加工后出口的生产型企业在装船前后，通过银行开立人民币银行运期承兑汇票，用于支付给供货商货款的融资品种。在出口以信用证和托收两种结算方式下均可采用。

（1）交单前开票

出口商装船前通过银行开票，支付供货商货款，可以称之为票据化的打包放款（注意事项：限制出口商到银行交单，出口收汇首先还贷），以解决出口商国内采购的资金需求并为出口商节约大量采购成本。

（2）交单后开票

出口商装船后到银行交单，以应收账款的权利质押通过银行开票，支付供货商货款，可以称之为票据化的出口押汇（注意事项：出口收汇首先还贷），以解决出口商装船后的资金周转需求，为出口商节约大量采购成本。

如果以信用证正点交单后开票，不占用出口商授信额度。

风险点

①出口商信用，开证行信用，国家风险；

②托收项下进口商信用，债权没有正式让渡（对每个进口商要有独立额度并投买信用保险）；

③没有控制货权。

2. 订单融资

订单融资分短期订单融资和长期订单融资两种。

（1）短期订单融资

①适用于在供货前的赊账或托收结算；

②凭有效订单或贸易合同申请短期资金融通；

③信用良好和具备出口履约能力的出口企业向银行申请授信额度；

④货物出口后可办理发票贴现或出口押汇来偿还订单融资贷款或等收汇后才偿还，但出口收汇需要入专用账户管理；

⑤一般融资最高金额为订单的60%，期限最长不超过90天。

风险点

①出口商信用和履约能力；

②订单的真伪；

③没有控制货物和没有正式把应收账款让渡；

④进口商信用（对每个进口商有独立额度、投买信用保险）；

⑤进口国风险（包括政治、经济和外汇等）。

（2）长期订单融资

借款企业实力弱，报表质量不符授信要求，但有长期（超过1年）的购销合同，两方或三方有长期合作关系，履约能力强，信用良好。

操作要点

①锁定回款于特定账户；

②借款专用于采购，不得挪作他用；

③控制物权，货物质量保证；

④额度年审；

⑤配套远期结售汇，规避汇率风险。

（二）发货后的融资

发货后的融资是指一种提供给出口企业在其发货后所产生的应收账款的贴现或所收到票据的贴现。

1. 应收账款贴现/购买（Account Receivable Discount 或 Account Receivable Purchase）又称发票融资/贴现（Invoice Financing）

采用赊账方式结算的交易，出口商给予进口商信用额度。在进口商收到货物之后的一定时间内（例如30天、60天或90天，最长不会超过180天）才以汇款或汇票的方式结算。

一般而言，提供融资的银行会按照出口商的信用或用其他抵押品方式批出额度。因为要将风险分散，提供融资的银行会在额度下，对每一个进口商核定最高限额和最长贷款期。倘若当单一进口商出现财政困难不能按时付款时，不会对出口商和提供融资的银行造成太大的冲击。除此之外，因为进口商的信用风险和国家风险是由出口商来承担的，银行要获得更大的保障可能会要求出口商投买出口信用保险，然后将保险受益人的权益转让给银行，同时，还需要出口商正式通知进口商已将应收账款让渡给银行，以确保将来进口商在到期付款时将款项直接付给银行。

通常叙做应收账款贴现只凭出口商开出给进口商的发票或加上证明货物已发运的运输单据副本，所以，称为发票融资/贴现（Invoice Financing）。融资金额可以是发票金额的全数或应收账款贴现额度和单一进口商额度未使用部分，扣除了贴现利息和手续费后贷记出口商账户。绝大多数情况下，融资银行给予出口商的应收账款或发票融资贷款对出口商都是有追索权的。

在某些特殊情况下，如融资银行的资金情况转为紧张，又或融资银行的贷款规模被要求压缩时，融资银行可以将已经贴现或购买了的应收账款和票据转卖给其他金融机构。转卖可以按有或无追索权的方式进行，由双方自行商讨。在无追索权的条件下，要从别家金融机构买进其已经贴现或购买了的应收账款或票据，所涉及的风险和操作程序基本上与从出口企业第一手买进这些应收账款或票据一样，加上一份与卖出银行的协议、让渡通知等文件便可。

风险点

①出口商信用，额度；
②单一进口商额度（投买信用保险）；
③短期：30～90天，最长不超过180天；
④对出口商有追索权；
⑤没有正式的让渡；
⑥没有控制货权。

除了用单笔方式提供应收账款融资外，目前，有些银行还推出了应收账款池融资。顾名思义，“池”就是把很多笔应收账款放在一起来计算融资金额和放宽管理的方式，其特点表现为：

①适合应收账款余额稳定和规模较大的生产性企业和贸易公司；

②选取多家销售对象的应收账款组合成应收账款池来核定融资额度；

③出口商将选取了的销售对象的出口项下应收账款批量地转让给银行；

④提款方式为一年期的流动资金贷款；

⑤按转让金额的××%发放贷款；

⑥应收账款回笼后入现金池保证金账户；

⑦后续转让金额融资款从现金池划给客户，只要在提交结算单据同时附上相应的应收账款转让清单即可。

风险点

①进、出口商信用，贸易纠纷；
②进口国风险；
③没有控制货权；
④没有其他担保。

2. 票据贴现（Commercial/Bank Draft Discount）

同样是采用赊账方式结算或货到付款方式的交易，结算时进口商开出一张商业汇票或进口商要求银行开出一张银行汇票，然后将汇票作为付款工具寄给出口商用以解除其债务责任；又或是在远期交易，汇票由出口商出具，然后由进口商承兑并指定其往来银行在汇票到期时付款。

与应收账款贴现一样，提供融资的银行会按出口商的信用或用其他抵押品方式批出额度。在额度下，对每一个进口商都会核定最高限额和最长贷款期。当然，如果汇票是由银行开出的，而且付款银行又是知名的世界性银行，那么使用的就不需要是融资银行给出口商的票据贴现额度，而可以是融资银行内部核定给票据付款银行的额度，但对出口商的贴现仍然是有追索权的。

3. 存货质押贷款（Inventory Finance）

存货质押贷款是指出口商/供货商利用存货质押给银行而获得向国外出口的融资额度。一般会适用于一些长期固定性的商品，出口商/制造商不停地制造该商品，同时又不停地收到订单。因此，融资银行给出口商/制造商/供货商的融资不会是针对某单一进口商的交易，而是对他们在某段时间的所有交易提供存货质押性贷款。

提供融资的银行除了要考虑借款人的信用外，还必须要考虑货物的质量、数量和市场价值来核定贷款额度。货物存仓和提取必须以银行的名义，并必须保持货物的总存量不低于核定贷款额度的要求。同时，必须要视货物的性质选用最适当的存仓方法（例如冷仓）并投买适当的保险。而且，在贷款期内必须核实借款人定时缴付仓租和保险费，否则存货会被扣押和当货物受损时不获得赔偿。

二、托收结算的融资

按托收方式的不同可分为购买付款交单和购买/贴现承兑交单两种融资方式，两者都是属于发货后的融资。

（一）付款交单融资（D/P Bills Purchase）

在不同国家或地区，这种融资方式的名称不同。例如，买单、押汇或贴现都是指出口商在发货后，凭发票、运输单据、保险单据及其他单据（包括汇票）向其往来银行要求在进口商收到货物和付款前提供融资的一种方式。由于这是付款交单方式，一般融资时间不会太长（约在30天内），除非进口商不要货，那样就不会付款赎单或交易属于远期付款交单方式。

提供融资的银行也凭出口商信用或用其他抵押品方式批出额度。在额度下，对每一个进口商都会核定最高限额。同时，又会通过进口商的往来银行对进口商进行信用调查。

此外，融资银行会要求出口商投买出口信用保险，然后将保险受益人的权益转让给银行。在每一笔交易的运输单据上都要求货权由银行所拥有，而且要确认在运输过程中所投买的保险是恰当和合适的。

（二）承兑交单融资（D/A Bills Purchase/Discount）

由于这是凭承兑了的远期汇票提供融资，因此，大部分国家或地区都把它称为“贴现（Discount）”。出口商在发货后将发票、汇票、运输单据、保险单据及其他单据通过其往来银行寄交其在收货人/付款人地的海外分、支行，代理行或由出口/进口商指定的银行（托收行）由其向进口商/付款人按承兑结算方式提示。当进口商/付款人接受单据并承兑了汇票后，所有单据（除了承兑了的汇票）都会被释放给进口商/付款人，然后由其凭运输单据提货。托收行按提交行的指示将进口商/付款人承兑的信息通知提交行，在一般情况下，托收行都会代提交行保存那承兑了的汇票直至到期时再向进口商/付款人提示要求付款，除非提交行另有指示。

大部分承兑交单的期限都在30天到180天之间，很少有一年或以上的。提供融资的银行也是按出口商的信用或用其他抵押品方式批出的额度。在额度下，对每一个进口商都会核定最高限额和最长贷款期。同时，也会通过进口商/付款人的往来银行对他们进行信用调查。

与付款交单融资一样，融资银行都会要求出口商投买出口信用保险，然后将保险受益人的权益转让给银行。在实际业务操作中，提供融资的银行也会考虑低风险的进口地国家和进口商信用来接受出口商的要求不投买出口信用保险而提供融资。在这种情况下融资费用较投买了出口信用保险的交易可能偏高。

三、信用证方式结算的融资

提供信用证结算方式的融资也可以是在发货之前或之后叙做。

（一）发货前融资——打包放款（Packing Loan）

这是一种在收到信用证之后但在发运货物之前的融资方式。出口商（信用证受益人）凭着收到的信用证交给银行作为抵押，然后申请发运货物前的贷款，主要用于生产或组织货源的开支及其他从属费用的资金融通。

虽然叙做这种融资贷款的银行多了一项开证银行的保证，其承诺在信用证受益人按信用证条款发货和制单后，保证兑付信用证款项，但融资银行也需要考虑借款申请人（信用证受益人）的能力和信用。因为，如果申请人拿到贷款后，不能按信用证条款发货和制单的话，信用证开证银行是不会付款的。因此，大部分融资银行都会为出口商（信用证受益人）核定一个在一定时间内可以循环使用的打包放款额度。当叙做每一笔贷款业务时，提供融资的银行同时要考虑的是开证银行的信用风险、进口地的国家风险和审查信用证条款确保没有软条款（就是受益人有困难或不可能完成的条款），并且留存信用证作为抵押。

打包放款的偿付在开证行兑付出口单据的付款中扣除，其他偿付方式都是不正常的，必须要加强防范和尽量避免。在额度内规定每笔贷款最多是信用证金额的百分之多少（一般为60%，最多不超过80%）和最长贷款期（一般最长在90天左右，但有个别情况会是180天）。如果信用证内有红条款或绿条款的话，视情况可以考虑不占用打包放款额度，而在发放贷款后，立即向开证行偿付或依赖开证行信用等待出口单据被兑付后扣除。

操作打包贷款需要注意事项：

①信用证和信用证修改最好通过融资银行；

②保管好信用证函和信用证修改函；

③开证行的信用，国家风险等；

④检查信用证条款，必须是能接受的；

⑤有否模棱两可和相互矛盾的条款；

⑥货物的控制权；

⑦不能在开证行柜台兑用；

⑧最多60%，最长180天；

⑨还贷不通过交单方式的需要关注；

⑩控制贷款不能他用。

（二）发货后融资

我们曾经讨论信用证的不同兑用方式，如即期付款、延期付款、承兑或议付。基本上，不同兑用方式的信用证在发货后都可以提供融资，但其融资名称和风险点不大相同。例如，即期付款或延期付款的融资称为埋单（LC Bills Purchase）或议付（议付兑用方式的信用证），承兑信用证的融资就称为信用证议付或贴现。

在法律层面上，即期信用证的付款适用法律是开证行当地法律，而议付信用证的付款适用法律是议付行当地法律，承兑信用证就按票据法，对于延期付款信用证就要看提供融资的银行是否由开证行所指定（UCP 600第12条b款）。所以，在叙做融资业务时，必须同时考虑这些有关联的法律风险。

信用证项下发货后的融资主要是考虑开证银行、保兑银行、承兑或付款银行的风险（银行内部对世界各国的银行都会核定相关的额度来进行这业务）。所以，一般提供融资给信用证受益人的银行都不会为他们设定出口信用证议付或贴现额度，除非在出口单据有不符点而未被开证行接受前需要提供融资或开证行的信用有疑问时，受益人仍然想先获得融资，这样就要按受益人的信用来考虑设立融资额度。

1. 担保偿还（Letter of Indemnity）额度

担保偿还额度是指按申请人的信用情况或抵押品核定一个在规定时间内可以循环使用的担保偿还额度。这额度只限用于信用证项下的出口业务。

当申请人（信用证受益人）按信用证发货后所提供的出口单据与信用证条款不一致时，申请人可以要求使用这额度先获得出口单据融资。当然，在提供融资前，银行必须审查开证行的信用额度。

在一般正常贸易情况下，信用证申请人（进口商）都会接受单据的不符点而付款，因为他希望完成这项交易和拿到货物。因此，这项担保偿还额度都会被视为风险比较低的额度。当不符点单据被兑付后，银行便应当自动冲销先前所使用的相关单据额度。

2. 出口单据贷款（Advance on Bills）额度

出口单据贷款额度是指按申请人的信用情况或抵押品核定一个在规定时间内可以循环使用的出口单据贷款额度。这额度只限用于信用证项下的出口业务。

当申请人（信用证受益人）按信用证发货后提交单据相符单据时，融资银行内部因为开证行的不良信用或其他原因，并未设定相关信用证出口业务额度，申请人又急需先拿到资金，便可以向授予额度的融资银行申请使用这一额度。

当融资银行收到开证行的付款后便应当自动冲销先前所使用的相关单据额度。

四、信保短险融资

已投保短期出口信用保险的出口贸易，都可以以信用保险权益转让的方式提供融资服务给出口商。融资可以有追索权或没有追索权，由出口商与融资银行商议进行。可以做信保短险融资业务的条件是：

①信用良好和具备出口履约能力的出口企业向银行申请短期融资额度；

②信保融资业务可在 D/P、D/A、O/A 结算方式下办理；

③出口企业/银行/保险公司三方签订赔款转让协议将保险项下赔款权益转让给提供融资的银行；

④融资金额为出口发票金额的 80%；

⑤货物出运后待收到保险公司的承保情况通知书后放款；
⑥提款可以是多样化的，包括银行承兑汇票、进口开证等；
⑦出口收汇入专用账户管理。

风险点

①进、出口商的信用，贸易纠纷；
②保险公司信用，处理赔偿时间长；
③三方协议手续比较烦琐。

第四节　对进口商的短期贸易融资

按不同的进口结算方式，亦可分为预先付款/赊账、进口托收和信用证三大类。

一、预先付款/赊账结算的融资

预先付款/赊账结算的融资是指一种提供给进口商需要营运资金来预先付款购买货物或是在货物未卖出前需要资金在赊账到期时结算的贷款。它可以是营运资金贷款、临时贷款或透支等。

这种贷款是按照企业的信用或用其他抵押品方式再加上进口商的现金流量情况来核定额度。额度在规定时间内循环使用，每月付息，由于这种贷款并没有用进口的商品作为抵押和还款，不是在每一笔进口商品卖出和收到货款后自动冲减，所以融资成本较高。

在赊账结算的方式下，存货质押贷款亦适用于对进口商的融资。同时，亦可以考虑单一商品的存货质押贷款或长期固定性商品的质押贷款。当然，叙做单一商品质押贷款手续及存货管理都比较容易，因为是按指定某一笔交易来进行的。但长期固定性商品贷款比较复杂，不单要对货物进出仓库有严格的管理，还要定时核查货物存仓数量、市场价值，以及留意货物质量的变化等。其处理方式与对出口商的存货质押贷款相同。

二、进口托收结算的融资

在第二章中我们曾经讨论托收结算可以用付款交单或承兑交单方式，当使用付款交单方式结算时，若进口商并没有足够的资金，他就不能进行付款，凭运输单据提货。如果他急需货物便需要向银行提出融资要求。

（一）进口押汇（Advance Against Import Collection Bills）

进口押汇是指在付款交单的托收结算业务下，代收行接受了进口商的押汇申请，代为垫付资金以结算进口单据款项。在叙做进口押汇时，一般都需要进口商签署信托收据，在名义上为银行保管货物直至贷款还清为止。

虽然进口商签署了信托收据来申请这种贷款，但还是要按照进口商的信用或用其他抵押品方式来核定额度。因为，信托收据只名义上为银行保管货物，而实际上货物可能已经不存在或混合在其他生产过程中，不可能再清楚找到了。所以，当进口商不能还款时，银行凭信托收据也不能拿回相关的货物。除非进口货物都有单独的识别号码。例如进口汽车，每辆车的发动机（引擎）都有独立的号码。

批出的额度一般会在规定时间内循环使用，而最长的融资期限都会在90天内（除非在特别情况下或其他特殊的季节性商品，可能会提供长达180天的融资）。此外，必须是要有真正贸易背景的进口押汇而绝非融资性的贷款。

如果托收是承兑交单的话就不可能有进口押汇的出现。因为，在进口商承兑后，所有单据都会被释放给进口商，包括运输单据。之后，进口商就可以提取货物待汇票到期时付款。如到期时进口商不能付款，代收行并没有责任代为垫付。若进口商愿意付款而向银行申请贷款时，银行只能按特殊情况考虑是否批出特殊及单一的贷款。

风险点

①进口商信用；

②没有控制货权（需要签订提货担保和信托收据）；

③内销或出口的市场风险。

（二）提货担保（Shipping Guarantee）

在国际贸易中，经常会出现货物早于单据抵达的情况。例如，用空运或运输距离很近时，如进口商急着提货，可以向银行申请开出由银行担保的提货。由进口商与银行或者单独由银行出具书面担保，向船公司借出货物并保证当单据到达之后，用正本提单向船公司赎回担保函，并对船公司不凭提单放货而可能引起的一切赔偿和损失，承担赔偿责任。

在进口托收业务中提供提货担保融资，银行所承担的风险是多方面而且是高风险的。银行不单要承担进口商不付款的风险，还要对丧失货物所有权风险及船公司不确定的或有风险承担不能撤销的保证。

因此，除了对按进口商信用或用其他抵押品的情况来核定额度之外，在叙做每一笔提货担保时需要进口商同时签署信托收据并对单笔交易的详情，例如发票金额、提单资料、托收面函和托收银行资料等必须清楚了解和确认。有需要时，可以发电到托收银行查询以核实资料正确无误。

当收到单据后，进口商必须按指定的托收方式结算，提单由银行抽起寄到船公司赎回担保函。在未收回给船公司的担保函之前，担保金额不能在额度内立即冲销。一般银行会将信托收据和担保提货合并在一个额度内。

三、信用证结算的融资

按照信用证的操作流程，对进口商的融资可以是买卖合同签署后货物到达前开出的信用证（Issuing Letter of Credit）、货物到达后的提货担保（Shipping Guarantee）、信托收据（Trust Receipt）、进口承兑（Acceptance，包括承兑信用证和延期付款信用证）、货物质押贷款（Advance on Merchandise）和信用证再融资（L/C Refinance）等。

（一）开立信用证额度（Issuing Letter of Credit）

信用证是以银行信用作为进口商的付款保证，只要信用证受益人按信用证条款提交单证相符的单据，开证银行承担第一位的付款责任，因此，要接受进口商的申请而开出信用证必须要对进口商事先核定开证额度。银行会根据进口商的信用状况、抵押品价值、贸易背景和贸易量等来核定接受额度。一般额度是在规定时间内循环使用，但遇到单笔业务金额超出额度时，可以为这单笔业务核定一次性的特殊开证额度。

当进口货物用于国内销售时，应销售商的要求并以其信用为基础，开立以进口商为收款人的银行承兑汇票，以此将进口的业务与进口商国内销售的业务实现紧密结合的融资方式。其风险在于控制经销商的信用，没有控制货权的处理和内销市场情况，最好将销售回收款直接入专户账，加强监管。

开出信用证只是银行的或有负债，要到受益人真正符合信用证条款提交单据后，开证行才实际负上付款的责任。如果受益人一天不交单或交单不符，开证行就没有责任要付款。虽然如此，银行在批出开证额度时，必须同时考虑将来相符单据提交后，进口商的融资需求。

目前，有些银行只是收取进口商部分（10%或20%）押金（Margin）便同意为进口商开证，深信进口商在相符单据到达后有足够的资金付款。这种做法是非常危险的，因为开出的信用证是银行的信用，万一相符的单据到达后，进口商因为各种各样的原因不能或不愿意付款赎单时，开证行便只能垫付款项而造成日后的损失。所以，银行考虑批出开证额度时必须要与其他额度一并考虑和在同一额度下合并使用。

（二）提货担保

提货担保与进口托收业务的提货担保相似，但风险性较低。因为，所有交易的资料都已经在开证时获得并确保交易在双方签订的买卖合同基础下进行和同时签署信托收据。一般用于近洋运输中，货物早于运输单据到达，有先行提货需求的进口企业。

在提货担保签发及货物提取后，就算将来收到的单据上有不符点，开证行及进口商都不能拒绝付款。所以，有些开证行在签发提货担保后，单据到达时不会进行审单而直接进入结算程序。

风险点

①进口商信用；

②提货担保可以是高风险的业务，因为担保是没有期限和金额的，必

须小心处理；

③没有控制货权（需要签订信托收据）；

④正本单据中的提单要用作赎回给运输公司的担保。

（三）信托收据（Trust Receipt）

在相符单据到达时，开证行必须按兑用方式来付款/承兑/接受（延期付款信用证），然后持有货权和单据。进口商可以凭付款（即期付款）或信托收据来换取单据和提取货物。

信托收据实际上是将相关货物抵押给银行的确认书，进口商只是作为银行的受托人代为保管进口货物，直至进口货物款项结清为止。

在信托收据上一般都会说明进口商以银行的名义将货物存仓，安排出售和货物出售后的款项属于银行等。但实际上，所有上述行为银行都很难去控制。所以，银行仅凭一纸信托收据便将物权单据释放是依赖于进口商的信用。

一般情况下信托收据与担保提货共用一个额度，通常按一定的比例包括在信用证额度内，一般都在60%~70%，而融资期限会在90天至180天不等，要视进口商的经营范围、商品类别、行业习惯和资金周转速度等来决定。

（四）进口承兑（Acceptance）

在承兑信用证项下，当开证行收到相符单据后，必须要对提交单据的银行或信用证受益人做出承兑，承诺在到期时，兑付单据款项。至于延期付款信用证虽然开证行不需要作出承兑行为，但在道义上也必须通知提交单据银行接受其单据并确认单据的到期日。在到期日按信用证责任付款。

信用证申请人在单据未到期前不需要付款，只需要向开证行做出承兑或接受单据声明（通知）便可以拿到所有单据然后提货。虽然有些开证行会要求申请人同时提交信托收据才释放单据，但这也只是凭申请人的信用行为或其他抵押品来核定给申请人的进口承兑额度，并不是以信用证项下货品作质押。

一般情况下，提货担保，信托收据及进口承兑都会合用同一额度附于信用证额度内。举例如下：

开信用证额度=1 200万美元（其中最高800万美元可用作提货担保，

信托收据或进口承兑之用)。

银行也可以应进口商要求，按汇票金额向出口商即期付款，然后由进口商在汇票到期时偿还本金和贴现利息；或应出口商要求，由出口商来承担利息的贴现，那么，银行在扣除贴现利息后向出口商无追索的即期付款条件是：

①进口商是信用良好的优质客户有综合授信额度；

②开出远期信用证，同时确定利息谁付和期限；

③一般为短期融资。

（五）货物质押贷款（Advance on Merchandise）

在信用证业务中，如果申请人（进口商）只有开证额度而没有其他如信托收据等额度，开出的即期付款信用证在相符单据到达时就要付款赎单。如果进口商当时并没有足够的资金缴付，这也是一个可考虑的融资方法。

货物质押贷款是指以融资银行的名义将进口的货物存仓，之后用存仓货物作为抵押从银行融出资金缴付信用证或进口托收的款项。银行委托专业物流公司进行监管，借款企业/银行/物流公司签订三方监管协议和银行持有代表物权的单据。

这种融资方式也适用于付款交单的进口托收业务。当进口商在进口托收或进口信用证业务下不能获得银行给予相应融资额度时，对付款交单的托收和即期付款信用证就只能用此质押贷款方式将货物抵押给银行才能获得贷款来对出口商付款。然后拿到单据及提货后，以银行名义存仓，使银行成为货物的物主。在货物售出后，以获得的款项偿还银行的贷款。当然，在释放货物拥有权和收到卖出货物所得款项的过程中，融资银行必须要有严密的程序来监控整个过程，避免货权释放但货款收不到的风险。

风险点

①物流公司信用，声誉和能力；

②进、出口商信用；

③货物的市场价值变动；

④紧盯仓租和保险费的及时缴付；

⑤严密监控出仓货物的回收款项，应该采用专用账户处理。

相关案例 2

一家著名的化工产品公司（B 公司）想与一家贸易公司（A 公司）合作。B 公司告知 A 公司它在仓库中存有一批价值 1 000 万美元的塑胶树脂。为了要粉饰年度前的财务报表，公司希望在两个月内将所有存货出售。B 公司说自己其实有一个固定的买家，但该买家只能按每月一次的方式分 6 次全购所有存货，故 B 公司向 A 公司建议下述方案：

A 公司与其银行安排开出一张以 B 公司为受益人的信用证。信用证是见单后 180 天内以议付方式兑用的形式。当 B 公司做了相符的提交就可以议付单据将存货转变成现金。

B 公司表明会介绍最终买家给 A 公司。最终买家会与 A 公司签订购货合同，表明最终买家会以每月一次，分 6 次用货到付款的方式购买那 1 000 万美元的产品。这样，当远期信用证到期时，A 公司就会有 1 000 万美元现金去偿还远期信用证的债项。

再则，仓库单保证有关货物会质押给开证行作为担保，货物随时可以在市场上出售。

最重要的是，为了上述的融资和贸易安排，B 公司愿意提供一个相当可观的利润宽度给 A 公司。

A 公司评估了此交易之后得出结论是此为一个可行的交易。因此，A 公司与其银行安排大幅度增加开出远期信用证的额度并开出来信用证给 B 公司。

但在第一次和第二次分期购买到期时，最终买家并没有去购买货物。A 公司和其银行因此决定去货仓对货物进行实地检查。当他们在午膳时间到达货仓时，一个自称是货仓经理的人在货仓门口迎接他们，然后指给他们看那些货物，与在信用证上描述的货物完全一致。

两个月之后，最终买家还是没有出现。A 公司和他的银行开始担心交易出了问题。他们决定再次到货仓去查究货物的情况。但当他们要求会见第一次见到的货仓经理时，被告知并没有这个人在货仓工作。第一次来看到的货物已经不在。货仓主管确认他们曾经储存过 A 公司描述的货物，但那些货物是属于另外一家公司的。银行向货仓主管出示他所持有的货仓单，货仓主管发现那只是 B 公司出具给货仓的书面指示，并不是货仓出具的证明已收到和存仓的货仓单。这显示出这是B公司主管所设计的欺诈。

此案例说明当显示交易条件太好时建议务必格外小心地查证是否是真正交易。

（六）信用证再融资（LC Refinance）

信用证再融资是指开证银行以自身的信用为本身信用证申请人找寻第三方，对开证银行开出的信用证提供再融资的方式。

1. 信用证再融资的作用

①当开证银行本身资金比较紧张不能提供适当的融资服务给申请人时，或其资金成本比较高而争取不到申请人在其银行开证及获得其融资服务时使用第三方较为适当及便宜的融资服务。

②将买卖合同中远期付款条件改为即期付款而令货价降低，进口商利用开证行的信用而获得第三方的融资来进行即期付款。举例来说，进口商从出口商处购买100吨羊毛，如果是用即期付款信用证付款，每吨为1 000美元；如果用提单90天后付款的承兑信用证，每吨为1 020美元（出口商使用其往来银行的出口买单融资可以在发货后即时收到货款）。

如果进口商没有足够的资金能开出即期信用证的话，进口羊毛的价格就只能是每吨1 020.00美元。如果进口商的往来银行也没有足够的资金，但可以找到第三方提供年利率5%的融资，便可以开出即期付款信用证，那么进口商所要付的价格仅为每吨1 012.50美元，即1 000.00 +（1 000 ×5% ×90）/360美元。每吨便宜了7.50美元。因此，在较低的融资成本下仍然可享用提单90天后付款的融资安排。

2. 信用证再融资的业务流程（图5－1）

①进、出口商签订买卖合同，采用即期付款信用证方式结算；

②进口商向其往来银行申请开出即期付款信用证，并说明需要90天融资；

③开证行开出即期信用证，通过其代理行通知出口商，同时与融资银行联络安排90天融资并签订信用证再融资协议书（海外代付协议书）；

④通知行将信用证通知出口商；

⑤出口商发货；

⑥出口商将单据按信用证条款提交；

⑦议付行将单据寄给开证行要求即时付款；

⑧开证行通知融资银行收到相符单据，并根据协议书规定提交融资申请要求其按提交单据面函上指示付款；

⑨融资银行按指示付款，议付行收到款项后冲销已议付单据或将款项解付给出口商如单据之前并未被议付；

⑩90 天后，进口商向开证行付款，开证行就将款项偿还给融资银行。

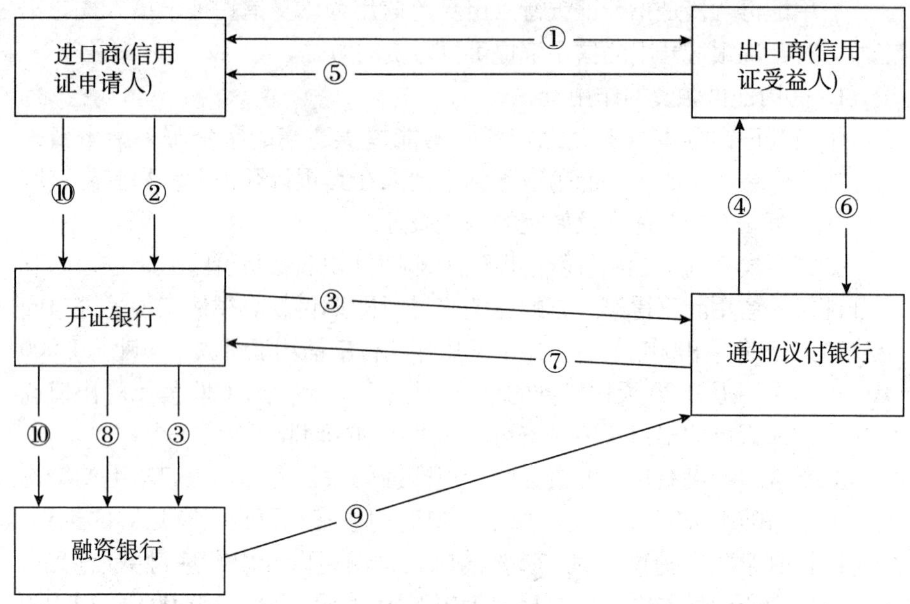

图 5－1　信用证再融资流程

目前，再融资服务不单只在信用证项下进行，有一些融资银行也可以提供再融资给其他金融机构的进口企业——当进口贸易是用单到即付（电汇付款）或托收的即期付款交单方式结算时。

3. T/T 代付和托收代付的再融资

这些被称为“T/T 代付”和“托收代付”的再融资服务在风险，操作程序等方面其实与信用证代付是大同小异的，再融资银行要承担的都只是要求融资的金融机构（借款人）的风险，而其他文件和 SWIFT 电文较信用证代付更为简单。其业务流程如下（图 5－2）：

①进、出口商签订买卖合同，采用单到即付（电汇付款）或托收的即期付款交单方式结算；

②出口商发货，出口商将单据按买卖合同条款提交；

③进口商向其往来银行申请 90 天融资；

④进口商往来银行与融资银行联络安排 90 天期融资并签订融资协议书；

⑤融资银行按指示付款，如果是托收结算，就将款项付给单据提交行；如果是赊账方式结算，就将款项电汇给出口商；

⑥90 天后，进口商向其往来银行付款，进口商往来银行就将款项偿还给融资银行。

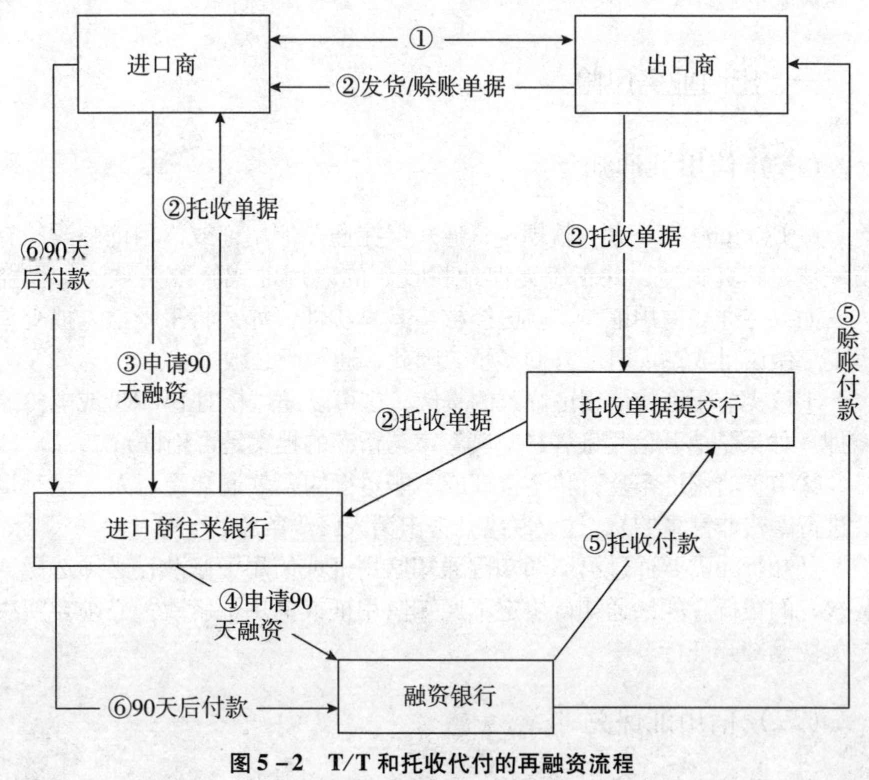

图 5－2　T/T 和托收代付的再融资流程

第五节　国际贸易融资操作风险

在第一章中简论国际贸易时已经指出国际贸易融资有非常复杂的结

构，它不单涉及很多有关联的当事人（如买方、卖方、银行、保险公司、运输公司、船东、代理等），而且整个贸易过程的很多环节还涉及不同国家（地区）的法律、文化和习惯。因此，需要有专门知识和技能的专业人员来操作。尽管如此，操作人员的一时疏忽都会对银行和进出口商造成很大的伤害。尤其是当银行对那笔业务提供了融资，收不回的风险就大大地提高了。因此，在叙做国际贸易融资业务时，操作风险也是不能忽略的。所以，在这一节中，将集中讨论银行在进出口业务操作和融资过程中所面对的风险问题。

一、出口业务风险

（一）信用证通知

按 UCP 600 第 9 条 c 款规定，通知行在通知信用证或信用证修改前有责任核实其真实性，并正确无误地将收到的信用证或修改条款通知受益人。如果在通知信用证前，就已经核实其真实性，那么将来受益人提交单据要求做议付或贴现时就方便多了。因此，通知行必须：

①核实信用证或信用证修改的真伪，这可以通过核对 SWIFT 或电传的密押（如果是信开信用证，核对其签字与留存的档案是否相符）；

②审查信用证条款，将不合理或不能履行的条款通知受益人（这对日后进行融资非常重要），建议联络开证申请人修改条款。

通知行如需要通过第二通知行通知信用证或信用证修改，必须选择声誉较好的银行。如果通知行决定不通知信用证或信用证修改，必须要将决定尽快通知开证行。

（二）信用证保兑

按 UCP 600 第 8 条 b 款规定，保兑行在信用证上加保后必须要对提交的相符单据负上没有追索权的付款或议付责任。因此，保兑行必须在加保前确认开证行的信用并对其有授信额度，审查国家风险是否可以被接受，审查信用证内容（必须要有清楚和明确的偿付指令和途径）和审查信用证其他条款是否可接受。在加保后，尽快通知开证行信用证已被加保。

如果接受受益人要求在信用证上加“暗保（Silent Confirmation）”，上述审查也是必需的。而且，按每笔业务的情况草拟双方均能接受的暗保条款。暗保与明保（Open Confirmation）的最大区别是在暗保业务过程中，开证行可以是不知情的，而且开证行并未授权加保银行保兑其信用证。在这种情况下，保兑行（暗保行）承担较大的风险，尤其是在欺诈发生时。

（三）打包放款

1. 打包放款的注意事项

需要为出口商提供信用证项下出口前融资的打包放款时，融资银行需要：

①信用证及其修改必须要通过融资银行通知；

②在融资银行内留存信用证及其修改的正本；

③审查并确认开证行的信用及核有额度；

④审查能否接受进口国的国家风险；

⑤审查信用证的所有条款，对下述条款提出修改要求：不合理的和不能履行的条款；不能拥有货权的运输单据；信用证到期地是开证行的柜台。

当需要叙做打包放款时，最高的放款额应该是信用证金额的60%，最长还款期是180天。

2. 打包放款的风险

传统上，打包放款（即出口前融资）的主要风险在于借款人可能会利用这借来的款项作其他而不是叙做了打包放款的有关信用证所要求的购买、生产、存仓、保险及/或出售前的准备或货运。

除了履行风险外，融资银行也会面对倒闭风险，因为基于打包放款业务量多而且相对贷款期间较短，所以习惯上不会去登记信用证让渡。因此，就算借款人发了货但融资银行在议付提交单据之前倒闭了，清盘人可能会提出争议，认为融资银行未达到成为有抵押债权人的条件或信用证让渡对清盘人或其他债权人不生效，因为让渡并未被登记。

相关案例3

一家公司从他的银行获得一笔打包放款的贷款并执行了信用证款项让渡。融资银行在中国香港的公司注册处登记了此让渡。但借款人并没有将该款项支付给在中国内地制造这批货物的厂商。因此厂商停止发运后来的货物。

借款人了解到，如果他按出口信用证来提交单据，融资银行就会用该信用证款项来偿还打包放款，这样他就没有钱支付给在中国内地的厂商。为了说服中国内地的厂商继续发货给买家，借款人与买家达成协议，他不会用该信用证（信用证已过期）来提取款项，并且所有以前发了货的付款都会被汇去买家在香港的购货代理。借款人之后出具一份不可撤销的指令给那购货代理，确认购货代理可以将从买家收到的款项的80%直接汇给在中国内地的厂商，余下的就付给借款人。当中国内地的厂商与购货代理确认了此安排后，基于认为所有香港借款人的欠款都能从这新安排的款项中得到偿还，所以继续发运货物给买家。

融资银行后来发现了这个安排，就立即向购货代理采取行动，但融资银行所获得的让渡只限于信用证款项，融资银行可能并没有任何抵押性权益在买家的购货付款。如果融资银行从借款人处获得的是复合抵押性让渡（Composite Security Assignment），包括：①有关的销售合同（包括应收账款）；②出口信用证及销售合同下的货物扣押、权利、利益和权益，融资银行就会有比中国内地厂商更好的位置去争取购货代理所收到的销售款项。

此案例说明了批出打包放款给不诚实商人的风险和利用正确撰写的抵押文件来降低这种风险的重要性。

（四）信用证项下的审单和寄单

1. 信用证单据审查

①按最新的UCP 600和ISBP 681的标准执行；

②不要接受到期地是开证/保兑行柜台的信用证；

③不要接受迂回路线偿付的信用证；

④紧贴跟进信用证到期日之前准备好所有相符单据。

2. 制作面函

①按UCP 600第29条b款规定，如果受益人在顺延后的第一个银行工作日交单，提交行必须要在其致开证行或保兑行的面函中声明交单是在根据第29条a款顺延的期限内提交的；

②千万不要倒写面函日期，案例“Standard Chartered Bank v Pakistan National Shipping Corp［2002］（England）”。

3. 寄单

①按信用证上指示寄单；

②如果是转让信用证，单据应当寄给转让行，除非有其他特别的指令。

（五）信用证议付

1. 信用证议付的注意事项

虽然议付一般对出口商都有追索权，除非是议付行的疏忽责任造成拒付或议付行保兑了信用证，但议付行在进行议付前，必须要：

①审查信用证的真伪，一般不接受直接送交受益人，不通过银行作为通知的信用证；

②审查开证行或保兑行的信用和授信额度；

③有担保才接受不符点单据；

④留意信用证的到期日和地点；

⑤留意议付行在不同兑用方式的信用证下的权利；

⑥考虑应否要求开证/承兑行将承兑后的汇票寄给自己。

在习惯性的银行实务中，银行在进行信用证议付前或在开始与企业进行进出口业务前都要求企业（出口商）签署一份进出口贸易协议书（Trade Finance Agreement），意在说明银行与企业在进出口业务发生的过程中，各方的责任、权利和义务，并且明确说明议付对出口商有追索权。同时，在银行提供融资后，不管双方有否签订货物抵押合同，货物的拥有权属于银行，直至融资本金和利息获得全数偿还为止。

2. 如何降低出口信用证或单据托收融资的风险

（1）出口信用证融资

如果融资银行符合 UCP 600 第 12 条 b 款规定，就有权获得开证行或保兑行的偿付。就算受益人后来倒闭了都不会改变上述的规定，因为融资银行已经从受益人购买了有关的权利、权益和利益（即这些都不再是受益人的资产）。然而如果受益人并不需要融资或信用证款项在受益人倒闭后从开证行收到，提交行在这款项上就没有了抵押性利益，即使受益人可能会欠提交行其他债务。

（2）出口单据托收

很多银行都为出口的见单即付或承兑交单托收提供融资，一般都是没有担保的。因此，如果出口商日后倒闭了，融资银行可能对托收款项不能拥有任何抵押性利益。

越来越多的金融机构开始意识到有关风险。融资银行可以要求出口商将他所有在出口信用证和托收单据中的权利、权益、身份和利益让渡给融资银行，这样就算出口商日后倒闭，融资银行也能在信用证和托收款项中获得优先的地位，这一保障包括没有叙做融资的信用证提交给开证行和叙做了打包放款的出口信用证。这会大幅度加强对融资银行/提交行的保障力度。此外，这样的抵押性让渡也可以包括存款的扣押，因此任何存放在银行用以支持开出进口信用证的保证金存款也会是抵押品的一部分。

（六）出口托收

如果出口商要求贴现 D/P 或 D/A 单据，融资银行必须审查其是否有足够的贴现额度和单一进口商额度。对 D/A 单据的融资一定要在进口商承兑了之后才可以叙做，而承兑电文必须由托收银行发出，而且是加押电文。

如果额度条件需要投保出口保险的话，必须审查出口保险合约的有效性。在这里要留意的是，有时出口商不一定将所有的出口托收都做贴现，因此，有可能出口商已发了超出保险最高单一进口商额度的货物给单一进口商，因而做成叙做贴现的这批货物已不能受到保单的保障。所以，银行需要先获得出口保险公司确认这一批货物是在受保的范围内才叙做贴现融资。

（七）贴现汇票，本票或支票

出口商如果接受赊账的贸易结算方式，就会收到进口商及/或其银行的汇票、本票或支票，若融资银行需要提供贴现服务，下述要点必须审慎处理：

①票据的真伪是最难克服的问题，因为每个国家，每家银行，它们的票据式样都不相同，这就需要凭借经验和以往的记录来判断。因此，建议提供贴现的银行首先核对发出票据单位的有效签字或通过 SWIFT 电文由发出本票的银行来确认本票的真实性，然后加上出口商提供的发票来推断票据的真伪。当然在此问题上更多考虑的是出口商的诚信。

②票据的有效背书和转让，因为提供融资的银行必须要拥有票据的

所有权利。在叙做贴现前必须要确认有足够的贴现额度和单一付款方（Drawee）的额度，最长的贴现期限一般在90天内。贴现完成后，票据必须要留存在融资银行的保险库内，待到期时向付款方提交及要求付款。

二、进口业务风险

（一）开立信用证

在开出信用证前，开证行必须要审核申请人（进口商）的额度是否足够或以存款抵押方式申请开证时存款金额与信用证金额的比例是否适当。同时，必须要求进口商签署“进出口贸易协议书”或“抵押函（Letter of Pledge）”。在审查开证申请书时，必须要留意下述要点：

①信用证条款必须要清楚，不能含糊，并确保没有互相冲突的条款；

②运费、保险费承担方式，如果属于FOB，申请人必须同时提交保险单；

③货物拥有权必须由银行持有（除非在特别情况下），而且全套运输单据必须要通过银行提交，以保障货物不会在信用证款项未付或未承兑前被进口商或第三方提走；

④开出信用证项下进口的货物必须要与进口方经营的业务有关，避免开出纯融资没有贸易背景的信用证；

⑤进口的货物是否需要各政府部门的批准文件，如进口许可证、产地证、卫生/健康证明等；

⑥如果开出的是偿付信用证，开证行必须在开证同时向偿付行发出偿付指令，避免日后忘记发偿付指令而引起受益人追讨迟付利息的赔偿。

（二）提货担保

在签署提货担保前，银行必须要审核申请人（进口商）的额度是否足够或如果以存款抵押方式申请时，存款金额与提货担保货物总价值的比例是否适当。同时，申请人必须提交担保赔偿函和信托收据。在审查申请时，必须留意下述事项：

①提交发票副本，并核对发票金额是否与担保提货金额相符；

②如果是在信用证项下的提货担保，检查发票内容是否与信用证内容

一致；

③如果不是在信用证项下的提货担保，申请人必须同时提交出口商所提供的发货通知书（Shipment Advice）。

当收到单据时（一般在30天之内），将提单寄送给运输公司赎回提货担保和冲销担保提货额度。

（三）信托收据贷款

在提供信托收据贷款前，银行必须审核申请人（进口商）的额度是否足够。同时，申请人必须提交信托收据贷款申请。在审查申请时，必须留意下述事项：

①如果是信用证项下的信托收据贷款，申请金额必须与进口单据金额相符，否则，进口商必须要用其他资金来补足差额；

②如果只是见单即付进口托收项下，检查发票内容是否与信托收据一致；

③当单据到达时如果之前已经签署过提货担保，就必须将提单抽出，寄到运输公司赎回担保函，其余单据释放给申请人。

当贷款完成后，按信用证的条款和提交单据银行的指示付款。在贷款到期前，通知借款人在到期日还本付息。

（四）承兑

在远期承兑信用证和承兑交单的托收业务项下，进口商都要对所提交的汇票承兑之后才可以拿到所有出口商提交的单据。在信用证项下，承兑之后开证行在到期日就有责任付款，所以，在开证行通知提交单据银行或议付行单据已被承兑信息前必须要确认：

①有足够的额度给进口商；

②进口商在汇票上承兑（或由开证行或其他指定银行承兑汇票）并提交信托收据说明在货款未付清前，进口商只是为开证行保管货物，物权还属开证行。

最后，在承兑到期日按提交单据银行或议付行指示付款。但如果只是托收项下业务，进口商在到期日不付款，托收银行是没有责任付款的，只需要将实情通知单据提交行。

（五）进口审单

银行在信用证业务中处理的是单据而不是货物，因此，开证行有责任确保所提交的单据是与信用证条款一致的。按照 UCP 600 的规定，银行有 5 个银行工作日去审核单据，如果发现了不符点必须要立即通知提交行（在收到单据的 5 个银行工作日内），同时通知提交行留存单据等待提交行指令。

需要注意的是虽然规定在 5 个银行工作日内必须要完成审核单据和通知不符点，但如果单据是非常简单的，开证行不一定需要 5 个银行工作日便可完成单据审核工作。在这种情况下，开证行是否被容许在最后一天才通知提交行单据不符呢？

虽然，在新的 UCP 600 条款内删除了“合理时间”的字眼，但若问题发生时，会否被质疑采用 5 个银行工作日去审核一份简单的单据是太长或不合理是未知的。因此，建议在审核单据发现不符点后应该尽快通知交单银行，延误通知有可能造成风险。

对已签发提货担保的进口单据，银行一般都不会再审核，因为就算发现单据有不符点，银行都不能拒付。原因是货物已经由银行担保而被信用证申请人提走，不管单据是否有不符点银行都必须承担信用证单据的付款责任。

（六）保付（Avalisation）

保付是指银行对以进口商为付款人的汇票进行付款保证。在提供保证前，银行必须确认：

①对进口商有足够的额度；

②出口地国家和货物种类是可以接受的，进口国政府并没有任何的限制；

③付款货币是流通货币，而且，在到期付款时不会有外汇管制而不能对外付款；

④记录到期付款日，并在到期前通知进口商安排付款。

（七）进口发票融资（Invoice Financing）

在进口发票融资业务下，获得一份借款人签署的信托收据并不会增强融资银行的地位，除非是有效的质押。

一些银行认为进口发票融资比出口发票融资风险较低，因为前者需要多方的合作去提供他们的发票，但所有出口发票都是由借款人所做的。

然而，在一宗破产案中，当清盘人接管公司时，他们发现一些进口发票的样板存放在借款人的电脑内，用来制造虚假的进口发票去欺骗融资银行。

按照英国和我国香港地区的法律，以货物作为担保可以抵押。在法律上，接受抵押的人不管实质或解释性地拥有货物就构成有效的抵押。持有全套正本提单注明银行是收货人或注明由托运人指定，空白背书，就视为指出货物的拥有。因此，当银行获得全套正本提单时，抵押就已经形成。银行可以释放货物（通知释放正本提单）给借款人作为银行的信托人，令借款人出售货物然后将款项偿还给银行。

信托收据证实了借款人与银行之间的信托安排。但信托安排本身并不给予银行利益的保障。只有抵押才能给予银行对货物权益的保障。因此，如果一份正本提单（以申请人或托运人的指示人为收货人，而且空白背书）直接送交申请人，银行就会被视为不拥有货物，所以，不能产生有效的抵押。因此，只持有一份信托收据或抵押协议书，而并没有拥有货物不会给予银行任何对货物的权益保障。

当进出口商不采用托收或信用证方式结算时，货品提单和发票就可能由出口商直接寄交进口商。如果进口商凭进口发票要求银行提供融资，然后付款给出口商时，融资银行必须要注意以下事项：

①进口商有足够的额度来提供进口贷款；

②进口商签署信托收据或将货物以银行的名义存仓并购买适当的保险；

③留意货物的类型来选择适当的仓库；

④关注货物的销售情况以确保贷款能及时偿还；

⑤利用每次销售的货款偿还相应金额的贷款。

（八）信用证再融资（L/C Refinancing）

有些地区称这种业务为“海外代付”，意思是指开证银行因为某些原因在信用证单据到期时不能付款而要求预先安排好的海外代理行代为先付款，然后在一定时间后再将款项归还给海外代理行。如果你是提供代付的海外代理行，在叙做代付之前，必须要与开证银行签订海外代付协议书，明确双方的责任与义务，开证行保证在代付到期时将本金和利息偿还给代付行。叙做代付时要注意以下事项：

①对开证银行设有额度，并在额度内使用海外代付；

②对信用证条款进行审查以确保其可以使用海外代付方式付款，同时信用证是属于有真实贸易背景的，一般融资银行不会考虑提供融资给只属融资性质（没有真实贸易背景）的信用证；

③融资款项由代开证行直接付给提交单据的银行或议付行，不能付给开证行；

④贷款期限应视货物的种类由开证行与融资银行协商，一般在90天到180天之间，不应当为投机性的预测外汇升/贬值来提供融资；

⑤在贷款到期前数天发通知给开证行，提醒其应在到期日偿还本金和利息。

（九）背对背信用证

背对背信用证的条款大都是按母信用证（Master L/C）的条款开立，因此，在开出子信用证（baby L/C）前必须要详细审查母信用证的所有条款以确保所有条款都能够接受和履行，包括开证银行的风险。因为，按子信用证条款提交的相符单据必须要能转化为母信用证单据而且不出现与母信用证条款不符的情况。同时，对子信用证申请人（中间商“trader”）要设有开证额度，在额度内开出子信用证并将母信用证留存以便将来凭母信用证提交出口单据。利用出口单据款项来偿付子信用证的提款。

在整个母信用证和子信用证的操作过程中，必须要严谨掌控时间、单据审阅等以保证符合母信用证的所有要求而获得款项和为中间商节省利息支出。

三、出口信用保险

出口信用保险承保因出口放账于海外买家，有未能收回应收账款的风险。出口商以付款交单、承兑交单或赊账等放账付款方式进行贸易时，出口商不但要面对未能收回账款的风险，而且买家所在地国家的政治、社会及商业因素亦会影响买家的付款能力。因此，出口信用保险应运而生。

另外，当与风险高的国家或地区进行贸易时，虽然用信用证结算居多，但为了防范各种风险，出口商也可以向出口信用保险局投买国家或开证行风险。

（一）承保风险类别

1. 买家风险

①无力偿还货款及破产；

②买家收货后拖欠货款；

③货物付运后，买家拒绝提货。

2. 国家风险

①外汇禁制及阻延；

②入口证被取消；

③货物被禁入口；

④延迟偿还外债；

⑤战争、革命、暴动及天灾等。

（二）出口信用保险功能

1. 风险评估及监控服务

信用保险公司会调查买家的背景资料，并根据买家的信贷状况而审批信用限额。信用保险公司会通过各地的信用调查公司、银行及其他信用保险机构所组成的国际网络，监控买家的信用状况及诚信表现，并与其保持紧密联系，定期更新买家的信贷资料告知出口商，使出口商可安心地进行放账交易。

2. 出口单据贴现抵押

保户只需通过授权书将保单的赔偿权益转予银行，令银行同时得到保单的保障，便可取得出口融资。

3. 协助减少损失

信用保险公司一般与世界各地的众多律师及债务追讨公司保持紧密联系，在解决付款困难方面经验丰富，绝对可以协助保户解决买家拖欠款项的问题，并能提供适当的建议防止或减少损失。

（三）索取赔偿

保户必须在保单指定的时间内提出赔偿申请。一般而言，保户必须于赔偿等候期后方可获得赔偿。下列为信用保险公司处理赔款的一般安排：

①如买家无力偿还债务或破产——尽快作出赔偿；

②如买家在提取及接纳有关货物后，未能依期付款——则在付款期限后 4 个月作出赔偿；

③如买家拒绝提货——一般会在货物转卖后尽快作出赔偿；

④如发生外汇阻延——一般会在买家以当地币值存入银行日期的 4 个月后或付款期限 4 个月后，以二者的较后日期为准作出赔偿（某些国家的赔偿等候期可能会较长）；

⑤至于其他事项——一般会在有关风险发生后 4 个月赔偿，但信用保险公司必须能够在赔偿日之前确定损失数额。

第六章 中、长期贸易融资

我们在第五章中已经介绍了很多进、出口商的短期融资方式。但在国际贸易中亦包含很多金额巨大、时间很长以及与高风险地区进行的贸易。而这些贸易的融资一般很难在传统融资方式中找到合适的方式或者没有足够的额度，所以就需要利用特殊的融资方式来解决。因此，在本章中我们将讨论一些非传统、中长期的贸易融资。

第一节　长期低息融资

一般长期低息融资都是由本国政府所支持的，目的是增强本国出口的竞争力，其融资方式包括卖方信贷、买方信贷和本国政府对外优惠贷款。

一、卖方信贷（Seller Credit）

卖方信贷是指为出口商出口商品提供低息及长期的融资。通常提供融资的银行都由政府持有或由政府资助，为本国的出口商提供融资服务，因为政府希望本国产品能有强大的竞争力以销售到国外。所以，政府以低息和长时期贷款的手段资助出口商加强其在海外市场上的竞争力。

一般能使用卖方信贷的商品金额都非常大，而且进口商需要长达 7 年、10 年，甚至 15 年的分期付款来偿还所有款项。例如，船舶、飞机、大型的机电设备及对外承包工程等。

贷款金额一般会是买卖合同总金额的 80% ~85%，除了缴付利息外，借款人也需要缴付其他的费用，如管理费和信用保险费等。

有些国家政府对此有严格的规定，使用卖方信贷的出口商品必须符合这些规定，例如：必须在本国生产和制造，生产和制造过程所使用的材料必须最少 50% 或以上由本国生产等。

二、买方信贷（Buyer Credit）

同样是为了支持本国产品在国外销售和增强本国产品在国外的竞争力，出口地的银行（由政府全资拥有或资助）为进口商对购买本国产品提供的低息及长期的融资。

这是直接向进口商提供的融资方式，在获得融资的产品条件基本上与卖方信贷一样。

三、本国政府对外优惠贷款

这是国与国政府之间的贷款优惠政策，通过商业银行或政府全资拥有的政策性银行来执行。通常两国政府会事先签订优惠贷款协议，然后按每笔业务实况发放贷款。一般是由发达国家的政府为发展中国家政府提供的，具有援助性质的中长期低息贷款。目的是在借款国建设有经济效益或社会效益的生产性项目、基础设施项目及社会福利项目，或购买借出款国家的大型机电设备、技术服务以及其他物资。

在项目建造过程中购买材料、设备等都会通过信用证或其他结算方式进行，而贷款期一般会分为宽限期和还款期，宽限期内一般只付利息，不偿还本金；进入还款期后，按贷款协议规定还本付息。

目前，很多发达国家的政府，例如美国、德国、英国和日本等国家都有提供对外优惠贷款。

第二节 保理

保理的全称为“保付代理”，意思是指保证付款和代理收款业务，是为出口商提供的融资服务。严格来说，保证付款和代理收款是两项服务，出口商有权只选择其代理收款服务。但作为提供服务的保理商（Factor），当然希望同时提供这两项服务给同一出口商，因为所收取的是两项服务的费用。

保理业务主要是为赊销方式而设计的一种综合性金融服务，其中包括了信用调查、保证付款、代理收款及融资等多项服务。在赊销结算方式下，出口商在发货交单后就只能等待买家的如期付款，就算有催款的行为也经常会遇到拖延付款或不付款的情况。但如果使用了保理商的服务，情况就会发生很大的变化，由原来的被动变成了主动。保理商将负责对所有客户的信用销售控制、销售分户账管理、债款回收、坏账担保和定时提供所有情况的报告，从而解决了出口商售后的所有跟进工作。一般保理融资以短期性居多，但融资是连续性的。

一、保理的产生和发展

现代意义的保理起源于18世纪的美国，在第二次世界大战后，世界市场上形成了买方市场，国际商品贸易从质量和价格的竞争转移到付款方式的竞争。进口商倾向于用赊账方式购货，这就对出口商造成极大的风险，因此，保理业务应运而生。

欧洲和北美洲的保理业务发展较早和较快，因此较普遍，而亚洲和拉美地区从20世纪70年代才开始有较快的发展。1968年11月，来自15个国家的30多家银行和保理公司在斯德哥尔摩召开大会宣布成立了国际保理商联合会（Factors Chain International，简称FCI），网址是www. fci. nl。

FCI的总部设在荷兰的阿姆斯特丹，现有保理商会员超过400个，遍布90个国家，是一个国际性的民间商务组织。目的是为会员提供国际保理业务的统一标准、程序、法律依据和技术咨询，并负责会员公司的组织协调和技术培训工作。

近年来，保理业务在全球飞速发展。根据FCI的统计，到2015年末，全世界的保理公司有2 371家，营业额高达2. 3万亿欧元，与2009年比较，增长了近85%。

二、保理商的服务内容

保付代理是一种财务服务，保理商是一个财务机构或是银行的附属公司。保付代理的内容是向制造或销售各种产品的客户提供信用和财务服务，使出口商能够以记账交易的方式向国外买家直接销售，使出口商能与本地的供应商竞争，并充分保护出口商避免在坏账上的损失。

（一）信用的审批

根据一项签订的合约，保理商在货物运送前事先审批订单，它可以对每张订单逐一审批，也可以根据预先确定的买家信用额度审批。这样一来，保理商担当了客户的信贷部门的工作，在决定批出信用额度前，保理商需要评估买家的财务状况。

（二）信用保证

保理商通过以无追索权方式购买了贸易应收账款，承担了买家同意支付的责任。这种信用保证对客户（出口商）提供保护，只要货物符合客户与买家之间商定的品质、数量和期限，客户就不会有遭受损失的风险。但保理商对客户与买家之间的商业纠纷，包括货不对板、有瑕疵、迟发货、退货和扣减货款等不承担任何担保或保证责任。

（三）应收账款的管理

货物发运后，客户向买主开出发票，并将此发票交付保理商管理托收，发票中说明应向保理商支付货款，发票到期时保理商向买家收取账款，并将之存入客户的账户。

（四）贷款

保理商或银行可在发票到期前向客户提供贷款，一般最高为发票金额的80%。

（五）费用

保理商的费用以佣金和利息两种方式表示：

1. 佣金：保理商根据年销售量、发票平均金额、买家名单的资信质量、交易期限的长短等四个基本因素来向客户收取佣金，一般是托收应收账款总金额的0.6%～1%；

2. 利息：贴现利率一般按市场优惠利率加0.5%～2%，因为只有需要资金时，客户才要求贴现，所以只按照贴现金额收取利息。

三、保理服务对进、出口商的影响（表6－1）

表6－1　保理对进、出口商的影响

	出口商	进口商
优点	加速资金周转 转移信用风险，消除坏账 节省非生产性成本 容易获得进口商资信 手续较其他结算方式简便 费用比使用出口保险低	避免占用资金 简化进口手续 扩大营业额 避免货物风险
缺点	成本增加 利润下降	进口货物价格可能上升

四、保理业务的当事人

出口商（卖方）和进口商（买方）是保理业务的基本当事人，此外，还有下述一个或两个有关当事人：

1. 出口保理商（Export Factor）

出口保理商是指与出口商签订保理协议，对出口商的应收账款承做保理业务的一方，通常在出口商的所在地。

2. 进口保理商（Import Factor）

进口保理商是指在进口国同意代收由出口商出具发票表示，并让渡给出口/进口保理商的应收账款的一方，与出口保理商（双保理）或直接与出口商（单保理）签订保理协议（Factoring Agreement）。

当使用双保理方式时，出口保理商和进口保理商之间的关系可以统一受FCI条例约束。

五、保理业务流程

保理分为双保理方式和单保理方式两种。顾名思义，双保理就是有两个保理商（图6－1），而单保理只有一个保理商。在实务中，使用双保理较多，因为出口商只需要将不同国家的出口业务交给一个出口保理商，他就能为出口商提供所有的保理业务。否则，出口商要自己选择不同国家的进口保理商来签订保理协议。如果出口货物至很多不同国家的话，这工作就实在太烦琐了。

（一）双保理流程

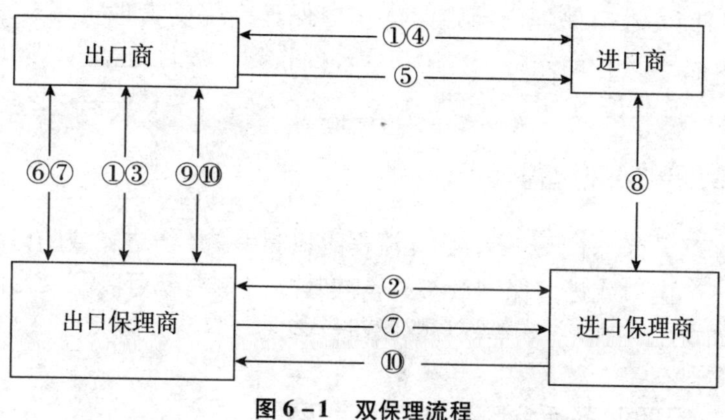

图6-1 双保理流程

①进、出口商商谈买卖合同，出口商向出口保理商提出保理业务需求以及批核给进口商的额度；

②出口保理商与进口保理商联络，要求提供保理业务及进口商额度，双方同意签订互惠协议（Inter-Factor Agreement）；

③出口保理商将情况告之出口商，包括额度金额、期限等。双方同意后，签订保理业务协议。协议中可以包括融资部分，例如融资利率、手续费、每笔发票的融资金额等；

④进、出口商签订买卖合同，在实务中，①②③④可以是同时进行的；

⑤出口商向进口商按合同发货，寄送单据连同发票并且在发票上贴上受让声明标签（由出口保理商提供），将债权让渡和授权直接付款给出口保理商在进口保理商的账户；

⑥出口商将发票提交给出口保理商，同时要求融资；

⑦出口保理商将发票信息通知进口保理商，同时将融资款项给付出口商（一般融资款是发票金额的80%～90%，期限为90～180天），融资款项先扣除贴现利息支付；

⑧在货款到期前数天，进口保理商开始向进口商催款；进口商在到期日或之后一至两天付款给进口保理商，进口保理商通知出口保理商收到货款和扣除信贷费用后将款项贷记给出口保理商账户；

⑨出口保理商通知出口商收到货款，并扣除融资款项后将余额付给出口商；

⑩进口保理商定时向出口保理商提交情况报告，出口保理商会将情况转交出口商，进口保理商会定时向出口保理商提交管理费用（一般在0.25% p.a. ~2% p.a.）报表，出口保理商收到后按时结算，然后再从出口商的账户中提取包括自己的费用。

（二）单保理流程

单保理只有一个保理商，因此流程比较简单。不管进口或出口商都只需要与一个出口或进口保理商签约，向其提交单据就可以了。其他的东西，例如费用、融资金额等都与双保理一样。

六、保理业务适合哪种出口商和商品

（一）适合使用保理业务的出口商

1. 中小型企业及希望进军买方市场的出口商；
2. 海外没有设立信贷部门的企业；
3. 出口地分散的企业；
4. 从事不定期出口的企业；
5. 正在使用赊账、远期出口托收或出口信用担保的出口商。

（二）适合使用保理业务的商品

1. 纺织品；
2. 服装和其他制成品；
3. 体育用品，消遣用品及玩具；
4. 家具和家庭用品，家庭用具；
5. 地毯、鞋类、皮箱；
6. 消费者用的电器用品；

7. 电脑等。

七、Trade Services Utility（TSU）介绍

在过去的20年间，全球贸易飞速增长，与此同时，贸易服务的市场环境和业务要求也发生了日新月异的变化。在全球范围内，曾被广泛接受的传统贸易工具如信用证和托收正在不断地被赊销业务所替代。

而当下很多外贸企业采用的赊销加汇款结算方式，虽然比较快捷，但它完全基于商业信用，对于出口企业来说面临着巨大的收汇风险。同时由于出口企业丧失了对货权的有效控制，在贸易过程中相当被动。另一方面，目前银行缺乏有效工具以参与到汇款业务中去，出于风险角度的考虑，能提供给企业的融资产品相当有限，而且企业往往需负担较高的融资成本。

因此，为了适应新环境，SWIFTNET TSU 应运而生。TSU 是环球银行金融电信协会（SWIFT）针对近年来赊销贸易日益发展的趋势而集合上百家银行专业技术力量参与设计开发的贸易公共服务设施。通过该系统平台，银行可实现贸易订单和其他贸易单据的电子化传输和自动匹配，并根据企业需求提供各种灵活的贸易金融服务。自 2007 年 4 月投入使用以来，TSU 网络已经覆盖全球在使用 SWIFT 的国家和地区，包括中国，正在使用 SWIFT 的金融机构可以申请加入使用 TSU。

根据公司提供的贸易单据副本，银行从单据中提取核心数据输入 TSU 平台。进口商的银行同时将进口商提供的核心数据输入 TSU 平台，TSU 通过信息匹配功能，自动核检数据。在数分钟之内，进口商银行就得到 TSU 平台的数据匹配成功报告。在两家银行验证了贸易背景之后，买方立即付款。

TSU 业务是一场技术和业务革命，符合全球贸易金融的未来发展趋势。在中国，尤其在浙江，中小企业市场庞大，对供应链融资服务的需求十分强烈，客户期望能够通过 TSU 来进行买卖双方赊账数据匹配，加快资金周转效率。而在集中化配对和工作流引擎的支持下，TSU 正在帮助银行更好地应对来自供应链发展的挑战和机遇。

TSU 数据匹配功能主要应用在基础订单匹配和单据信息匹配之上。买卖双方签订合同之后，第一阶段可通过 TSU 平台进行订单信息匹配。TSU 平台将自动核对银行根据各自客户所提交的订单在平台上输入的信息匹配

度。第二个阶段是单据信息匹配，银行向TSU平台提交客户所提供出运单据的信息后，平台将自动核对这些单据信息是否与前期已确认并建立的基础订单的信息相匹配。

而银行付款责任（BPO）是TSU平台上的一项可选功能项，可以单对单或单对多的与其他金融机构建立责任关系。使用TSU的银行在建立订单信息时，买方银行承诺在收到货物出运信息匹配成功的报告时即付款或承兑。TSU BPO更加简单便捷，BPO代表的是银行信用，这为企业在国际市场进行采购增加了筹码，提高了谈判地位。

在TSU BPO业务中，卖方银行鉴于在赊销业务中有了买方银行信用的介入，就可以为卖方提供更为丰富多样的融资选择。如一旦单据信息匹配成功，买方银行即承担付款责任，卖方银行在这种情况下可以不占卖方额度给卖方融资，卖方可以减轻资金的占用，加快资金周转，改善现金流管理。

此外，TSU平台数据匹配的优势之一是依托电子化网络相当快捷地进行单据信息认证。传统的国际结算方式，尤其是以单证传递为特征的结算方式，比如信用证和跟单托收，由于邮寄、人工审单都需要一定的时间，在时效性方面不能满足该类客户的需求。具体而言，在信用证和托收项下，单据须由出口方提交给出口方银行审核，然后再由出口方银行邮寄给进口方银行审核，贸易双方银行审核均为人工处理，单据流转最快也要10~15天。而TSU业务中，单据信息由贸易双方银行在TSU平台上进行电子化传输，信息匹配无须人工处理，而是由系统自动匹配，匹配瞬时完成，出口方收汇速度大大提高。

目前，根据贸易过程中的不同时点，贸易金融领域产品专家们应该设计出TSU项下订单融资、TSU项下国内商业发票贴现和多种基于TSU平台的融资产品。

第三节　福费廷

福费廷又称包买票据。“Forfaiting”一词源于法语“a forfeit”，它的含义是“放弃权利”的意思，后来被应用于国际贸易成为融资的一种工具。出口商将经过外国进口商银行承兑或担保的远期汇票、本票、付款承诺

(Payment Guarantee) 或其他应收账款债权凭证无追索权地卖断给包买商(Forfaitor)。远期票据、付款承诺和应收账款等债权凭证必须产生于销售货物或提供技术服务的正当贸易。

由于福费廷对出口商没有追索权的包买断业务，因此包买商只接受有银行注明"Aval"(法语，保证的意思) 字样或通过银行承兑的票据。因为这是无条件及不可撤销的银行担保，而且出口商必须要在票据或其他独立文件上背书或作出声明无追索权地转让票据或债权。一旦债务人在到期时不能付款，包买商只能依赖担保银行来维护自身的利益。

一、福费廷的产生、发展及特点

从20世纪50年代开始，欧洲各国在大战后需要迅速重建国家，因而需要大量物资，但外汇又短缺需要较长的融资期，在这种情况下，瑞士苏黎世银行协会率先开创了这种贸易融资业务。

其后买方市场形成，加速了福费廷业务的发展，到了20世纪70年代，其他发展中国家也开始使用福费廷融资来拓展它们的出口业务，而英国的伦敦更发展成为福费廷业务二级市场的重要中心。二级市场是指包买商将直接从出口商所购买但尚未到期的应收账款转卖给其他包买商而形成的市场。

国际福费廷协会（International Trade & Forfaiting Association，ITFA）于1999年8月在瑞士成立，是一个国际性民间商务组织，其目的是为促进国际福费廷业务发展和制定统一标准规则。在协会的不断努力下，最终在2004年国际银行界有了统一的"ITFA"国际福费廷规则和用户指南。截至2017年11月，协会成员共有165个，遍布35个国家，最多会员的国家是英国（53个）、德国（18个）和中国（15个）。由于福费廷业务是各企业的商业秘密，所以，一直都没有准确的统计数字。但据估计，全球福费廷业务大约有7 000亿美元，为全世界贸易总量的2%。

（一）福费廷与传统贸易融资的比较（表6-2，表6-3，表6-4）

1. 福费廷与信用证出口押汇/议付比较

表6-2　福费廷与信用证出口押汇/议付的比较

福费廷	信用证出口押汇/议付
没有追索权	有追索权
短期及中/长期都可以	一般是短期融资
在资产负债表的资产方	在资产负债表的负债方
无须额度	占用额度

2. 福费廷与商业贷款的比较

表6-3　福费廷与商业贷款的比较

福费廷	商业贷款
固定利率	浮动利率
避免信用和国家风险	可投保出口信用保险，但理赔手续复杂，时间长
100%风险转移	出口信用保险不能100%赔付
手续简单，成本较低	买/卖方信贷要求严格，虽然利息低，但保险费高
无须抵押品	有可能需要抵押品

3. 福费廷与保理的区别

表6-4　福费廷与保理的区别

福费廷	保理
单笔	连续性
风险和融资	风险，融资和账务管理
期限长	期限短
银行风险	买家风险
金额比较大	单笔金额比较小
文件比较简单	文件比较多
风险集中	风险分散
有活跃的第二市场	几乎没有第二市场

（二）福费廷业务的特点

1. 无追索权

无追索权指出口商以买断“无追索权”形式将债权转移给包买商从而获得即时融资。出口商放弃对所出售债权的权益，而包买商/贴现银行也必须放弃对出口商的追索权，但前提是出口商必须保证交易是正当的，债权是真实有效的，银行的担保是有效的。

2. 利率固定

包买商根据国际市场情况确定利率或对远期利率变化进行了评估，一旦签订包买合同后，使用的利率是固定不变的。目前，在市场上有些交易有使用浮动利率，但属个别情况，因为当利率对某一方极有利时，另一方是极不愿意的。

3. 商品种类和期限

①远期商品：石油、煤炭、大米、谷类等（一般由 90 天到 18 个月）；

②技术服务：工程、设计、维护等（一般由 180 天到 3 年）；

③科技产品：软件、计算机、通信设备等（一般由 180 天到 5 年）；

④资本设备：机器、发电机组、拖拉机等（一般由 2 年到 7 年）；

⑤启匙工程项目：发电站、公路、医院、机场、厂房等（一般由 3 年到 7 年）。

福费廷业务属批发性融资业务，一般适合于 100 万美元以上的大中型出口合同。近年来在发展中国家，在风险的承受能力不高和资金比较短缺的情况下，也进行了一些小额交易，但包买商会收取较高的费用。

4. 债权凭证的种类

可以叙做福费廷业务的债权凭证可分为两大类，即是票据和发票/应收账款的债权凭证。

①票据：必须是经过银行承兑的商业汇票或银行本票，银行承兑可以是在汇票上做出或有独立性保函或备用证担保的行为；

②发票/应收账款：一般必须要有银行独立性保函或备用证提供担保。

5. 费用

福费廷业务的费用结构包括选择期费用，承担期费用，宽限期和贴现利息等。

（1）选择期费用

出口商与进口商在磋商买卖合同时，出口商应先向包买商查询需要做包买的条件和贴现利率（供参考），以便与进口商谈判时将需要的条件加进合同条款内并进行货物报价。当准备与进口商签订买卖合同时，出口商要求包买商提供对其有约束力的报价（贴现利率及/或其他费用），包买商会根据交易的商品和金额等提供一般不超过 48 小时的免费选择期。但如果出口商觉得在 48 小时内不能确定正式接受报价的话，会需要包买商提供较长的有约束力的报价。这时，包买商就要收取选择期费用，一般为 0.125%，期限在一个月内（在特别情况下可能会容许在 3 个月内接受报价）。

（2）承担期费用（Commitment Fee）

当福费廷协议签订并生效时，贴现不能即时叙做，但包买商要承诺在某一定时间内必须贴现，这段时间就是包买商的承担期。向出口商收取的费用，是按发出承诺日直至贴现日的实际天数按年利率（一般是贴现率的一半或更低）计算收取的。

（3）宽限期（Grace Day）

由于时差、银行办事效率等原因，包买商实际收妥票款的时间往往是在票据到期日后 1～2 天。因此，包买商为避免承担此迟收款的利息损失，都会向出口商先多收几天宽限期利息。通常会多收 3 天，但对一些特别国家和地区，可能会多收 5～10 天。

（4）贴现利息

包买商在计算贴现利息时，一般有两种方法，即直接贴现法和贴现收益率法。

①直接贴现法

直接贴现法是根据到期日的债权面值（F）、所采用的贴现率（R）及贴现期限（T），计算出相应的贴现利息（D），并从债权面值中扣减后计算出贴现市场价格/净值的方法（P）。如下式：

$$P=F-D=F\left[1-(R\times T/N)\right]$$

（＊N 是计息基础，英镑和港币是 365 天，其他是 360 天）

例 1：ABC 银行以 7.8% 的贴现率从出口商 A 处无追索权购买为期 180 天（含宽限期 3 天）的 100 万美元的已承兑票据，具体计算如下：

$P=1\ 000\ 000.00\times\left[1-(7.8\%\times180/360)\right]=961\ 000.00$ 美元

例2：EFG银行以9.0%的贴现率从出口商B处无追索权购买为期2年（含宽限期5天）的100万美元的已承兑票据，具体计算如下：

P=1 000 000.00×［1－（9.0%×2）］=820 000.00美元

②贴现收益率法

贴现收益率法是指包买商购买应收账款债权获得的回报率或称贴现因子（Z）。如下式：

Z=100/｛100+［利率×期限/360（或365）］｝

例如：ABC银行以10.562 5%的贴现率从出口商A处无追索权购买为期365天（含宽限期5天）的100万美元的已承兑票据，具体计算如下：

贴现因子=100/（100+10.562 5×365/360）=0.903 2

贴现后出口商A实收=1 000 000.00×0.903 2=903 270.00美元

如果贴现期限超过1年，而且利息须按年息进行复利计算，那么贴现期限就应该拆分成整年倍数和未满1年的部分。

举例说明如下：

票面金额：1 000 000.00美元

到期日：1985年10月31日

贴现日：1984年8月1日

宽限期：3天

利率：10.562 5%

复利基础：每年计息

贴现期限：456天

具体计算如下：

第一年（365天）的贴现因子=0.903 27（计算方式与上例相同）

剩余期限（含宽限日）的贴现因子

=100/［100+10.562 5×（91+3）/360］=0.973 16

贴现后金额=1 000 000.00×0.903 27×0.973 16=879 020.00美元

如果贴现期限超过1年，而且利息须按季或半年进行复利计算，其计算公式如下：

贴现后金额=票据金额/（1+利息）期限

（*期限：如按每季，一年为“4”，如按每半年，一年为“2”）

举例说明如下：

票据金额=1 000 000.00美元

年利率 =9.0%

期限 =2 年（复利计算，每半年付一次）

贴现后实收 $=1\,000\,000/[1+(9\%/2)]^4=838\,561.00$ 美元

二、福费廷业务对进、出口商的影响（表 6 –5）

表 6 –5　福费廷业务对进、出口商的影响

	进口商	出口商
优点	获得延期付款便利 不占用资金和额度 债权单据简单 担保手续简便	加速资金周转 转移相关风险 手续简单 降低成本，提高竞争力
缺点	要银行承兑，长期占用额度 融资成本较高	要进口商同意并能找到高资信的担保人担保 确保债权凭证有效

三、福费廷业务的当事人

福费廷业务的主要当事人有出口商、进口商、包买商和担保人。

（一）包买商

多数是出口商所在国的银行或能提供中长期融资及有能力承担风险的金融公司。当包买商从出口商购入债权凭证后对出口商就不再有追索权并承接了所有风险。

叙做包买票据业务不单可以增加收入，还可以增加业务品种，有利于提升服务水平，增强对客户的吸引力，也不需要占用给客户的额度。但前提是必须要有能力控制各项风险（包括操作风险），并且懂得利用第二市场来分摊风险。

包买商需要以下资料才可以报价：

①进口商名字、所在地；

②商品名称、种类、数量、货币单位、金额、付款地；

③提交何种票据、面值、间隔、期限、到期日；

④保付人和保付方式；

⑤预计交货期；

⑥预计提交票据时间。

（二）担保人

担保人多为进口地银行，需承担进口商在到期不能付款的代偿付责任。担保人的财政实力影响着包买商叙做这笔业务的意愿和报价。

四、福费廷业务的基本流程

福费廷业务流程可简单分为三个阶段。

（一）业务起始阶段

①进、出口商洽谈贸易合同；

②同时出口商开始寻找包买商，并向其提供初步资料，要求报价；

③包买商向出口商报价并提供可接受方案及可接受担保的银行名单。

（二）确认阶段

①进、出口商洽谈交易方式、担保银行名称等；

②出口商向包买商确认方案，担保银行名称及提供其他交易资料要求确认报价及有效期；

③包买商向出口商确认报价及报价有效期；

④在报价有效期内与进口商签订买卖合同；

⑤贸易合同签订后，在报价有效期内与包买商确认并签订叙做这笔包买业务协议。

（三）发货、交单、贴现阶段

①出口商按贸易合同发货、制单，然后将单据连运输单据、汇票等通过托收行、代收行等处理；

②进口商要求担保银行（可以是代收行）承兑汇票或出具担保，然后

将已承兑的汇票或担保函通过代收行、托收行交回给出口商（目前，很多承兑/担保银行都采用SWIFT电文来承兑或担保付款）；

③出口商收到承兑汇票或担保函后叙做背书或让渡然后交包买商要求贴现；

④包买商将贴现后款项交出口商，然后在票据到期时向承兑银行或担保银行要求付款，包买商也可以在第二市场将已贴现的承兑汇票转卖（二级再贴现）给其他金融机构。

五、福费廷业务的变化

福费廷业务的宗旨是给予出口商无追索权的出口融资，本来适用于中、长期的大额交易。但随着经济的发展，银行业务的产品不断增加和改良，就形成了一种新的福费廷业务。

这种新的福费廷业务较传统业务有一些差别，它是出口商经过自己的往来银行去寻找愿意无追索权购买远期承兑了的汇票或债权的包买银行，因为出口商自己的往来银行不愿意承接承兑银行或担保银行的风险，不愿意买断出口商的已承兑汇票或债权，这就成为了银行与包买银行（Forfaiting Bank）的新品种业务。一般这种新的福费廷业务短期性的比较多。

在这种情况下，卖出银行（Selling Bank）与包买银行都会预先签订福费廷协议"Forfaiting Agreement"说明双方的义务和责任及其他一些条款。最重要的是无追索权包买和债权让渡。

这种福费廷业务的流程也较为简单（假设是远期承兑信用证）（图6－2）：

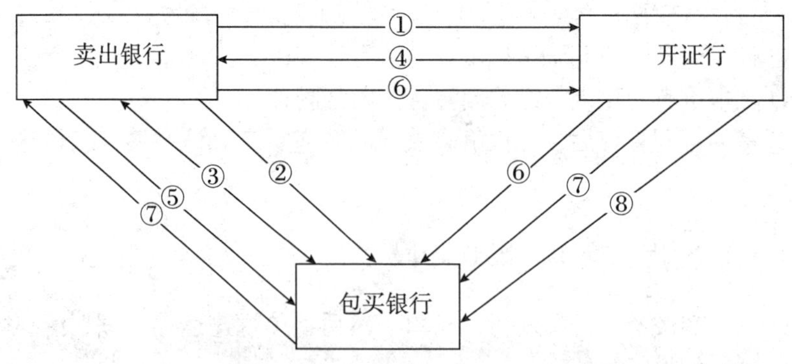

图6－2　新形式福费廷业务的流程

①卖出银行（议付行）将单据送交开证行进行审单和承兑。

②卖出银行向包买银行提供所需资料及要求报价。

③包买银行在卖出银行接受报价的前提下，向卖出银行发出正式报价（Offer），卖出银行收到后向包买商确认接受报价（Acceptance）。

④开证银行审单无误后向卖出银行发出承兑电文。

⑤卖出银行将某些单据及承兑电文副本转发给包买银行，并向包买银行发出让渡函（Assignment）。

⑥卖出银行会向开证行发出让渡通知（Notice of Assignment），并要求开证行向包买银行发出收到让渡通知声明（Acknowledgement）。

⑦包买银行检查收到的文件及让渡函并证实合格后，会进行贴现并将贴现后款项付给卖出银行。有些包买银行一定要在开证行确认收到让渡通知后才会进行贴现，但不一定所有包买银行都会这样做。因为，在实务中很多国家的开证行都不会向包买银行发出收到让渡通知的声明，例如印度、伊朗等。

⑧在到期日，开证银行向包买银行付款。

在实务中，上述的 Offer、Acceptance、Assignment，Notice of Assignment 和 Acknowledgement 电文大部分都利用 SWIFT MT799 方式进行交换，节省了邮寄的时间且容易确认电文的真实性。

第四节　保理和福费廷的融资风险

一、保理

保付代理服务是以赊账方式结算的贸易。出口商在接受此方式结算的同时都会寻找保理商来承担进口商的信用风险，但贸易纠纷的风险由出口商承担。出口商在选择保理商时也要考虑其信用与服务质量。至于保理商要考虑的风险如下所述。

（一）进口商信用

考虑进口商的财务状况、业务性质以及与出口商的关系来给每一个进口商核定最高的额度。出口商在额度内向进口商发货由保理商担保付款。

（二）进口国风险

国家风险是每一个贸易融资必须考虑的因素之一。

（三）货币外汇风险

如果出口商要求保理商在应收账款到期前提供融资，那外汇风险就由保理商承担。但融资一般最高是应收账款的 80%，因此，出口商还是要承担 20% 的外汇风险。

（四）文件风险

①保理协议的签署；
②让渡和让渡通知的有效性。

（五）系统风险

由于保理商处理的是大量的应收账款单据，而且每笔应收账款的到期日、期限都不相同，因此需要极强大的系统来处理这些数据，然后进行定时地催收和收款。

二、福费廷

目前，很多出口商或出口地银行都利用福费廷融资，将不愿意承担风险的开证银行及其国家风险以买断方式转卖给包买商或其他银行。如果要成为包买商或买进没有追索权的出口债权，银行必须对下述要点进行详细的分析和考虑。

（一）开证银行的风险

即对开证行有否授信额度。

（二）国家风险

包括会否被其他国家制裁。

（三）货币风险

即是否流通货币。

（四）法律风险

①出售银行对债权的合法权益；
②合法性地让渡；
③让渡通知的接收；
④债务人国家的法律规定。

（五）文件风险

①福费廷协议的签署；
②信用证条款的审查（可接受叙做福费廷业务一般不接受转让信用证，因为要承担转让行的风险）；
③承兑电文的真实性和有效性；
④ 让渡电文的真实性和有效性。

（六）结算风险

由于有些开证银行不会按照让渡通知的指示将信用证款项直接付给包买商或包买银行，而将款项付给提交单据的银行或议付行（出售银行）。因此，包买商或包买银行要考虑出售银行在收到款项后才转回给包买商或包买银行的风险。一般情况下付款都会被拖延 2～3 个工作日，而且包买商或包买银行去追查开证银行的付款日从而追讨延付的利息比较困难。

第五节　风险参与和银行承兑

一、风险参与（Risk Participation）

风险参与不是银行直接提供给出口商或进口商的融资工具，一般都是银行与银行之间的业务。由于每家银行对不同客户以及对不同风险的接受程度都有自己的规定和限制，因而必须将某些风险与其他银行分担，所以形成了风险参与这一产品。

举例来说，甲银行有一个出口大型机电产品的客户，此客户要出口3台发电机组到越南，每台为5 000 000美元，付款期是5年，每半年付款一次。甲银行收到由越南某银行开来的远期承兑信用证，客户要求甲银行在信用证上加保并承诺贴现所有10套汇票。

由于甲银行内部并没有给予这家越南银行15 000 000美元的5年期额度，甲银行要叙做这笔业务必须找一些可接受此越南银行5年期风险的银行参与这笔保兑和承诺贴现业务，这就是风险参与业务。

目前，很多大型的银行都设有专门的部门负责寻找愿意参与风险的银行来分担客户可能面对的风险。这些部门有些称为Trade Distribution Department。

（一）风险参与种类

在风险参与业务中，主要的基本当事人为卖出银行和风险参与者（买入银行，Buying Bank）。在双方同意下，风险参与可以是下述四种的任何组合：

①融资（Funded）：买入方贴现付款，没有追索权；

②不融资（Unfunded）：买入方不贴现，只承诺开证行不付款时履行付款责任；

③不通知开证行和受益人（Silent Basis）：卖出银行仍然是收款行，开证行和受益人对这一风险参与交易并不知情；

④通知开证行（Open Basis）：卖出银行将债权转让给买入银行，并同时向开证行发出债权转让通知，到期日开证行付款给买入银行。

目前，大部分风险参与业务都采用不融资和不通知的组合，因为操作比较简单并且快捷。

（二）风险参与业务流程（图6-3）

①进、出口商签订买卖合同；

②进口商申请开出信用证；

③开证行开出信用证后，通知出口地银行并要求加保；

④出口地银行可以预先与“风险”买入银行签署风险参与协议；

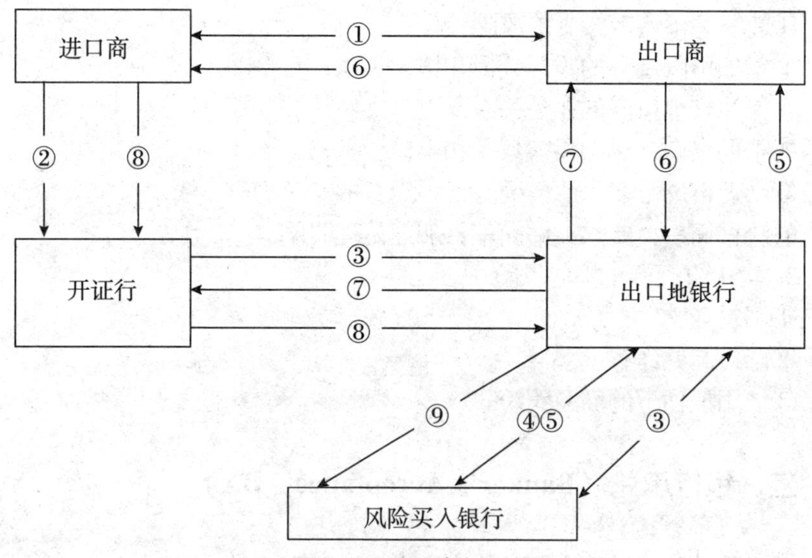

图6－3　风险参与流程

⑤在买入银行同意叙做这笔业务后签订单笔业务协议，如果是采用不融资和不通知开证行的组合，出口地银行先向买入银行缴付费用，然后出口地银行在信用证上加保后通知出口商；

⑥出口商在发货制单后，提交给保兑银行（出口地银行）要求买断贴现；

⑦出口地银行审单无误后将单据寄交开证行，同时贴现单据并付款给出口商；

⑧开证行收到单据后或在到期日向出口地银行付款并要求进口商偿付；

⑨出口地银行在收到款项后，通知买入银行解除其付款承诺，如到期收不到款项，出口地银行必须通知买入银行进行处理。

但如果采用的是融资和通知开证行的组合，出口地银行必须将单据副本交买入银行进行融资付款，同时向买入银行发出让渡函并通知开证行债权已让渡。之后，开证行就可以直接付款给买入银行。但如果只采用融资而不通知开证行，就不需要发让渡通知给开证行，出口地银行仍然负责收款工作。当收到款项后转付回给买入银行。在这些不同组合的结构上，所采用的宽限期都有可能不一样。

（三）风险参与业务对卖出银行的影响

1. 风险参与业务给卖出银行带来的好处

①能够将不希望接受的风险转移；

②增加可以接受的银行数目和增大金额；

③保持与出口商的业务关系及出口文件的处理权；

④帮助出口商增加买家数量和出口业务；

⑤贴近市场，多了解情况，增强自身的竞争力；

⑥流程简单，要求文件简单，加速处理时间。

2. 卖出银行要承担的风险

①不符点文件；

②出口商欺诈；

③信用证项下的商业纠纷。

二、银行承兑（Banker's Acceptance，BA）

银行承兑是一种历史悠久的融资方式。早在18世纪就在英国出现。其目的是借款人利用承兑银行在市场上的信用，从贴现银行获得融资。

银行承兑流程（图6－4）：

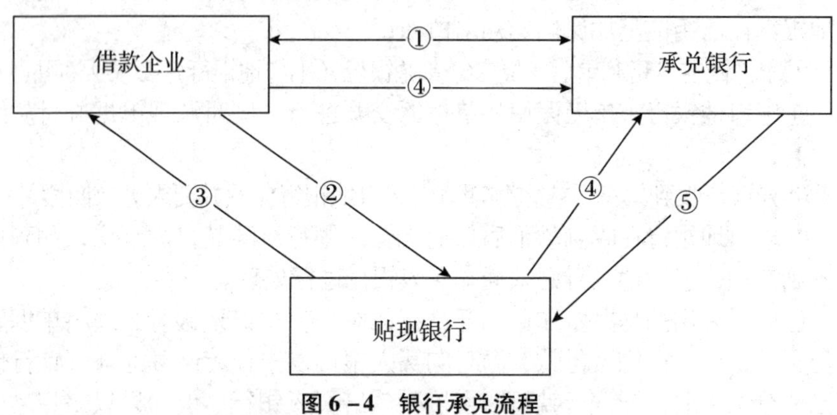

图6－4 银行承兑流程

①借款企业开出汇票，要求承兑银行在汇票上承兑，承兑银行考虑接受借款人的要求，在收到承兑费后在汇票上承兑，然后将汇票返还借款人；

②借款企业将承兑后的汇票交贴现银行要求贴现；

③贴现银行考虑能否接受承兑银行的信用风险，如果可以的话，贴现银行就同意贴现汇票，然后将扣除贴现利息后的贴现金额给付借款企业；

④汇票到期日，贴现银行向承兑银行提交汇票，并要求付款，同时借款企业在汇票到期日将票款给付承兑银行；

⑤承兑银行收到贴现银行所提交的汇票后要立即付款。

随着贸易融资种类的变化，目前银行与银行之间也采用这种方式来叙做融资业务。因为，这种业务方式比较简单，而且，借款银行在资金紧张时不需要为已经叙做的贸易融资在市场上寻找再融资。借款银行可以是一次性向提供融资银行利用自己承兑的汇票（或本票）借款，期限可以或短或长，由双方自行商议。一般来说，融资银行在借出款项（本金扣除贴现利息）后都持有该承兑汇票（或本票）至到期日，由借款银行还款。在叙做业务前，双方也需要签订协议。

第七章

结构性融资

顾名思义，结构性融资（Structure Finance）就是按每笔贸易不同的金额、时间、风险、程序和背景，构建出来的融资方案。目的是将风险从不能接受的某方转移到那些有先进经验和方法，能接受这些风险的另一方和减少融资成本。结构性融资以中、长期居多。结构性融资的操作、交易过程较一般性的贸易融资更为复杂，所以操作成本较高，因此并不适合用于金额小的交易。

此外，对一些新的企业（进、出口商），因为没有交易的历史和记录，所以要向银行申请短期性和经常性的贸易融资额度是非常困难的。但银行可以利用一些结构性的融资方式来帮助企业解决困难，因为结构性融资重视的是交易本身而非企业的信用。

在本章中，我们将会介绍一些已经在国际市场上成功运作了很长一段时间的产品，并按个别交易例子构建出不同结构，以供参考。

第一节　独特的融资方案结构

贸易融资在国际市场上的变化非常多，可以按照客户每笔不同的交易将前面所介绍过的产品加以改良和组合而构建出独特的融资方案。

方案一

一家在中国重庆的摩托车生产商（公司甲）从日本数家零部件供应商（A，B和C）进口零部件；

制成摩托车后通过一出口企业（公司乙）销售到越南一个代理商（公司丙），付款期为货到后30天；

越南代理商将摩托车以90~120天赊账方式售予当地零售商（D，E和F）。

融资方案图解（图7-1）：

额度（1）：

①融资银行给予公司甲45 000 000.00美元的开立信用证和信托收据额度（最长360天）；

②融资银行为公司甲开出信用证给日本的零部件供应商A、B和C；

③供应商A、B和C在发货后可以将单据送交融资银行的东京分行要求议付和即时付款。

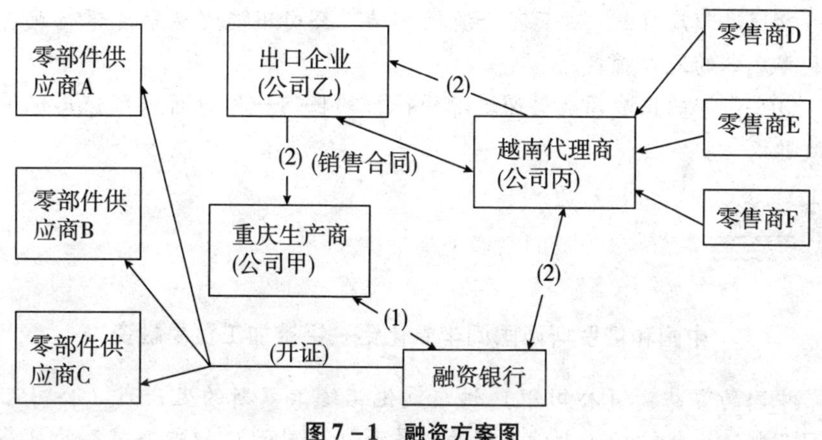

图7-1 融资方案图

额度（2）：

①融资银行给予越南代理商（公司丙）50 000 000.00美元的应收账款贴现额度；

②贴现公司丙对零售商D，E和F销售产生应收账款；

③公司丙将贴现所得款项付给公司乙；

④公司乙将收到的款项付给公司甲；

⑤公司甲在信托收据贷款到期日偿还款项给融资银行；

⑥公司丙在应收账款到期时收到零售商的款项后偿还给融资银行。

在这个融资方案中，公司甲、乙和丙都要在不同的情况下做出保证或权益让渡：

①公司乙与公司丙之间的销售合同权益应转让给融资银行；

②为能够直接从公司丙收到转让销售合同交易产生的所有应收账款，公司乙应在融资银行开设结算账户，由融资银行直接管理公司丙收到的应收账款转让后的款项；

③公司甲开立履约保证，担保公司丙在额度（2）项下的履约风险；

④公司乙对融资银行在额度（1）中的权益出具担保；

⑤如公司丙对零售商D、E和F的销售购买了保险，必须将保险权益转让给融资银行。

本方案的优点：

①公司丙通过支付合理的费率将数量较大的应收账款变现，从而获得现金流的保证；

②通过额度（2）项下现金流的支持，公司甲能够从融资银行获得较低利率成本的进口额度；

③公司甲的供应商能够通过融资银行的任何一家分行办理信用证项下的货款议付。

方案二

中国和俄罗斯两国间半氧化铝—铝锭加工贸易融资

中国的贸易商（公司甲）供应氧化铝给俄罗斯的生产商（公司乙）。公司乙制造出铝锭后，由俄罗斯的贸易商（公司丙）担当公司乙的贸易窗口将铝锭出口给公司甲。公司甲最终将铝锭出口至中东各国。

融资方案图解（图7－2）

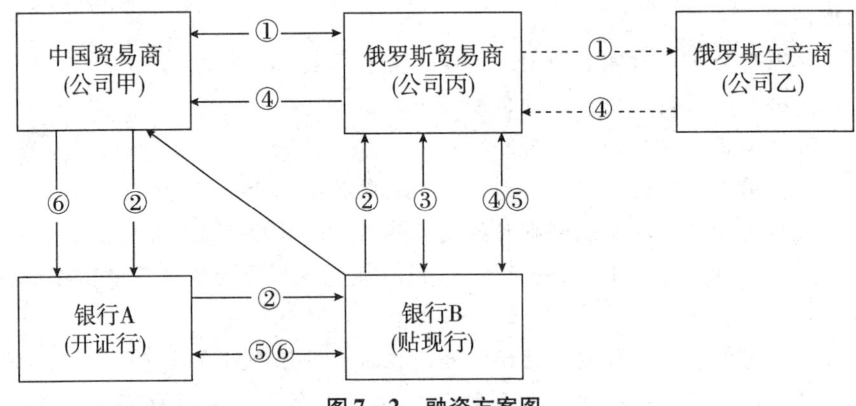

图7－2　融资方案图

①公司丙向公司甲购买7 000 000.00美元的氧化铝，双方同意用交货后30天T/T付款方式结算，公司丙收到货后交公司乙生产；

②公司甲向公司丙购买9 000 000.00美元的铝锭，公司甲通过银行A开出90天承兑信用证给公司丙；

③银行B在公司甲提供铝锭回购承诺书后对公司丙提供打包放款，并将款项在氧化铝付款到期日用T/T汇给公司甲；

④公司乙在铝锭生产完成后交给公司丙，然后公司丙发运给公司甲并制单，通过银行B要求贴现；

⑤银行 B 在银行 A 承兑之后贴现单据，偿还打包放款，然后将余额交公司丙；

⑥承兑到期日，银行 A 向银行 B 付款，然后由公司甲偿付。

额度：

①同一银行分别在两个国家的分行或联行（银行 A 与银行 B），可以分别提供信用证额度给公司甲，提供打包放款，并且提供贴现额度给公司丙；

②打包放款及贴现额度必须能配合铝锭的生产时间，令公司丙能及时贴现出口单据，有足够资金结付氧化铝（承兑信用证）的款项；

③银行 A 可以与公司甲出口铝锭到中东的合同结合在一起提供开证及/或出口押汇额度，令公司甲有足够资金在承兑信用证项下到期时付款；

④在不同的额度设置下，公司甲和公司丙都要在不同的情况下做出保证或权益让渡。

本方案的优点：

①公司丙能够得到铝锭生产的出口前融资；

②公司甲利用银行 A 开立的信用证获得 90 天的较低融资成本和生产成本，从而提高了利润；

③本额度有助于生产和贸易流的顺利展开，利用信用证单据保证了现金流的实现。

第二节 供应链融资

一、何谓供应链（Supply Chain）

美国供应链协会对供应链的概念有这样的解释：“供应链是目前国际上广泛使用的一个术语，囊括了涉及生产与交付最终产品和服务的一切努力，从供应商的供应商到客户的客户。供应链管理包括管理供应与需求，原材料、备品备件的采购、制造与装配，物件的存放及库存查询，订单的录入与管理，渠道分销及最终交付用户。”换言之，企业从原材料的采购开始，经过运输、加工制造、分销直至最终送达消费者手中的业务流程，并不是孤立的行为，而是一个环环相扣的“链”，由于相邻节点的企业间表现出一种需求与供应的关系，当把所有的相邻企业依次连接起来时，便形成了供应链。

简单来说，从进口商众多的供货商进货－销售－众多的零售商的过程都可以称为供应链。供应链的业务操作过程，大致涉及工作流程、实物流程、信息流程和资金流程四方面的协作，且环环相扣。通过计划、协调和控制，以优化价值链，最大限度地创造客户价值，实现供应链的价值整合，提高整个运作过程的效益。

二、何谓供应链管理（Supply Chain Management，SCM）

“供应链管理”一词由 Keith R. Oliver 等人于 1982 年首次提出。20 世纪 80 年代以来，激烈的全球竞争使生产制造商逐渐认识到买卖双方之间相互协作与战略伙伴关系的重要性，供应链管理的概念开始出现在生产制造商与其供应商建立的战略伙伴关系中，进而产生了物流一体化的概念。

但是由于物流系统化所涉及的范围较小，主要包括企业自身的生产物流和企业的销售物流，因此物流管理活动涉及面较小，完全可以由一家企业独自完成。而当现代物流发展到“为满足消费者需求而进行的对货物、服务及相关信息从起始地到消费地的有效率、有效益的流动与存储的计划、实施与控制的过程”时，物流系统变得非常庞大，虽然物流系统中的各个功能要素的实现仍然可以由一个大型企业来独立承担，但更为现实的是由多个企业来分别实现不同的物流功能要素。这时物流系统的优化就不是企业内部物流组织与协调的问题，而是不同企业之间物流活动的组织与协调，这便产生了供应链以及供应链管理的思想。

供应链管理是现代物流发展的最新阶段。这个阶段的市场竞争已不仅仅是单个企业之间的竞争，同时也是供应链之间的竞争，只有使整个供应链在市场上具有竞争力，成员企业才有生存与发展的空间。通过降低成本和风险，将企业资源在供应链成员之间进行平衡和调配，提升整个供应链的效率，从而增强供应链及其成员企业的竞争力。

1996 年美国咨询公司 PRTM（Pittiglio Rabin Todd & McGrath）和 AMR 牵头，联同 69 家企业自愿性地在美国华盛顿成立供应链理事会，这是一个非营利性机构。目的在于建立一个跨行业的供应链标准化管理模式。目前，全世界超过 1 000 家企业成为会员，行业包含制造业、服务业、批发业和零售业。理事会为不同行业的供应链管理者编制了使用标准语言的操作参考模式（Supply-Chain Operations Reference-Model），以强化行业之间的有效沟通。

这个理事会在2014年8月完成与供应链专业协会APICS的合并，之后，理事会更名为APICS Supply Chain Council（简称APICS SCC）。APICS供应链专业协会是供应链管理和操作的专业机构，为会员提供调研报告、培训和专业资格认证等服务。专业资格认证明确了行业的标准，包括生产和库存管理（Production and Inventory Management，简称PIM），供应链专业（APICS Certified Supply Chain Professional，简称APICS CSCP）和信贷评分（APICS SCOR－P credentials）。

三、融资

融资是针对企业在进出口贸易中因无法提供固定资产抵押、信用担保或授信额度不足的融资困境，以控制物流及应收账款为风险控制手段，为中小企业提供的融资服务。

由于中小企业往往在供应链中处于弱势地位，上游的供应商和下游的经销商均具有较强的实力，中小企业极可能需要用现金从供应商购货，但又要提供30～60天（甚至更长）的赊账期给经销商，因而导致现金流出现周转困难的情况。供应链融资通过与物流公司、保险公司、信息咨询公司等机构的合作，将不同的融资方式结合起来提供避险及增强竞争力的综合性融资服务给进口和出口企业。

供应链融资与传统贸易融资最大的分别是其不强求企业提供固定资产抵押或担保，反而增加了货物质押或应收账款转让作为授信条件。然而对于提供融资的银行来说，难度和风险会比较大一些。因为融资银行不但要审查借款企业的财务报表，还要熟识企业运作的流程及做好上下游交易对象的信用调查工作，并关注借款企业所处的产业链是否稳固、市场地位和供应链水平等。一般而言，供应链融资不是提供给单一企业的融资，其还以将上下游的企业串连成一条链的形式来提供多个企业的融资服务。因此，供应链融资有时需要采购商、零售商、批发商和供货商等多方共同签署合作或融资协议，利用货物质押，应收账款转让等方式来达成整个贸易链的顺利运作和资金流转。简单来说，供应链融资方案有如下几种。

（一）采购商融资

企业采购原材料的预付款和存货占压形成的融资需求，主要融资工具包括贷款、银行承兑汇票、透支和存货、动产质押等。

（二）订单融资

订单融资是指银行认可的企业购、销合同和买方发出的真实有效的购货订单向银行申请的资金融通业务。当企业获得一张长期购货订单时，也可以利用订单和应收货款质押来向银行申请长期的订单融资（或称“长单融资”），银行会按照企业依据合同生产和出货情况向企业批量发放贷款。

（三）供应商融资

主要由各种应收款融资产品构成，主要解决企业因为下游客户延期付款形成的融资需求。保理和出口信用保险融资是重点推广的产品。信保融资是由企业向保险公司投保企业贸易短期信用保险，银行根据投保情况为企业核定融资额度。

（四）进出口企业融资

除标准化的国际融资产品（如信用证、进出口押汇、打包放款、出口前融资等）以外的其他方式融资。

（五）保兑仓融资

保兑仓融资是指生产厂家（卖方）、经销商（买方）和银行三方合作，以银行信用为载体，由银行控制提货权，生产厂家受托保管货物并承担回购担保责任的一种金融服务。

（六）工程承包企业信用

供应链融资业务一般只考虑解决生产和贸易型企业的融资需求，很少考虑服务企业。工程承包企业信用指银行针对建筑设计、施工企业和软件发展企业在专案招投标、施工进度和品质保证、工程尾款结算等环节利用银行保函手段的信用支持方案。

四、供应链融资对企业的益处

供应链融资能满足不同企业在供应链不同环节下的需求，融资银行针对企业在供应链不同环节下所处的位置提供适当的融资方案。因此，对不同的企业都会带来不同的益处。

①不需要固定资金抵押或信用担保仍然可以获得资金上的支持；

②扩大业务规模；

③成本较低，增加利润以及增强竞争力；

④规避/降低交易的信用风险；

⑤流程和手续简便。

第三节　项目融资

顾名思义，针对具体项目所安排的融资都可以称为项目融资（Project Finance）。项目资金主要来源于两方面：

其一是项目本身自有资金，包括投资者投放的资金和企业在资本市场上通过发行股票为项目筹集的资金；

其二是项目债务资金，包括各种贷款和债券等。

有读者提出疑问，项目融资应否属于贸易融资范畴？这是很难下定论的。因为融资是因具体项目而产生，而在项目的进行过程中也需要采购原材料、设备等，那就是有关贸易。因此，有些银行有专门的项目融资部门来处理项目融资业务，但也有一些银行在企业或贸易融资部门下建立专责人员处理项目融资。在本节中将会从贷款人（银行）的角度浅谈项目融资。

一、项目融资的产生和发展

在20世纪70年代末80年代初期，随着世界各国经济的高速发展，无论是发达国家还是发展中国家，都先后出现了大规模基础建设和资金短缺的矛盾。因此，政府和企业就不断寻求一种新的融资方式，依靠项目本身未来的收益去获得基建所需贷款。

在1984年，当时土耳其的总理奥热扎尔提出的“建设-经营-转让”（Build-Operate-Transfer，BOT），也被称为“特许权融资方式”，被认同和使用，而土耳其更是成功利用BOT形式融资建造了火力发电厂、机场和大桥等工程。其后，BOT被广泛用作大型基础建设的融资方式。近年来，一些发展中国家，如菲律宾、泰国、马来西亚、越南、中国等也相继采用BOT融资方式进行基础建设。

（一）项目融资的参与者

因应不同项目的特性，项目参与者也不尽相同。一般包括项目发起人，项目业主（公司）、贷款银行（银团）、法律顾问及专家等。常见的项目融资参与者有以下10类。

1. 项目发起人

亦称为项目主办方，是项目的倡导者，可以是公司，财团，甚至政府。项目发起人是项目的股东，期望通过项目营运收回资金并获得利润。项目的发起人通常仅限于发起项目，但不负责项目的建设和营运。

2. 项目公司

项目公司是为了项目建设和营运的需要由发起人组建的独立经营的法律实体，它架起了发起人与项目其他参与者的桥梁，使无追索权或有限追索权的项目融资得以实现。其主要的法律形式为股份制有限责任公司。

3. 借款人

借款人是为项目直接筹集资金者，一般情况下由项目公司担任，但受项目实施和融资结构等多方面因素的影响，例如税收制度、外汇制度、担保制度和法律诉讼等，借款人也可以不是项目公司。

4. 贷款银行

贷款银行是指提供贷款的银行。考虑到融资金额和风险等问题，贷款银行可能组成一个银团共同为项目提供贷款，在提供贷款的同时，又各自承担不同的责任（如安排行、管理行、代理行等）。

5. 财务顾问和律师

财务顾问负责融资策划和运作，而律师就负责所有有关项目的法律咨询和文件/合同等的制定。

6. 保险公司

为项目分担风险，收取保费作为酬金。

7. 融资担保方

可以是项目所在国的政府，减轻贷款银行的风险，因而获得较低的融资成本。

8. 项目承建商

负责项目的设计和建设，其技术水平、财务能力和经营业绩很大程度上影响项目贷款银行对项目建设风险的判断。

9. 项目使用方

项目使用方是指项目产品的购买者。通过签订长期购买项目产品或服务合同，以保证项目的市场和现金流量，为项目融资提供重要的支持。

10. 项目供应商

项目供应商是指项目所需设备和原材料的供应商。通过延期付款购买设备和长期稳定价格的原材料供应合同，为项目融资的建设和营运期提供稳定因素，增强各参与者的信心。

（二）项目融资的基本特征

①适用于大型投资项目，特别是资源开发和基础建设；

②项目可以明确界定，和企业本身的其他业务能从法律上区分开；

③项目的风险由项目发起人、贷款人和其他参与者分担；

④贷款人因承担项目风险而获得补偿（贷款利息）；

⑤项目主要依据自身的现金流偿还贷款，所以项目自身营利性的强弱是贷款人决定是否为其提供资金的关键；

⑥在项目达到预计的完工测试要求之前，银行对项目发起人通常采用的是有限追索形式，追索到项目自身特定的资产；

⑦项目融资期限以10~15年为主，但某些由政府担保或签署购买合同的大型机建项目可能期限长达20~25年。

二、项目融资与企业融资的区别

项目未来的净现金流量和本身的资产价值是项目融资的主要偿还保证，而企业融资主要取决于企业本身的资信能力、经营能力和财务状况。

下表是两者的具体区分（表7－1）：

表7－1　项目融资与企业融资的区别

		项目融资	企业融资
1	融资主体	项目公司	企业本身
2	融资基础	项目的经济强度	企业的资信度
3	追索程度	无或有限	百分百有追索
4	风险分担程度	参与者将风险分担	相对集中
5	债务比例	一般高于70%	一般在60%～70%
6	会计处理	资产负债表外融资	资产负债表内
7	融资成本	融资前期费：0.5%～2% 利息：高出企业贷款 0.3%～1.5%	融资前期费：没有或很低 利息：企业贷款利率
8	周期	超过半年	较短
9	贷款技术	复杂	简单

三、项目融资结构

每一个项目都有独特性，因而各个项目融资结构都不会完全相同。基本结构可分为四类。

（一）无追索权或有限追索权

1. 建造阶段

在此阶段只发放贷款而还款被推迟。一般采用以下两种方式的一种，借新贷款偿还利息或将利息转化为贷款本金。因此，此阶段对借款人来说是高风险期，所以利率较高，而且对项目发起人有完全追索权。

2. 经营阶段

经营阶段开始标志着现金流量产生以及可以开始对债务还本和付利息，故贷款方对借款方的追索权可撤销或改为有限追索，利率也应调到正常水平。

（二）产品支付和远期购买

1. 产品支付融资结构

借款方在项目投产后不以项目产品的销售收入来偿还债务，而是直接以项目产品来还本和付利息。在贷款得到偿还前，贷款方拥有项目部分或全部产品的所有权，并由担保信托对产品的销售和所有权的购买进行担保。

2. 远期购买融资结构

贷款方可以成立一个专设公司，该公司不仅可以购买事先商定的一定数量的远期产品，还可以直接购买这些产品未来的销售收入用以偿还贷款，也需要信托方的担保。

（三）融资租赁结构

租赁是由项目公司向租赁公司租用特殊设备，并以设备带来的收益偿还租赁公司的租金。一般常见于船舶和飞机行业。

（四）BOT 融资结构

实质上，BOT 是政府与承包（建）商合作经营基建项目的一种特殊运作模式。承包商在政府给予的特许期内负责项目设计、融资、建造和营运，并收回成本，偿还债务，赚取利润。然后，在特许期结束后将项目移交给政府。

四、项目融资涉及的特殊协议

（一）融资协议

融资协议是融资形成的基础法律文件，也是融资执行的依据，它规定了各方当事人的权利和义务。

（二）担保或抵押文件

在项目融资业务操作中，只要资产所在地的法律允许，贷款人经常将项目资产作为担保，所以担保或抵押文件是项目融资中不可缺少的文件。

（三）支持文件和安慰函

项目融资要求各参与者合理地分担风险，可能要求项目发起人、股东或政府对项目的完工和营运给予保证，以担保在整个项目寿命周期内偿还贷款。同时，贷款人可能要求不同的参与者提供不同的文件（支持信、理解信、安慰函等）来表示支持该项目。

（四）专家报告和法律意见书

在贷款前，贷款人需要就项目的技术、法律和涉及的环境问题进行非常全面地理解和论证，以确定项目的可行性及保证贷款的安全性。因此，需要有不同类型专家的报告。

五、项目融资的流程

从项目的提出到选择采用项目融资方式为项目筹集资金，一直到最后完成项目融资，大概可分为五个阶段。

（一）项目的提出和构思

①需求的产生；
②项目的识别和构思；
③项目方案的确定。

（二）项目决策分析

①项目可行性研究（包括外部环境、内部要素和投资收益）；
②项目的可融资性分析；
③投资决策，初步确定项目投资结构。

（三）项目融资决策分析

①选择融资方式；
②任命融资顾问，明确任务和目标要求；
③项目融资资金的结构与选择；

④风险分析与评价。

（四）项目融资谈判和合同签署

①选择银行，发出建议书；
②组织银团，开始融资谈判；
③起草法律文件；
④签署。

（五）实施

①执行计划；
②银团经理人监督并参与项目经营管理决策；
③风险控制和管理。

在上述（二），（三）和（四）阶段，可能需要反复多次的讨论、验证才能达到最终的结果。

六、项目融资案例参考——英、法海峡隧道工程融资

（一）国际性大型基建项目

1. 项目概况

1984 年英、法两国政府正式签订协议，在英吉利海峡建设一条连接两国的海底隧道。从英国的佛克斯通（Folkstone）到法国的爱斯佛德（Asgford）隧道全长 50 千米，其中海底部分为 38 千米。用 BOT 模式，特许权长达 55 年（其中包括计划为 7 年的施工期）。有 3 个公司投标，最后由英、法合组的财团，“欧洲隧道公司”中标，项目计划总投资 92 亿美元（后来增加到 120 亿美元），建设工期为 1988 年至 1995 年。

2. 融资情况

英、法政府要求中标团体的融资工作必须符合政府规定的三个条件：
①政府对贷款工作担保；
②有限的追索权，100% 由私营团体筹资，交由发起人使用，债务由它完成的项目收益来偿还；
③融资 20% 必须是股东投资。

欧洲隧道公司分4次以发行股票的形式，在资本市场上筹得17.2亿美元的现金，从209家国际银行组成的银团筹得74亿美元的贷款，欧洲隧道公司亦获商业银行批出的17亿美元备用贷款。

3. 政府担保情况

英国政府要求建设、筹资或经营的一切风险都由私营公司承担，因此，此项目从英、法政府得到的担保比其他BOT项目少得多。但好处是，特许期较长以及在33年内不设横跨海峡的二次连接设施的保证。

（二）地方性的小型项目

1. 项目背景

①A节能科技有限公司是一家专业提供节能服务，以合同能源管理机制为运作模式的公司（贷款申请人）。

②最近，A公司与某地区的B特种水泥有限公司签订了关于水泥窑余热发电的合同能源管理协议，为B建设2×4 500kW的余热发电站，合同标的7 000余万元。

③电站设计、设备供货及安装的总承包由C设备工程公司提供，总包合同金额4 000万余元。

④申请人按设备采购和建设进度向C付款，业主方在电站建成运行后以节约下来的电费分26个月向申请人支付项目款项。

⑤申请人向银行申请3 000万元项目融资款。

2. 项目融资难点

①A公司以前从事的是小型电路改造节能合同业务，资产和规模较小，以自身信用作为承贷的依据明显不适合；而且，公司近期才切入工业项目的余热电站。

②此项目是标准的合同能源管理项目，即由合同能源管理公司出资负责节能项目的建设，以能源费用节约来分期偿还合同款项。

③此类项目是国家政策重点支持项目，但项目存在建设期风险和项目建成后的还款风险。

3. 项目深入调研

①项目下工程由C工程公司总承包，C工程公司是C集团的下属公司。C集团是中国500强企业，具有丰富的工业项目余热电站施工的经验。

②根据双方签订的工程承包合同，在申请人正常付款的前提下，项目

的拖延风险由 C 工程公司承担。因此，供方的建设期风险较小。

③项目需方 B 水泥正在上马一条新的日产 2 500 吨水泥的生产线，余热电站为新老两条生产线进行配套，因此项目的建设与新生产线能否顺利建成息息相关。

④但水泥行业属于国家调控行业，大部分银行对企业新建水泥生产线的项目贷款都不支持，对 A 公司造成较大的压力。

⑤由于最终还款完全依赖于 B 水泥公司的付款能力，因此必须对 B 公司作深入的调研。

⑥B 公司位于中国四川省西部的凉山彝族自治州，交通很不便利。外地水泥进入该地的运输成本很高，而该地水泥产能并不像四川东部一样过剩，反而落后于当地需求的增长。

⑦B 公司的第一条生产线产能全部用足，占当地产能的 25%，以往年份的净利润率在 15% 以上，行业利润占比 30%，是当地最好的水泥厂。

⑧B 公司拥有水电站，有大坝水泥和矿井特种水泥技术和生产资质。而凉山州占到四川水利资源的 60% 以上，州内对水电投资不断加大，对水电站用特种水泥需求十分旺盛，而且这种高速需求在未来 5 年内都将保持不变。

⑨B 公司已经与当地另一水电站签署了 100 万吨大坝水泥的供货项目，所以 B 公司要马上启动建造第二条生产线的项目。

⑩B 公司通过自身滚存利润、当地银行的流动贷款和委托贷款筹得部分资金支付了预付款。

4. 项目融资方案

3 000 万元项目贷款的提款方式分拆成两部分以生产线水泥窑到位作为节点，水泥窑到位前申请人提款不得超过 1 000 万元；水泥窑到位开始安装后才容许提取剩余款项。

5. 项目风险缓释办法

①水泥窑是水泥生产线的主体设备，窑炉的安装基本就意味着水泥生产线能够建成，先期提款的 1 000 万元主要是支付余热电站设备的预付款，如果水泥窑没有到位，所采购的余热电站设备还可以用于其他项目。

②项目资产（主要是余热电站三大件锅炉、汽轮机和发电机）抵押给融资银行。

③这三大件都是余热电站的通用设备，出现“万一”情况时可以拆下用于其他项目，是存在一定的价值的。

④B 水泥经营层将公司 30% 多的股权质押给融资银行。

⑤合同能源管理项下应收账款办理整体抵押/或追加抵押给融资银行。

第四节　租赁

租赁是现代经济交易中最为活跃的一种贸易方式。发达国家的固定资产投资，有 1/3 以上是通过租赁方式实现的，无论在国内或国际贸易中，租赁市场是一个对供需双方都十分具有吸引力的市场。

租赁是指企业之间较长期的动产租赁。承租人选定所需设备和供货商后，由租赁公司洽谈购买，然后出租给承租人，承租人则按租赁合同向出租人（租赁公司）定期支付租金，设备的所有权属于出租人，承租人取得的是使用权。租赁对象主要是资本货物，包括机电设备、运输设备、建筑机械、医疗器械、飞机、船舶和各种大型成套设备和设施等。出租人（租赁公司）一般为准金融机构，即附属于银行或信托投资公司的租赁公司，也有专业租赁公司或生产制造商兼营自己产品的租赁业务。承租人通常为生产或服务企业，除非承租人自身有足够好的信誉，经租赁公司评估后，在一定额度内实现租赁，租赁公司通常要求承租人提供经济担保，比如，银行、投资信托公司、保险公司等出具的保函。融资租赁期满后，标的物所有权通常归承租人所有。租赁合同也可规定由用户支付一定数额的设备残值后，可拥有所有权。

一、租赁的作用

租赁实质上是出租人向承租人提供信贷的一种交易方式。从利用外资、引进设备的角度看，它与一般的中长期信贷和延期付款有相似之处，但对供需双方来说，有其特有的优越性。

（一）对承租人而言

企业利用中长期信贷或延期付款方式购入设备，将记录在企业的资产负债表内。而租赁的设备则不作为企业的负债记录，不影响企业的举债能力。即使企业能以自有资金购入设备。若改用租赁方式，则可增强流动资金的周转能力，改善企业的资产质量。

承租人支付的租金（包括设备价款、利息和租赁手续费）可列入生产或经营成本，从而降低了企业应课税收入的数额。租金在租赁期内一般固定不变，而中长期贷款的利率往往是浮动的，且有上升的趋势。承租人可按自身需要选择生产厂商和所需设备，确定技术指标，而租赁公司作为市场中的大买家，往往拥有优越的谈判地位，能以相对优惠的价格购进设备，从而降低承租人支付的租金。以租赁方式引进设备，承租人只需和租赁公司达成协议，而落实资金和采购设备均由租赁公司负责，故而业务环节减少，设备到位所需时间较短。承租人可以分享租赁公司所享受的减免税优惠以及所具有的资金运作优势，从而降低租金支出。

（二）对出租人而言

出租人购买设备进行租赁业务，作为设备所有人，可享受投资减税待遇，以及折旧或按政策加速折旧的优惠。金融租赁公司作为出租人，租赁贸易也是一种金融业务。由此扩大了资金投放市场。由于拥有设备所有权和应收租主的承诺贷款风险较小。专业租赁公司作为出租人，一般只需支付所购设备款项的20% ~40%，其余部分则以设备所有权和租金受让权作为抵押，由银行等金融机构提供贷款，但出租人仍享有全部减税利益。

二、租赁的种类

（一）融资租赁

这是最基本的租赁形式，租赁公司出资购买用户选定的设备，出租给用户。租赁期较长，接近设备的使用期。租赁期内由用户自行维修保养，租赁期满，设备归用户所有，或者由用户支付残值后拥有设备。在整个设备使用期内只租给一个用户，租赁公司按设备成本利息加上费用，分摊成租金向承租人收取，故而又称为“完全支付租赁”或“一次性租赁”。

（二）经营租赁

这种形式的租赁期限较短，在设备使用的有效期内，不仅仅租给一个用户，每个用户所缴付的租金只相当于设备投资的一部分，故又称为“不完全支付”租赁。在租赁期内，由出租人提供设备维修保养服务，以期保持设备的良好状态供再次出租。对承租人来说，这种租赁方式和提供的服务，使其获得了始终保持正常运转的高新技术设备，但租金也比较高。

（三）转租租赁

本国在以租赁方式引进国外设备时，往往由本国的租赁公司作为承租人向国外租赁公司租用设备，然后再将该设备转租给本国内用户。经营转租业务的租赁公司，一方面为用户企业提供了信用担保，即以自己的名义承担了支付租金的责任。另一方面又为用户承办了涉外租赁合同的洽谈和签订，以及各项进口手续和费用。

（四）回租租赁

承租人向出租人租赁原来属于自己的设施。一般做法是先由承租人和出租人签订租赁协议，然后再签订买卖合同，由出租人购进设施，将其租给承租人，即原物主。这种租赁方式主要用于不动产，由于承租人缺少资金而出售不动产以筹措所需资金。回租租赁均为融资租赁，设备的售价将分摊在各期租金中，故在回租租赁业务中，设备的售价往往并不反映真正的市场价，而更多取决于承租人所需资金的数额。当然也不可能超过其真正的市场价。

三、融资租赁的优点

（一）筹资速度快

融资租赁的批核时间往往比银行贷款快，且不需承租人提供房地产抵押，故而可以缩短设备的购进和安装时间，令添置设备更迅速和灵活。

（二）限制条款少

长期借款有相当多的限制条款，而类似的限制在融资租赁一般比较少。

（三）财务风险小

融资租金在整个租期内分摊，不用到期一次偿还大量本金，可以避免对企业造成大的财务压力。

（四）避免通货膨胀影响

如果企业添置生产设备，靠自己积累资金去采购需要很长时间。在通货膨胀时期，早采购比晚采购的费用要低。采用融资租赁，可用设备产生的效益去还账。

（五）防范汇率、利率风险

如果从国外采购租赁对象，需要使用外汇。融资租赁可以将外汇折算成本国货币，以本国货币计价租赁，这可以使承租企业避免因本国货币浮动而带来的汇率风险。由于融资租赁在开始时就采用固定利率，承租企业还可以避免利率波动带来的利率风险。

第五节　船舶融资

船舶融资是一种非常国际化、具有高风险并需要高技术的融资产品。因为，它的融资金额巨大（请参看表 7－2 新造货船的大约价格），年期长，需要的法律文件非常多且非常专业，此外，船舶的登记、挂旗等都是需要考虑的问题。

表 7－2　船型和造船价格

船型	载重吨	价格（万美元）
巨型油船	30 万	1.02 万
苏伊士型油船	15 万	6 500
阿芙拉型油船	11 万	5 500
成品油船	4.7 万	3 600
好望角型散货船	18 万	5 700
巴拿马型散货船	7.6 万	3 700
灵便型散货船	5.6 万	3 100

（因应世界经济情况和运输行业的兴旺情况，造船价格波动很大）

融资资金可以用来造新船，购买二手船，购买废船拆件转卖等。一般来说，新船的融资比例约为80%，二手船是70%，特别船型是75%，新客船是75%，二手客船是50%。这些都只是作为参考的数据，还要看每笔交易的具体情况来决定融资比例。

一、船舶融资市场的展望

（一）船舶融资市场不稳的原因

过去数年，航运市场极不稳定，运价的起落波幅很大。造成市场不稳的主要原因如下：

①各船公司订购的新船纷纷下水，运力突然扩张，加上全球贸易量萎缩，运力严重过剩；

②大宗商品价格暴跌，需求大减；

③大量船舶融资到期无法偿付或需要重组，大量金融机构纷纷退出船舶融资市场。

（二）船舶融资市场的注意事项

由于上述原因，订造新船意愿转为观望。但是，由于新船订单减少，造船价格也急速下滑，有远见的船东纷纷趁机下单订造新船，扩充船队，为未来的发展做规划。这给船舶融资业务带来商机，但下列事项值得我们关注。

1. 全球船舶融资逐渐转向资本市场

海运业的融资及贷款回报较其他行业一向偏低，而海运高峰期进一步加剧银行同业间的竞争，向船公司及船东提供的低利率贷款涌现，传统及小型的金融机构在经营船舶融资业务方面已日趋困难，加上银根收紧，银行业面临严峻考验，因此银团贷款等融资模式将成未来趋势，并令更多船东转向资本市场集资。

鉴于船舶融资本身具有投入高、技术性强、回报期长等特点，因此外国的金融机构特别注重以下两点：

①加强自身的专业水平；

②注重与船舶经纪人、船级社等专业机构的紧密合作，以了解船舶在设计、建造、运营、交易各个阶段的价格与技术状况，最大限度地防范船

船融资的技术、市场和财务风险。

2. 超大型油轮成造船市场热点

在当前全球市场中，VLCC 油轮（载重吨一般在 29.7 万吨以上）承担了 70% 的原油运输量。此类船舶融资结构复杂，涉及油轮租运费监管账户、抵押权人保险投保、油轮责任险及污染险转让等多种结构化风险管理工具，融资的进入门槛较高。该类型可成为银行业重点考察的船型之一。

3. 欧美银行对船舶融资的转变

船公司买新造船时，一般要在确定订单的时候交 20% 订金；在生产过程中，船公司还需要按照进度来追加投资，达到船款的 60% 左右；最后在船舶交付时一次性付清尾款。例如，建造一艘 9 600 标箱的集装箱船，大概需要 2 亿美元，随着这巨无霸的交付，船公司也会由此带来不小的资金压力。

一直以来，在国际融资市场上，船舶融资都是欧美银行的天下，它们几乎垄断了整个船舶融资市场。近年来，全球造船业重心向亚洲尤其是日本、韩国和中国等国家转移，中国的船舶工业慢慢壮大，中国的银行业也逐步进入国际船舶融资领域。加上 2008 年的全球金融风暴，欧美银行的经营受到严重冲击，纷纷退出船舶融资市场，这进一步加速了中国银行业在船舶融资领域的发展。

（三）中国目前制约造船企业融资的主要问题

①企业融资大多采取贷款方式，资金来源不足和融资方案较少，可选择余地很少，且资金负债率高；

②金融机构自身专业性不强，与船舶相关专业机构的合作不密切，难以防范船舶融资项目中的技术、市场和财务风险；

③缺乏资本雄厚的船舶融资租赁公司作为融资主体为船舶工业吸纳大量资金；

④中国的金融业仍未认识到国内船舶融资市场的潜力，准备不足，甚至阻碍了中国航运业的快速发展。

二、船舶融资的方式

船舶融资也可以属于项目融资的一种，需要对船舶和运输行业有深入认识和了解，同时由富有经验的人员来操作。船舶融资是一项高风险的融资行为，融资方分析一个融资项目是否可行，最重要的依据是其回报（安排费、预付费、利息、承诺费和售船或保险赔付的分利等）是否大于其承担的风险，船公司的经营收入是否足够偿付贷款，以及担保是否足够。为了降低风险，避免损失，融资方往往需要船公司进行一定的抵押和担保。

船舶融资的形式有建造期贷款、交船后的船舶抵押贷款及船舶租赁融资等。考虑到税收、船舶所有权以及债权保障等因素，租赁逐渐成为交船后船舶融资的主要方式。

一般来说，短期的船舶融资只为船的维修和补给等提供贷款，长期的船舶融资是为建造新船或购买二手船而设的。船舶种类可以是油船、货船、内河船、客船等，而借款人可以是船东（船公司）或造船厂。

（一）建造期（交船前）贷款

与传统的抵押贷款相比较，在建船舶抵押最显著的特点是抵押物的不特定性和不确定性。一艘船舶的建造往往需经历一年或更长的建造期，在这段期间内，“在建船舶”包含的标的物的范围始终处在不断变化之中。正是由于这一特点，这种融资形式对抵押权人来说存在着极大的风险，因此不容易被接受。而且目前很多国家的法律体系也不支持在建船舶抵押登记。因此，在交船前，建造合同往往成为重要的抵押物。

1. 船厂为借款主体

①借款金额：双方协商按造船价的60%～70%；

②年期：一般比较短（1～2年），在交船时收到船东款项后全数归还；

③抵押：造船合同和船厂其他的抵押品。

2. 船东为借款主体

①借款人：一般由船东成立单船公司作为借款人；

② 借款金额：按造船价的70%～80%，最多不超过90%；

③年期：一般比较长（5～10年）；

④放款方式：按造船的节点放款，例如：定金（由船东出资）20%，开工10%，上台10%，下水10%，交船50%；

⑤还款来源：交船后出租给××海运公司获得的租金收入；

⑥交船前抵押：造船合同，租船合同，完工保函和预付款保函权益让渡；

⑦交船后抵押：船舶和船舶保险权益让渡；

⑧抵押物保险要求：船壳和机器设备险，船东责任险和租家要求船舶经停危险海域或存在其他重要风险时投保战争险等必要的保险。

（二）交船后的融资

交船后融资主要是面向船东，一般约为船舶造价的50%，年期在5~7年之间，有以下多种抵押品。

1. 船舶抵押

交船后，以船舶作为抵押资产已成为船舶融资的主要方式。船舶抵押权作为一种担保物权，一方面不转移船舶的占有，从而使抵押人能够继续利用船舶，另一方面又能以船舶的交换价值为对象确保主债权的履行，其优点十分明显。

2. 租约收入转让协议

单船公司与承运人或海运公司所签订的长期租约，是归还贷款的重要保障。融资提供者要求将其租约权益让渡和指定租金收入的专用账户进行直接控制，以保障船东不会拿租金用作其他用途。基本内容规定：船东有义务就船舶营运取得的一切租金、运费、酬劳等，事先通知支付方直接付至指定账户中。该账户中的款项在到期日前不得支取，只有在到期日由开户银行自动从该账户中划走当期应付的本息金额后还有剩余的情况下，才可由船东支配使用，包括用于船舶的营运成本和补给开支，支付船舶的维修和保养费用等。如该账户中的金额不足以支付当期本息，船东有义务用其他款额补足。

（三）船舶融资租赁

在1972年，美国出台了《船舶融资法》（Ship Financing Act），规定了一种崭新的融资方式即船舶融资租赁，使得船舶融资对投资者几乎无任何风险。因此，融资租赁也颇受航运界青睐。

船舶融资租赁是出租人根据承租人对船舶的特定要求和对船厂的选择，出资向造船厂购买船舶，并租给承租人使用，承租人则分期支付租金。在租赁期内船舶所有权属于出租人所有，租期届满、租金支付完毕并且承租人根据融资租赁合同规定履行完全部义务后，船舶所有权即转归承租人所有。

通过这种方式，承租人可以用较少的资金解决生产需要，出租人可获得丰厚利润，又有较为可靠的债权保障。船舶融资租赁的形式主要有直接租赁、回租、转租和委托租赁等。

三、船舶融资的风险和抵押品

（一）船舶融资风险

①金额大，融资时间长；
②专业性强，文件复杂；
③行业不景气，船东弃船或运力不足以偿还贷款本金和利息；
④造船企业交船脱期；
⑤民营企业造船的技术风险；
⑥令环境污染受社会的责备和承担赔偿责任（油船）；
⑦风险系数高。

（二）船舶融资的抵押品

①押船；
②收入（未来收入）让渡；
③保险权益转让；
④退款担保让渡（预付款保函权益转让）；
⑤造船合同让渡；
⑥其他担保。

第六节　股权融资

股权融资是指企业的原有股东愿意让出部分企业所有权，通过企业增资的方式引进新股东的融资方式，总股本同时增加，但原有股东的控股权被摊薄了。股权融资所获得的资金，企业无须还本付息，但新股东将与老股东同样分享企业的盈利与增长。

表面看来，股权融资与贸易完全没有关系，但如果我们深入想想，通过股权融资获得的资金，一般都会用于企业的投资活动、项目、科研等，而这些活动的背后，就可能与贸易有极大的关系。与债权融资不同，股权融资极少用于解决企业营运资金短缺的问题。

一、股权融资种类

按融资渠道来划分，可以有公开市场和私募两大类。

（一）公开市场股权融资

公开市场股权融资是通过股票市场向公众投资者发行企业的股票来募集资金，常说的企业上市、上市企业的增发和配股都是利用公开市场进行股权融资的具体形式。通过上市来募集资金有以下优点：

①募集资金的数量巨大；

②原股东的股权和控制权稀释得较少；

③有利于提高企业的知名度；

④有利于利用资本市场进行后续的融资。

虽然，通过公开市场发售的方式来进行融资是大多数民营企业梦寐以求的融资方式，但由于公开市场发售要求的门槛较高，只有发展到一定阶段，有了较大规模和较好赢利的民营企业才有可能考虑这种方式。如果民营企业能达到上市要求，在准备上市时，资本市场将给企业一个市场化的定价，使民营企业的价值为市场所认可，为民营企业的股东带来巨额财富。

在国内，民营企业上市申请获批准有一定的难度，因此，很多民营企业只能通过借壳上市或买壳上市的方式绕过直接上市的限制进入资本市场，期待通过未来的配股或增发来融资。

（二）私募股权融资（Private Equity，简称 PE）

私募股权融资是指企业自行寻找特定的投资人，吸引其通过增资入股企业的融资方式。因为绝大多数股票市场对于申请发行股票的企业都有一定的条件要求，例如中国对公司上市除了要求连续 3 年赢利之外，还要企业有 5 000 万元的资产规模，因此对大多数中小企业来说，较难达到上市发行股票的门槛，私募成为民营中小企业进行股权融资的主要方式。

民营企业通过私募进行股权融资，大大降低了融资成本，并且提高了融资效率。私募成为近几年来经济活动最活跃的领域。对于企业，私募融资不仅仅意味着获取资金，同时，新股东的进入也意味着新合作伙伴带进来新理念、新技术和新的管理模式等。新股东能否成为一个理想的合作伙伴，对企业来说，无论是当前还是未来，其影响都是积极而深远的。在私募领域，不同类型的投资者对企业的影响是不同的。最常见的投资者类型有个人投资者、风险投资机构、产业投资机构和上市公司。

1. 个人投资者

虽然投资的金额不大，一般在几万元到几十万元之间，但对大多数民营企业在初创阶段所需资金起了至关重要的作用。这类投资人很复杂，有的人直接参与企业的日常经营管理，也有的人只是作为股东关注企业的重大经营决策。这类投资者往往与企业的创始人有密切的私人关系，随着企业的发展，在获得相应的回报后，一般会淡出对企业的影响。

2. 风险投资机构

风险投资机构追求资本增值的最大化，它们的最终目的是通过上市、转让或并购的方式，在资本市场退出，特别是通过企业上市退出是它们追求的最理想方式。它们能为企业提供几百万元乃至上千万元的股权融资。民营企业选择风险投资机构作为投资人的好处有：

①没有控股要求；

②有强大的资金支持；

③不参与企业的日常管理；

④能改善企业的股东背景，有利于企业进行二次融资；

⑤可以帮助企业规划未来的再融资及寻找上市渠道。

但同时，风险投资机构也有其不利之处，它们主要追逐企业在短期的资本增值，与企业的长期发展之间容易发生冲突，另外，风险投资机构缺少提升企业管理和业务资源的能力。

3. 产业投资机构

产业投资机构又称策略投资者，它们的投资目的是希望被投资企业能与自身的主业融合或互补，形成协同效应。这类投资者对民营企业融资尤为有利，因为：

①其具备较强的资金实力和后续资金支持能力；

②有品牌号召力；

③业务的协同效应；

④在企业文化、管理理念上与被投资企业比较接近，容易相处；

⑤可以向被投资企业输入优秀的企业文化和管理理念。

但产业投资机构也有其不利之处：

①可能会要求控股；

②可能会对被投资企业的业务发展领域进行限制；

③可能会限制新投资者进入，影响企业的后续融资。

4. 上市公司

有长远战略眼光的上市企业，因为看到了被投资企业广阔的市场前景和巨大发展空间，投资是为了其产业结构调整的需要。但也有一些主营业务发展出现问题的上市公司，由于上市时募集了大量资金，参与私募大多是利用资金优势为企业注入新概念或购买利润，伺机抬高股价，以达到维持上市资格或再次融资的目的。这两种参股的目的都会要求控股，以达到合并财务报表的需要。

民营企业对这样的投资者，必须十分谨慎，一旦出让控股权，又无法与控股股东达成一致的观念，企业的发展就会面临巨大的危机。

二、股权融资特点

①长期性和无负担性；

②筹措的资金具有永久性，无到期日，不需归还；

③不可逆性；

④投资人欲收回本金，需借助于流通市场；

⑤没有固定的股利负担，股利的支付与否和支付多少视公司的经营需要而定。

三、股权融资优势

股权融资在企业投资与经营方面具有以下优势：

①股权融资需要建立较为完善的公司法人治理结构，降低了企业的经营风险。公司的法人治理结构一般由股东大会、董事会、监事会、高级经理组成，相互之间形成多重风险约束和权力制衡机制；

②公开的证券市场，是在一定的市场准入、信息披露、公平竞价交易、市场监督制度下规范进行的。在金融交易中，人们更重视的是信息的

公开性与可得性。所以证券市场在信息公开性和资金价格的竞争性两方面来讲优于贷款市场；

③如果借贷者在企业股权结构中占有较大份额，那么它运用企业借款从事高风险投资和产生道德风险的可能性就将大为减小。因为如果这样做，借款者自己也会蒙受巨大损失，所以借款者的资产净值越大，借款者按照贷款者的希望和意愿行事的动力就越大，银行债务拖欠和损失的可能性就越小。

虽然，利用股权融资和筹集资金有以上的优势，但也有一定的风险。例如，企业经营者道德风险问题。当企业在利用股权融资对外筹集资金时，企业的经营管理者就可能产生各种非生产性的消费，采取有利于自己而不利于股东的投资政策等道德风险行为，导致经营者和股东的利益冲突。

要有效地控制经营者道德风险的问题，一方面可以提高经营者的持股比例就能有效地抑制其道德风险，或在企业的融资结构中增加负债的利用额，使经营者的持股比率相对上升，就能有效地防止经营者的道德风险，缓解经营者与股东之间的利益冲突。

第八章

互联网贸易

互联网的出现改变了人们的生活方式，也翻开了贸易形式新的一页。厂家或销售商以网络为载体或传播媒介，进行产品和服务的宣传推广，开创了电子商务的雏形。随着互联网的不断发展，网上开店已经成为年青一代当老板的捷径。今天，人们足不出户就能解决衣、食、住、行等各方面的问题。联合国宽带可持续发展委员会发布的2016年版《宽带状况报告》显示，中国互联网用户人数为7.21亿。

电子商务和网上贸易是互联网贸易的主要组成部分。虽然两者都是通过互联网来销售和购买产品或服务，但两者在含义上是有分别的。网上贸易是指网上交易，是一种通过低成本的电子信息交流而进行的交易。网上贸易不受地域限制，过程较传统贸易快捷，交易数量多、交易金额相对较小。而电子商务的内涵较为深远，它不单指企业的网站，更为重要的是指企业的营销、服务及同供应商与合作方进行合作的方式，是一种根本性的变革。

第一节 电子商务

联合国国际贸易程序简化工作组曾表示，电子商务（E－Business）是指："采用电子形式开展商务活动，它包括在供应商、客户、政府及其他参与方之间通过任何电子工具，如EDI、Web技术、电子邮件等，共享非结构化商务信息，并管理和完成在商务活动、管理活动和消费活动中的各种交易。"

简单来说，电子商务就是通过电子手段进行的商业事务活动。通过使用互联网（Internet）、企业内网（Intranet）等电子工具，使公司内部、供应商、客户和合作伙伴之间，利用电子业务共享信息，实现企业间业务流程的电子化、数字化和网络化，配合企业内部的电子化生产管理系统，提高企业的生产、库存、流通和资金等各个环节的效率。电子商务是一种新型的商业营运模式，它利用计算机技术、网络技术和远程通信技术，来完成整个商务活动过程，供需双方都不需要见面，只通过使用互联网的技术或各种商务网络平台便可完成商务交易。

从使用者参与的角度和程度的不同，电子商务会有不同的定义，但其关键依然是依靠电子设备和网络技术完成商业行为，网络营销也是电子商务的一种。随着电子商务的高速发展，它已不只包括前端的购物，还应包括中后端的功能和服务。例如，电子账户、电子货币交换、供应链管理、网络营销、广告宣传、咨询洽谈、在线事务处理、电子数据交换、存货管理、数据收集和物流配送等。同时，在电子商务活动中，安全性是一个核心问题，它要求网络能提供一种端到端的安全解决方案，如加密和签名机制、安全管理、存取控制、防火墙、防病毒等，这与传统的商务活动大不相同。电子商务最常见的安全机制有 SSL（安全套接层协议）及 SET（安全电子交易协议）两种。

一、搭建电子商务平台

电子商务是各种技术结合的产物，复杂的管理及高昂的建设和维护费用，使得一些系统、技术和人才匮乏的企业望而却步，要采用电子商务模式营销就必须通过第三方搭建平台。

另外，在任何情况下，交易的安全性都是首要问题。如何在网上保证交易的公正性和安全性、交易双方身份的真实性、传递信息的完整等，是推广电子商务和搭建交易平台的关键。

（一）交易平台

交易平台可以由企业自己搭建（通常是在企业自身的网站上）或由第三方提供，为在电子商务活动中交易双方或多方提供交易撮合及相关服务的信息网络系统。

1. 平台经营者

从事交易平台运营并为交易双方提供服务的经营者，可以是企业本身、第三方法人或其他组织。

2. 平台使用者

平台使用者是指在电子商务交易平台上从事交易及有关服务活动的自然人、法人和其他组织。

（二）外联平台

1. 支付系统

网上支付是一个完整商务过程的重要环节。支付系统（Payment System）是由提供支付清算服务的中介机构和实现支付指令传送及资金清算的专业技术手段共同组成的，用以实现资金的转移。例如，银行、信用卡公司、PayPal、支付宝、微信支付等。而电子账户管理是支付系统的基本组成部分，系统的可信度需配以必要技术措施来保证，如数字凭证、数字签名、加密等，这些手段的应用提供了电子账户操作的安全性。

在网上直接采用电子支付手段可省略交易中很多人员的开销。网上支付需要更为可靠的信息传输安全性控制以防止欺骗、窃听、冒用等非法行为。

2. 物流系统

在交易完成后，发送货物一般都会通过物流公司或快递公司等。因此，电子商务平台可以外联有信誉的物流公司或快递公司网站，由购买者选择使用。而最适合在网上直接传递的货物是信息产品。例如，软件、电子读物、信息服务等，它能直接从电子仓库中将货物发到用户端。

二、电子商务模式

电子商务模式层出不穷，种类繁多。按照商务活动的内容，电子商务主要包括间接和直接电子商务。有形货物的电子订货和付款，称为间接电子商务，仍然需要利用传统物流渠道发送货物；无形货物和服务交易，例如，某些计算机软件、娱乐产品的联机订购、付款和交付，或是全球规模的信息服务等，称为直接电子商务。

如果按照交易对象分类，最常见的电子商务有企业对企业（Business-to-Business，即 B2B），企业对消费者（Business-to-Consumer，即 B2C），B2B + M（M 是商城 MALL 的缩写），个人对消费者（Consumer-to-Consumer，即 C2C），代理、商家、消费者（Agent、Business、Consumer，即 ABC）和线上对线下（Online To Offline，即 O2O）等。

（一）企业对企业（B2B，Business-to-Business）

B2B 是指进行电子商务交易的供需双方都是企业（商家对商家），利用互联网的技术或各种商务网络平台，完成商务交易的过程。这些过程包括：发布供求信息，订货及确认订货，支付过程，票据的签发、传送和接收，确定配送方案并监控配送过程等，通过网络的快速反应，为客户提供更好的服务，从而促进企业的业务发展。B2B 平台提供多元化商品吸引消费者购买的同时促使更多商家的入驻。另外，与物流公司建立合作关系，为消费者的购买行为提供最终送货保障。物流配送是电子商务环节的重要和最后的环节，是电子商务的目标和核心，也是衡量电子商务成功与否的一个重要尺度。

常见的 B2B 商业模式有垂直、综合、自建和关联四种。

①垂直模式就是在产业链条内的上、下游企业直接通过网络进行商务活动。

②在网上将销售商和采购商汇集一起，采购商可以在其网上查到销售商的有关信息，为双方提供一个交易的机会，这一类网站就是综合模式 B2B，它自己既不是拥有产品的企业，也不是经营商品的商家，它只提供一个平台。

③顾名思义，自建模式就是企业基于自身的信息化建设程度，搭建以自身产品供应链为核心的行业化电子商务平台，供应链上下游企业通过该平台实现资讯传递、沟通、交易。

④为提升电子商务交易平台信息的广度和准确性，将垂直和综合模式整合起来，搭建跨行业的电子商务平台，就是关联模式。

（二）企业对消费者（B2C，Business-to-Consumer）

B2C 是指企业直接面向消费者销售产品和服务的商业模式。这种形式的电子商务一般以零售业为主，主要借助互联网开展在线销售活动，消费者通过网络在网上购物、在网上支付。B2C 平台的主要组成部分有为消费者提供在线购物的平台、有负责为购物者所购商品进行配送的配送系统、确认顾客身份的认证系统和货款结算的支付系统。在中国 B2C 是最早产生的电子商务。目前，中国的 B2C 电子商务网站非常多，比较大型的有天猫商城、京东商城、一号店、亚马逊、苏宁易购、国美在线等。

反之，通过聚合分散但数量庞大的用户形成一个强大的采购集团，以此来改变 B2C 模式中用户一对一出价的弱势地位，使之享受到以大批发商的价格买单件商品的利益，是目前中国最流行的“团购”。团购作为一种新兴的电子商务模式，通过消费者自行组团、专业团购网、商家组织团购等形式，提升用户与商家的议价能力，并极大程度地获得商品让利，引起消费者及业内厂商、甚至是资本市场关注。尽管网络团购的出现不到 10 年，却已成为年龄 25 到 35 岁年轻群体网民中流行的一种新消费方式。

（三）B2B + M（M 是商城 Mall 的缩写）

B2B + M 是指电子商务平台与大型实体商城有机结合的运作模式。B2B + M 打破了实体商城辐射力不足的困局，同时有效地弥补了一般 B2B 平台所普遍存在的诚信障碍。

（四）个人对消费者（C2C，Consumer-to-Consumer）

C2C 是指个人与个人之间的电子商务。比如一个消费者买了一个新手机准备送给朋友，但朋友不喜欢那个颜色，那么，这个消费者就通过网络直接进行交易，把它出售给另外一个消费者，或通过网上拍卖方式出售，此种交易类型就称为 C2C 电子商务。

（五）代理商、商家和消费者（Agent、Business、Consumer，即 ABC）

ABC 模式是新型电子商务模式的一种，被誉为继 B2B、B2C 及 C2C 模式之后电子商务界的第四大模式。它是由代理商、商家和消费者共同搭建集生产、经营、消费为一体的电子商务平台。三者之间相互服务，相互支持，真正形成一个利益共同体。

（六）线上对线下（O2O，Online To Offline）

O2O 是指将线下商务的机会与互联网结合在一起，让互联网成为线下交易的前台。这样线下服务就可以在线上来招揽客户，而消费者可以在线上筛选服务，达成交易后可以在线上进行预付结算。这一模式的特点是能用数据来监测推广效果及跟踪每笔交易的全过程，还可以将网购的以次充好、图片与实物不符等虚假信息的缺点摒弃。

O2O 把互联网与地面店完美对接，实现互联网落地，让消费者在享受线上优惠价格的同时，又可享受线下贴身的服务。对提供线上服务的互联网公司而言，只有用户在线上完成支付，自身才可能从中获得效益和准确的消费数据。目前，O2O 的发展已经将在线支付变成线下体验后再付款，消除了消费者对网购诸多方面不信任的心理。

（七）其他模式

商品和顾客（P2C，Production to Consumer），即产品从生产企业直接送到消费者手中，中间没有任何的交易环节，是继 B2B、B2C、C2C 之后的又一个电子商务新概念，在国内叫作“生活服务平台”。P2C 把老百姓日常生活当中的一切密切相关的服务信息，如房产、餐饮、交友、家政、票务、健康、医疗、保健等服务的信息聚合在平台上，实现服务业的电子商务化。

其他还有 B2B2C（企业对企业对消费者）、B2F（企业对家庭）、M2B（移动电子商务）、B2G（政府采购）、G2B（政府抛售）、BAB（企业－联盟－企业）、B2S（分享式商务，或体验式商务）等。

三、电子商务的优劣势

（一）电子商务的优势

1. 互联网的快速发展及移动通信设备的普及，给电子商务的发展提供了有利的基础设施条件。电子商务拥有全球化的市场，能为世界各地的企业和个人消费者提供网络购物的途径，市场空间广阔；

2. 电子商务是信息化时代的产物，利用高新技术的信息和数据处理能力，制定合适的营销策略，可以提高商品销售效率和提升企业效益，而且，商业文件能在世界各地瞬间完成传递与计算机自动处理，使原材料采购、产品生产、需求与销售、银行汇兑、保险、货物托运及申报等过程无须有人的参与；

3. 通过网络进行商务活动跨越了空间维度，节省时间。加上网络资源共享，信息成本低，以及中间环节的减少，使得企业的成本相对实体经营店铺要低得多，整个活动成本大大降低。所以，货品价格也就比实体店要便宜；

4. 通过互联网进行的贸易，双方从开始洽谈、签约到订货、支付等，整个交易都通过网络完成，无须当面进行。另外，目前网上购物已经成为一种潮流，没有时间逛街或喜欢追逐新鲜事物的人们都可以在网上进行各式各样的服务和体验；

5. 企业的互联网网址为全球的用户提供不间断的信息源，任何人都可以在任何时候向网上企业查询信息，寻找问题的答案；

6. 通过网络，产品宣传和广告促销可以随时随地直达世界各地，营销人员的营销行为也不受地域和市场的限制。

（二）电子商务的劣势

1. 安全是制约电子商务发展的一个致命因素。信用卡信息的安全，数据传输的安全，个人隐私安全性等问题对电子商务的发展都有阻碍。如今，网上购物越来越普及，个人的隐私、信用卡信息、虚拟的交易环境等所带来的担忧亟待解决；

2. 网上购物平台如雨后春笋，但假货、劣货、迟发货、货不对板等问题屡见不鲜，令消费者对网购缺乏信心。另外，传统的思想觉得眼见和触摸实物才为实的观念限制了人们网上购物的积极性；

3. 据了解，目前很多国家都没有健全的法律来规范电子商务和网上交易行为，使得电子商务的发展受阻。另外，税收也是一个重要的问题。网上卖东西要不要付各种税项，如果要付，如何制定课税标准等都是不好与实体产业相一致的，衡量的标准和方式也很难确定。现在中国的电子商务还处于起步发展阶段，需要法律约束的同时，更需要法律的扶持；

4. 电子商务作为一个比较新的行业，专业人才比较缺乏。在中国，计算机和网络技术人才尤为缺乏，严重限制了中国电子商务的发展。中国电子商务行业反映院校人才培养不力、专业人才信心缺失、企业缺乏优质人才。

四、电子商务的发展历程

从20世纪70年代人类就开始使用电子邮件互通信息。在1995年，以Web技术为代表的信息发布系统，爆炸式地成长起来，成为互联网（Internet）的主要应用，而互联网的最终主要商业用途，就是电子商务。直到1997年底，在加拿大温哥华举行的第五次亚太经合组织（APEC）非正式首脑会议上，当时的美国总统克林顿提出敦促各国共同促进电子商务发展的议案，引起了全球首脑的关注，IBM、HP和Sun等国际著名的信息技术厂商宣布1998年为电子商务年。随着SaaS（Software as a Service，软件服务模式）的出现，软件纷纷登录互联网，延长了电子商务链条，形成了当时最新的“全程电子商务”概念模式。

到了2011年，互联网信息碎片化以及云计算技术愈发成熟，电子商务以主动互联网智慧型营销模式出现，摆脱传统销售模式生搬上互联网的电子商务现状，改以主动、互动、用户关怀等多角度与用户进行深层次沟通。

1996年中国正式开通金桥网与因特网，1997年4月，在深圳召开全国信息化工作会议，各省、市、地区相继成立信息化领导小组及其办公室，开始制订本地包含电子商务在内的信息化建设规划，中国正式进入电子商务年代。这是我国政府在1993年开始建设国民经济信息化工程后的一个重要里程碑。

中国第一笔互联网网上交易是在1998年3月完成的。1998年10月，国家经贸委与信息产业部联合宣布启动以电子贸易为主要内容的“金贸工程”，它是一项推广网络化应用、开发电子商务在经贸流通领域的大型应用试点工程。到了1999年3月，多个B2C网站平台正式开通，网上购物进入实际应用阶段。从2000年开始，随着国家的大力推动，各大机构和企业纷纷启动电子商务活动，电子商务开始进入可持续性发展的稳定期。同时，电子商务受到国家高层的重视，被提升到国家战略层面。

五、电子商务的未来发展

根据联合国在2015年发表的信息经济报告，2013年全球电子商务的总产值超过16万亿美元，B2B占大约92.6%，B2C约为1.2万亿美元。报告还披露了电子商务占美国制造业总收入的份额从2002年的19%提升到2012年的50%以上。另外，根据艾瑞网2014年对中国电子商务市场的统计，B2B占总电子商务产值的73.4%，而中小企业B2B电商市场营业收入在迅速增长中，同比增长30%。从投融资数据看，2013年美国完成IPO上市的企业中的80%是B2B企业。

互联网正深刻地影响着全球的传统行业。电子商务的存在价值就是让买家和消费者通过网络完成交易，节省客户与企业的时间和空间，大大提高交易效率。以上这些数据都说明了电子商务市场空间巨大。

虽然近年电子商务在中国发展迅速，但对比全球电子商务产值，规模还不是很大。电子商务在中国有巨大的发展和可投资空间。

因此，我国政府应积极扶持电子商务的发展，可以在下列方面加大力度。

（一）交易可信度

国家各有关部门，应积极推进电子商务交易主体、客体和交易过程中基础信息的规范管理和服务，研究建立完善的电子商务交易产品基础信息规范化管理制度、基于统一产品编码体系的质量公开制度和推进信用监测体系的建设。

（二）移动支付

根据中国电子商务研究中心的数据，截至2016年年底，中国移动购物市场交易规模接达44 726亿元，同比增长121.6%。腾讯2017年第二季度财报显示，我国微信用户数量已达9.63亿，同比增长19.5%，移动电子商务呈现爆发性增长。针对移动支付快速发展的需求，中国人民银行应当研究制定移动支付发展的长远政策，引导商业银行、第三方支付机构实施移动支付的金融行业标准。

（三）税务及电子发票

电子商务网站正面临入境关税、营业税和电子发票等问题的困扰。国家税务总局应迅速制定有关电子商务的明确税制及如何征缴等法规和加快推进网络电子发票试点，完善电子发票的管理制度和标准规范。

（四）商贸流通及物流配送

我国政府有关部门应加快制定和完善电子商务的管理制度和标准规范。在物流配送方面，加强快递服务管理机制，健全电子商务配送系列保障措施，提升国家邮政局的服务质量和效率。

（五）政策支持

据中国国家统计局数据，2014 年与电子商务密切相关的互联网行业及关联的信息消费对我国 GDP 贡献约为 0.8%。我国电子商务交易总额增速是国内生产总值增速的 3.86 倍；全年网络零售额增速较社会消费品零售总额增速快 37.7%。电子商务已经成为国民经济重要的增长点，所以：

①政府应该提高对电子商务产业发展的参与度；

②从政策、管理制度、行业规范、资金投入等多方面给予支持；

③拿出更多的资源、补贴和优惠政策等，支撑基于交易的 B2B 创业在各个行业里发芽、成长；

④加速发展涉农电子商务；

⑤开放和给予优惠政策支持有一定规模的电子商务企业进军海外资本市场，加强我国电子商务在国际市场上的影响力。

第二节　第三方支付

在第二章谈到传统贸易结算时，买家对先款后货和卖家对先货后款都十分抗拒，因为大家对对方的诚信存在疑虑，所以，要找具备实力和信誉的第三方机构来为买方和卖方提供信用保证，例如银行担保、银行开信用证等保障。

在电子商务活动中，要在线上完成整个商务过程，线上支付是不可缺少的重要部分。要解决卖家不愿先发货，怕货发出后不能收回货款和买家不愿先支付，担心支付后拿不到商品或商品质量得不到保证等问题，就得像传统贸易结算一样，需要有实力和有信誉的第三方机构来为买方和卖方提供信用保证，那就促成收付款中介的出现，即第三方支付。

第三方支付的基本原理是买卖双方通过电子商务或网购交易，买方选购商品，将款项不直接打给卖方而是付给中介，中介通知卖家发货；买方收到商品后，通知付款，中介将款项转至卖家账户。中介就是第三方机构。

一、提供第三方支付的机构

作为提供第三方支付平台的机构，必须具有一定的诚信度。

（一）金融机构

在实际的操作过程中这个第三方支付机构可以是发行信用卡的银行或其他金融机构本身，在进行网络支付时，信用卡号或借记卡号，以及密码的披露只在持卡人和银行或金融机构之间转移，降低了应通过商家转移而导致的风险。

（二）其他机构

除了金融机构以外，其他具有良好信誉和技术支持能力的某个企业，同样可以申请成为第三方支付机构。以非金融机构的第三方支付公司为信用中介，通过和国内外各大银行签约，具备很好的实力和信用保障，是在银行的监管下保证交易双方利益的独立机构，在消费者与银行之间建立某种形式的数据交换和信息确认的支付流程。

第三方支付机构与各个主要银行之间签订有关协议，使得第三方机构与银行可以进行某种形式的数据交换和相关信息确认。这样第三方机构就能实现在持卡人或消费者与各个银行，以及最终的收款人或者是商家之间建立一个支付的流程。持卡人或者客户和银行之间通过第三方传递账户信息，避免了持卡人将银行信息直接透露给商家，另外也可以不必登录不同的网上银行界面，取而代之的是每次登录时，都能看到相对熟悉和简单的第三方机构的界面。例如，微信、支付宝、天猫、京东等都可以与消费者的银行卡连接，通过消费者的银行进行付款。

二、第三方支付的特点

（一）对接口多

第三方支付平台提供一系列的应用接口程序，将多种银行卡支付方式整合到一个界面上，负责交易结算中与银行的对接，使网上购物更加快捷、便利。消费者和商家不需要在不同的银行开设不同的账户，可以帮助消费者降低网上购物的成本，帮助商家降低运营成本。

（二）安全性强

电子商务在提供业务机会和便利的同时，也面临着一个巨大的挑战，那就是交易安全的问题。在网上购物的环境中，持卡人希望在交易中保护自己的账户信息，使之不被人盗用；商家则希望客户的订单不可抵赖，而且在交易过程中，交易各方都希望验明对方的身份，以防止被欺骗。

安全套接层（Secure Socket Layer，简称 SSL）为 Netscape 所研发，用以保障在 Internet 上数据传输的安全，利用数据加密（Encryption）技术，可确保数据在网络上传输的过程中不会被截取。目前，这项技术已被广泛用于 Web 浏览器与服务器之间的身份认证和加密数据传输。

SSL 协议位于 TCP/IP 协议与各种应用层协议之间，为数据通信提供安全支持。协议可分为记录协议（SSL Record Protocol）和握手协议（SSL Handshake Protocol）两层。记录协议建立在可靠的传输协议之上，为高层协议提供数据封装、压缩、加密等基本功能的支持，而握手协议则建立在记录协议之上，用于在实际的数据传输开始前，通信双方进行身份认证、协商加密算法、交换加密密钥等。

但 SSL 协议只是商家单方面对消费者信息保密的承诺，在电子商务初级阶段，由于运作电子商务的企业大多是信誉较高的大公司，因此消费者并没有太多的顾虑。随着电子商务的发展，各中小型公司也参与进来，这种在电子支付过程中只是单一认证的问题就被受消费者和行业的关注。虽然目前版本的 SSL 协议通过数字签名和数字证书可实现浏览器和 Web 服务器双方的身份验证，但仍然只能提供交易中客户与服务器间的双方认证，在涉及多方的电子交易中，SSL 协议并不能协调各方间的安全传输和信任关系。

因此，Visa 和 MasterCard 两大信用卡公司联合国际上多家科技机构，共同制定了应用于互联网上以银行卡为基础进行在线交易的安全标准，这就是“安全电子交易（Secure Electronic Transaction，简称 SET）”。它采用公钥密码体制和 X. 509 数字证书标准，主要应用于保障网上购物信息的安全性。

由于 SET 提供了消费者、商家和银行之间的认证，确保了交易数据的安全性、完整可靠性和交易的不可否认性，特别是保证不将消费者银行卡号暴露给商家等优点。因此，至2012年，它就成为公认的信用卡/借记卡网上交易的国际安全标准。

（三）流程简单

第三方支付平台本身依附于大型的门户网站，且以与其合作的银行的信用作为信用依托，因此第三方支付平台能够较好地突破网上交易中的信用问题，有利于推动电子商务的快速发展。在通过第三方平台的交易中，买方选购商品后，使用第三方平台提供的账户进行货款支付，由对方通知卖家货款到达、进行发货；买方检验物品后，就可以通知付款给卖家。第三方支付平台的出现，从理论上讲，彻底杜绝了电子交易中的欺诈行为。

三、第三方支付优劣势

（一）优势

在缺乏有效信用体系的网络交易环境中，第三方支付模式的推出，在一定程度上解决了网上银行支付方式不能对交易双方进行约束和监督，支付方式比较单一，以及在整个交易过程中，货物质量、交易诚信、退换要求等方面无法得到可靠的保证，交易欺诈广泛存在等问题。其优势体现在以下几点。

1. 对商家而言

①通过第三方支付平台可以规避无法收到客户货款的风险，同时能够为客户提供多样化的支付工具；

②不需要建立与银行网关的接口就能完成网上支付，节省成本，尤其对没有高技术人才的中小企业有利；

③支付成本较低，支付中介集中了大量的电子小额交易，形成规模效应，因而支付成本较低，所以，收很低的佣金（中介费）；

④第三方支付平台的利益中立，避免了与被服务企业在业务上的竞争；

⑤第三方支付平台可以根据被服务企业创新的商业模式，同步定制个性化的支付结算服务，加强被服务企业的市场竞争力。

2. 对消费者而言

①通过第三方支付平台，不直接付款给商家，可以规避无法收到货物

的风险；

②大部分电商平台支付都支持 7 天无理由退货，货物质量在一定程度上有了保障；

③信用卡信息或账户信息仅需要告知支付中介，无须告诉每一个收款人，大大减少信用卡信息和账户信息失密的风险，安全性较高，增强消费者网上交易的信心；

④支付担保业务可以在很大程度上保障付款人的利益；

⑤支付者面对的是友好的界面，不必考虑背后复杂的技术操作过程。

3. 对银行而言

①可以为第三方平台提供银行的其他产品，扩展业务范畴；

②节省为大量中小企业提供网关接口的开发和维护费用。

（二）劣势

1. 对商家而言

①在电子支付流程中，资金都会在第三方支付服务商处滞留，即出现所谓的资金沉淀，如缺乏有效的流动性管理，可能存在资金安全和支付的风险；

②无论是第三方支付平台模式还是内部交易模式，都有一种资金吸存行为，当吸收的资金达到相当的规模以后，就产生了资金安全问题和支付风险问题；

③在内部交易模式下，涉及虚拟货币的发行和使用，很多国家对虚拟货币尚未有法规监管，商家难以为持有虚拟货币的消费者大幅度开展其他金融服务。

2. 对第三方支付平台经营者而言

①交易大都通过电话、计算机网络进行，平台经营者和客户很少见面，平台可能为非法转移资金和套现提供便利，因此形成潜在的金融风险，也成为洗钱风险的易发、高发领域；

②国家对经营第三方支付的企业有严格的牌照限制和监管要求，门槛颇高；

③市场变化迅速，业务模式要不断革新和提升创新速度；

④支付平台模式同质化严重，导致行业竞争激烈，容易造成利润削减快过市场增长；

⑤法律地位尚不明确，支付中介服务实质上类似于结算业务，是银行

的专有业务。目前，很多第三方支付平台经营的业务已突破了现有的一些特许经营的限制，因此，经营者必须谨慎定位，避免违规操作；

⑥第三方支付平台模式中，沉淀下来的在途资金往往放在第三方在银行开立的账户中，这部分属于商家的在途资金，有可能发生风险。

四、第三方支付平台与金融机构的关系

（一）冲突关系

若经营第三方支付平台业务的是信用良好的大型企业，它就会成为金融机构的竞争者，它的业务量和信用度与金融机构相比或有过之而无不及，极容易影响金融机构的网上服务及网上支付业务，甚至有可能会取得银行牌照，变身成零售银行，成为金融机构的直接竞争者。因此，金融机构不可能全面开放与第三方支付平台的合作。

但金融机构也不会全面扼杀第三方支付平台，因为，第三方支付平台为金融机构推出网上电子支付业务扮演了排头兵和冲锋陷阵的角色，使金融机构在推动网上电子支付业务时有所得益。

（二）共赢关系

1. C2C 模式

在 C2C 的模式下，管理众多和比较零散的卖家，需要耗费大量的时间，银行不应该浪费精力在这一领域，所以，需要有第三方支付平台的配合。

2. 数据共享

第三方支付机构的线上、线下与跨平台特性，使其积累大量和多维度的行业经验与用户数据，利用最新的科技手段，进行跟踪、分析、挖掘并将这些数据与金融机构的信贷等业务进行对接，便可以创造出更多新型的融资模式。

3. 加强合作

虽然，目前第三方支付企业整体规模相对银行来说还是很小，但第三方支付业务的创新与灵活性已经引起了银行的重视。第三方支付企业与用户的距离近，能够更为清楚地获取用户需求及快速反应。因此，银

行在银行卡、信贷和其他金融服务等业务上应当加强与第三方支付平台合作。

五、国内第三方支付市场环境与未来发展

时代进步，信用卡、网络银行、手机钱包等支付工具已经悄然在改变着人们的生活方式，同时也为商家们带来巨大的商机。中国人民银行2015年2月12日发布的2014年支付体系运行总体情况报告中显示，2014年全国发生电子支付业务333.33亿笔，金额为1 404.65万亿元，同比分别增长29.28%和30.65%。

中国第三方支付产业市场前瞻与投资战略规划分析报告指出，2014年网上支付业务285.74亿笔，金额1 376.02万亿元，同比分别增长20.70%和29.72%；电话支付业务2.34亿笔，金额6.04万亿元，笔数同比下降46.11%，金额同比增长27.41%；移动支付业务45.24亿笔，金额22.59万亿元，同比分别增长170.25%和134.30%。在银行卡业务方面，截至2014年末，全国累计发行银行卡49.36亿张，较上年末增长17.13%。2014年，全国共发生银行卡交易595.73亿笔，同比增长25.16%；金额449.90万亿元，同比增长6.27%。

中国国内的第三方支付平台众多，例如支付宝、微信支付、百度钱包、PayPal等等。其中以阿里巴巴旗下的支付宝和腾讯旗下的微信支付的发展最为迅速，所占市场份额最大。

速途研究院分析报告指出，2015年第三季度的移动支付市场增长迅猛，在网民支付方式中已经超过互联网支付，成为市场份额最大的支付方式，其快速增长的原因主要是：

①移动互联网快速崛起的大背景下，O2O商业模式高速发展，互联网市场逐渐成熟，导致移动消费的比重日益增加，这样使得具有便捷性的移动支付模式越来越得到用户接受；

②各种支付场景的拓展使得移动支付成为网民继银行卡、现金外习惯使用的支付工具，小到早餐店，大到大商场，有条码枪的地方都能使用，移动支付已经更多地融入生活，成为生活中一种不可缺少的基本工具；

③货币基金产品的规模化和资金管理工具的正规化使得互联网金融产品逐渐走向成熟，带动了大量移动支付用户黏性的增长。值得一

提的是，支付宝推出的朋友圈功能，就是在金融支付的基础上加入了社交属性，用来增加用户的黏性，会进一步加强移动支付与生活的联系。

速途研究分析师团队更认为，随着互联网经济市场的逐步成熟，O2O商业模式逐渐步入正轨，移动互联网的普及，使得移动支付这种模式越来越受到用户接受，和其他支付模式相比，其特有的便捷性将会使其迅速占领第三方支付市场，支付的比重还将进一步扩大，移动支付在与社交、搜索紧密结合之后，将会更多呈现出小额高频的支付特点，移动支付越来越成为继现金、银行卡外重要的支付组成部分。在不久的将来，第三方支付市场将迎来一次洗牌期，经历市场残酷的洗礼，最后只会剩几家各自霸占一方市场的支付平台。但行业是否能继续健康发展，主要还是要看国家的支持力度和监管宽紧尺度。

例如，2015年12月28日，中国人民银行发布的《非银行支付机构网络支付业务管理办法》（以下简称《办法》）引发了社会的广泛关注。《办法》实施后，人们在使用第三方支付时更加有保障了。所以，政府在推行第三方支付监管政策和行业规范时，要取得各方面的平衡，避免影响行业的进一步发展。

最后必须要提及的是第三方支付企业背后往往有外资、内资或知名电子商务网站等资金较为雄厚的投资者支撑，在当前为了占领市场是微利经营甚至亏本经营的时期，第三方支付能否生存下去就要看投资者是否支持。

第三节　互联网对传统贸易的影响

随着全球经济一体化的进程加快，电子商务的应用已经成为国家和企业与国际环境接轨的重要方式，新型的国际贸易运行方式对各国在扩大国际贸易机会、提高贸易效率、降低贸易成本、增强企业竞争力和应变能力方面将发挥重要的作用。

信息化时代下，电子商务在互联网的基础上，突破了传统的时空观念，缩小了生产、流通、分配、消费之间的距离，提高了物流、资金流、信息流的传输和处理效率。与传统贸易比较，电子商务具有时空优势，能够提高企业的经济效益，增强竞争，对国家经济发展有极大的帮助。

一、经济效益优势

电子商务作为一种新的交易方式，极大提高了传统商务活动的效益和效率，在全球范围内得以迅猛发展。与传统商务相比，它具有下列经济优势。

（一）降低交易成本

据统计，在互联网上做广告可提高10倍销量，而其成本仅为传统广告的十分之一。因此，通过网络营销活动企业可以提高营销效率并降低促销成本。另外，借助互联网，企业一方面可以在全球市场内寻找价格最优惠的供应商，并通过与供应商共享信息减少由于中间环节信息丢失造成的损失；同时，可以将原材料的采购与产品的制造过程有机地配合起来，形成一体化的信息传递和信息处理体系，减低生产成本。

在网络上进行信息传递的成本相对于传统贸易活动采用的信件、电话、传真就比较低；另外电子商务与传统商务的不同模式还可以降低共享信息成本，中介费用，广告和印刷品，文件处理费用及店面的租金等。

（二）适当地减少库存

传统企业为应对变幻莫测的市场需求，一定要保持定量的产品库存和原材料库存。为避免对市场需求变化反应过慢和可能会出现交货延迟和交货失误而影响生产的情况，产品生产周期越长，环节越多，企业越需要较多的库存来作保障。而库存的增多就会增加运营成本，降低企业的利润。市场信息是否畅顺，会很大程度地影响企业对库存量的考虑。

以信息技术为基础的电子商务则可以改变企业决策中信息不确切和不及时的问题，通过互联网，可以将市场需求信息传递给供应商适时补充供给，从而企业可以保持比较少的库存，甚至实现零库存管理。

（三）缩短生产周期

产品的设计、开发、生产和销售可能涉及许多关联企业。通过电子商务可以将过去传统贸易模式，由于信息封闭导致的分阶段合作方式改为信息共享的协同并行工作方式，从而最大限度地减少因信息封闭造成的无谓的等待时间。生产周期缩短了，就可以减少生产过程的损耗，提高生产效率，从而提高企业的整体经济效益。

二、具有时空优势

（一）有效实现跨时空交易

互联网上的销售相对于传统销售模式来说，具有全新的时空优势。传统商务是以相对稳定的销售地点和时间为特征的店铺式销售，而互联网上的销售是通过以信息库为特征的网上商店进行，它的销售时间是由网上用户（即消费者）自己决定的，所以它的销售空间随网络体系的延伸而延伸。

利用多媒体及与此相应的软件编程技术，商家可以在网络上构建销售其产品的销售网页，利用生动逼真的视频图像、动画技术，附以文字、声音等附加信息，对产品进行全方位的描述和介绍，使用户如身临其境，足不出户便可以实现消费意愿。

传统贸易受到时间和空间的限制，而基于互联网的电子商务则是全天候、全球性、不休息的运作，网上销售业务可以开展到传统营销和广告促销所达不到的市场去。

（二）为中小企业创造更多机会

中小企业对满足社会需求、提供就业机会、增加税收等方面都起到十分重要的作用，几乎在所有国家，中小企业都是最活跃的经济细胞。但中小企业实力弱、规模小、竞争力不强，自身的发展往往受到大企业的排挤，特别是在营销策略上无法与大企业展开竞争。

电子商务给中小企业提供了新的发展机会。中小企业只要通过互联网就可以在全球范围内物色贸易伙伴，寻找贸易机会，寻求更大的发展空间。电子商务为中小企业的成长注入了新的活力。为中小企业进入国际市场创造了一个自由平等的竞争环境和广泛的合作空间。

三、推动国家经济发展

（一）促进信息产业的发展

电子商务的发展将带动信息设备软硬件及信息服务业的发展。随着电子商务的扩大，不仅信息网接入设备的需求和销售量将有大幅度增长，信息服务业也将有很大的发展，从而增加庞大的就业机会。例如计算机软件正积极发展网上订购，并可以通过因特网下载。

另外，社会对电子商务需求的不断增长，将带动信息网络和信息技术的不断发展和完善，从而大大促进信息产业的发展。

（二）促进国际贸易的增长

传统的贸易活动受地理位置、手续烦琐、过程复杂等多种客观条件的限制，不但需要买卖双方反复多次的洽谈和信息交流，还需要利用多种不同的贸易工具和信誉良好的中间机构，所以，要达成交易并不容易。尤其对于中小企业来说，要想打入国际市场就相当困难，需要投入大量的资源。

电子商务的出现，为企业进入国际市场提供了快捷的渠道，企业可以打破时空的限制，在全球范围内寻找贸易伙伴。同时，电子商务能提供更快、更廉价的信息交换平台，交易过程大为简化，因而大大降低了交易费用，对中小企业尤为有利。这些优点都能促进国际贸易的发展。

（三）优化社会资源配置

电子商务市场空间广阔，率先使用电子商务的企业在贸易上比还在继续使用传统方式的企业会有价格、销量、规模扩张和市场占有等的优势。投资者会将资金转移到效益高的企业，人才会转移到吸引力较大的企业，因此，资金、人力和物力很自然地通过市场机制和电子商务企业的共同作用，从成本高的企业向成本低的企业流动，从利用率低的企业向利用率高的企业流动，因而使社会资源得到更优化的配置。

四、传统企业发展电子商务的优势与劣势

随着网购遍地开花，经营模式渐趋成熟，经营传统模式的企业纷纷涌入，希望能在网购市场分一杯羹。但电子商务是一套完全颠覆传统商业模式的全新商业模式，传统企业必须明确自身的优势与劣势，扬长避短，才能在这个新的市场领域获得回报。

近年，大量传统企业开始发展电子商务，有成功的也有失败的，还有一些徘徊在不甘放弃的边缘。传统企业是否适合发展电子商务？

（一）发展电子商务的必要性

相比传统商务模式，电子商务能够降低交易成本、减少库存、缩短生产周期、提供更高效的客户服务以及增加全球商业机会。在当今消费者需求瞬息万变、技术创新不断加速、产品周期不断缩短、市场竞争日趋激烈的环境下，传统业务处理流程的变革是必需的，业务发展向多元化迈进也是必需的。

传统企业必须调整企业组织结构，实现扁平化管理，提高管理效率以及对客户的快速反应能力；在处理业务流程方面，应该去除冗余和无效的环节，简化流程，提升效率和准确度。传统商务模式以其独特的灵活性和实用性不可完全取代，电子商务令企业的发展模式更加多元化。

实际上，传统零售业主要是靠规模来获得利润的，网上销售有助规模的扩张，但也不是所有商品都适合在网上销售，所以传统企业需对现有资源进行整合、筛选后，在线销售方式才能显现出独特的优势。

（二）传统企业发展电子商务的优势

1. 天然优势

①品牌优势：传统企业在品牌上的积累，成为它们进军电子商务的一大利器。

②资金优势：利用自有资金，不需要受制于投资者，企业可以有更多的创新自由。

③仓储优势：对制造型传统企业来说，这让它们在初期节省了一些仓储建设的投资。

2. 能够降低交易成本

①传统企业发展电子商务后，通过互联网进行广告宣传、产品促销及市场调查，构建遍及全球的营销网络和无中介的销售渠道。

②互联网络渠道可以避开传统销售渠道中批发、零售等中间环节，使生产商直接面对消费者，不通过零售商而最终完成商品交易，既降低了流通费用和交易费用，又加快了信息流动速度。

③传统企业还可以加强与主要供应商之间的协作关系，并形成一体化的信息传递和信息处理体系，从而降低了采购成本。

④传统企业可以利用互联网资源，建立个性化的电子商务网站，在网上进行企业宣传，展示自己的产品，树立企业形象，扩大企业的影响。

（三）传统企业发展电子商务的劣势

1. 难改的坏习惯：传统企业习惯有什么卖什么，极少从市场需要出发。而电子商务面对的消费者群体特点又不同于传统渠道消费者，如果传统企业停留在原有思维来运作电商，根本不去思考线上客户的需求点，这样的发展难以成功。

2. 僵硬的管理体系：传统企业都有一套完整的内部管理体系，但如果体系过于僵硬就会成为制约电子商务业务发展的紧箍咒。

3. 线上线下关系乱：线上线下渠道都各有其优劣点，两者应该是协同合作、互补关系。传统企业的经营者在进入电子商务领域初期就应该平衡不同渠道的优劣点和企业长远发展的政策等来制定两种不同的考核和定价标准。

4. 坚持信念的决心：电子商务前景没有传统业务明朗，在刚开始初期，可能在相当长的一段时间内不挣钱，甚至亏钱。如果这个时候没有长远的眼光和正确的发展策略，电子商务业务的发展将更加困难。

传统企业发展电子商务，都应该是对现有营销模式的一种补充，而不是其获得收益的唯一路径，即使是电子商务模式较为成熟的美国，传统企业的地位依然是最重要的。传统企业发展电子商务之路已是必然趋势，电子商务是一套完全颠覆传统商业模式的全新商业模式，初涉足者难免有不适应和举步维艰的感觉，但如能保持以满足客户需求为最根本的推动力，必将能在发展电子商务的战场上获得最后的胜利。

五、电子商务对国际贸易的影响

通过电子商务模式叙做的国际贸易业务，主要在贸易方式和流程、营销模式和成本等改变了传统的贸易模式。

（一）贸易方式和流程的改变

电子商务是一种以信息网络为载体的新国际贸易运作模式。在国际电子商务中，交易各方以电子方式而不是通过传统直接面谈或当面交换方式来达成和进行交易。

1. 完全国际电子商务

能通过电子商务方式实现和完成供货与结算等完整交易过程的国际贸易活动，称为完全国际电子商务。例如，数字化的商品可以通过因特网供货，这就可以称为完全国际电子商务的交易模式。完全国际电子商务可以充分挖掘全球电子商务市场的潜力。

2. 非完全国际电子商务

某些物品、商品是无法通过因特网供货的，因而其交易过程还需依靠电子商务以外的其他活动和方式，例如物流、邮递等。这些贸易就是非完全国际电子商务。

3. 流程变革

通过电子方式传递单据和文件等，改变了以纸张贸易单据和文件的流转为主体的传统国际贸易流程。电子传输的发展和应用也将进一步促进国际贸易流程变革，实现无纸化的新国际贸易流程。

（二）营销模式的改变

电子商务产生的是电子营销，其特点是：

①网络互动式营销：使客户真正参与国际贸易营销过程，客户在整个国际贸易营销中的地位得到提高，客户的参与选择主动性得到加强。

②网络整合式营销：在电子商务中，企业和客户之间的关系变得非常紧密，甚至牢不可破，这就形成了一对一的营销关系，这种营销框架称为网络整合营销，它始终体现了以客户为出发点及企业和客户不断交互的特

点，它是双向的决策过程链。

③网络定制式营销：随着企业和客户相互了解的增多，销售信息将变得更加定制。电子营销的发展趋势是将大量销售转向定制销售。

（三）降低运营成本

1. 降低采购成本：通过互联网可以减少人为因素和信息不畅通问题，在最大限度上降低采购成本。另外，利用计算机网络可将采购信息进行整合和处理，并将各部门的采购需求统一汇集到总部，由总部再通过网络统一向供应商批量订购，以降低采购成本。

2. 减小中介环节：电子商务令国际贸易企业摆脱了传统的商业中介的束缚，直接交易降低了生产与销售成本，令收益提高。

六、促进我国国际电子商务发展的对策与建议

电子商务是一种基于计算机网络的商务活动，更是一种崭新的商务模式。一种好的商务模式必然促进社会分工，提高社会生产和转化效率，进而促进社会经济发展。但是，成功的商业模式必须通过不断地实验、改进、进化，才能成功。我们现在所有看到的各种商务模式，例如，百货商店、连锁店、批发市场、战略联盟等无一不是实验和进化的产物。每一次商务活动的进步都伴随着信息技术的进步，信息技术和商务模式在不断地进化中形成了有效融合的系统联系。

因此，电子商务作为一种新的商务交易模式，将成为推动我国未来经济增长的关键动力。它将打破时空界限，改变贸易形态，加强商品流通效率，降低企业运营成本，提高我国企业乃至整个国家的竞争力。同时，将有力地带动我国信息产业和信息服务业的发展。

但在试验和进化的过程中，政府的支持和参与度是决定成功的电子商务模式能多快和能否以更低成本实现的关键。

（一）加强对电子商务的宣传教育，提高对电子商务的认识

国际电子商务在我国还刚起步，我国对其重要性的认识程度低，不利于发展。政府应加大宣传力度，提高各级政府和外贸企业对电子商务的认知度，特别要使广大外贸企业都能熟悉、了解国际电子商务，愿意采用国

际电子商务方式。

政府要加强电子商务技术的宣传，让人们知道因特网如同手机一样，设计制造复杂，使用却很简便。更要积极调动人们参与电子商务的热情，加大引导企业上网交易的宣传力度。同时，普及网络安全知识，宣传网络安全法律法规，使人们的安全意识跟上计算机网络飞速发展的步伐。

（二）加快电子商务基础设施建设

国家成功发展电子商务的根基是良好的电子商务基础设施，它必须能够支持不断发展、日益复杂的交易过程。想要促进电子商务快速的发展，就必须加大对网络基础设施建设的投入，使网络基础设施更加完善。

1. 加快我国的网络基础设施建设，例如，加快我国骨干网络建设，加快我国城市宽带网、智能业务网和多媒体通信网的建设，加快我国计算机网、电视网和电话网的“三网合一”进程等。

2. 加快我国企业信息化建设，企业是参与电子商务的重要主体，而企业开展电子商务又必须以企业具备一定的信息化水平为基础。要加快我国电子商务的发展，必须加强我国企业信息化建设。

3. 选择切实可行的电子商务实施模式。电子商务模式是企业在价值链系统一定位置上为目标市场提供价值和盈利的方式。发展电子商务必须根据企业本身的市场环境、客户关系、产品创新、财务要素、企业资源、业务流程等要素，因地制宜地选择能够适应市场经济需要的电子商务开展方式，才能对企业管理创新和传统企业战略转型有重要的理论和实践意义。

（三）加速金融电子化进程

金融电子化工作要配合国家对金融机构的监管，要配合金融体制的改革，要服务于提高资金的使用效率，方便企业和个人用户的目标。金融电子化要在跨银行、跨地区的贸易结算、资金划拨等方面有所突破，要适应信息时代的要求，使企业和个人能够通过信息化的手段随时随地享受到高质量的金融服务。此外，还要加强系统的风险防范机制，紧抓我国金融安全保障体系的建立，如采用安全设备、建立防火墙并采取各种加密技术、加快认证中心的建设步伐，全面实现网上安全支付即完整认证客户，信息完整传输，无拒付支付，有效查账机制，隐私权保护，可靠的信息服务等。

第四节　互联网 + 金融

“互联网 +”的概念是如何运用互联网技术，从思维、生产、经营来改造传统行业。这场互联网时代的革命，将为很多行业带来巨大的机会。李克强总理在政府工作报告中提出制订“互联网 +”行动计划，并正式确立其为国家战略，并要实施培育外贸竞争新优势的政策措施，促进加工贸易转型，发展外贸综合服务平台和市场采购贸易，扩大跨境电子商务综合试点，增加服务外包示范城市数量，提高服务贸易比重。这对跨境电商行业快速发展带来利好，而作为传统的外贸行业也急需借助“互联网 +”诞生新的活力。

一、互联网 + 内外贸易

贸易金融业务的创新将被互联网科技的高速发展所带动，空间将更为广阔，其发展趋势主要体现在：

①随着规管互联网行为逐步规范，传统商业银行贸易金融业务与互联网金融的融合更为迅速，并得益于互联网金融的灵活创新性。

②商业银行利用自身资金、资本、风险管理等优势，在与互联网交叉渗透的领域打造特色化和差异化的创新经营模式。

③在互联网的蓬勃发展带动下，商业银行的创新经营模式也将不断演进，新思维、新产品、新技术、新服务、新定价模式、新风险控制模式等将会不断出现。同时，客户需求的不断升级，也将加快商业银行贸易金融业务实现线上、线下整合进程。

目前，传统外贸企业受世界经济大环境及成本上升等多种因素的影响，存在的主要问题有成本上升、订单减少、行业竞争激烈、自身局限性等。为适应经济新常态的发展，企业应该尽快以技术和商业模式创新为驱动，加快推进传统商贸服务转型升级，开展网络贸易，实现线上线下融合发展。传统大型商贸企业可以利用品牌信誉、采购分销和运营管理优势，同时开展线上与线下两个市场的良性互动网络贸易业务。拥有实体网点、货源、配送等商业资源的传统企业，例如百货商场、连锁超市、便利店等，应尽快使用互联网开展全渠道营销模式，实现线上线下融合发展和应用协同。

利用电子商务平台将商品或服务卖到国外就是跨境电子商务，也就是“互联网+外贸”。跨境电子商务推动传统外贸商业活动各环节的网络化、数据化和透明化，具有面向全球、流通迅速、成本低廉等诸多优势。目前，跨境电商已被公认为开拓外贸市场的新渠道，发展跨境电子商务对于扩大国际市场份额、转变外贸发展方式、重塑国际贸易规则具有重要而深远的意义，它正在引发全球经济贸易的巨大变革。

跨境电子商务构建的开放、高效、便利的贸易环境，极大地为企业拓宽了进入国际市场的路径，优化了外贸产业链，为产品创新和品牌创立提供了便利的平台和宝贵的机遇。随着“互联网+外贸”的发展，成千上万的中小微企业涌入到外贸市场，并将诞生更多国际品牌，这将彻底改变每个国家的外贸格局。

随着跨境电商的发展，交易产品将向多品类延伸、交易对象将向多区域拓展。销售产品将从服装服饰、电子、计算机及配件、家居园艺、珠宝、汽车配件、食品药品等便捷运输产品向家居、汽车等大型产品扩展。同时，移动通信技术的进步使线上与线下商务之间的界限逐渐模糊，以互联、无缝、多屏为核心的“全渠道”购物方式将快速发展。

（一）互联网+外贸的主要商业模式

中国电子商务研究中心按照运营模式将中国跨境电商划分为传统跨境大宗交易平台、综合门户类跨境小额批发零售平台和垂直类跨境小额批发零售平台三种模式。

1. 传统跨境大宗交易平台模式

传统跨境大宗交易平台模式是指服务于中国进出口贸易的线上 B2B 电子商务模式，为境内外会员商户提供网络营销平台，传递供应商或采购商等合作伙伴的商品或服务信息，通常覆盖互联网、线下展会、纸质出版物等多种渠道，并最终帮助双方完成交易。平台以收取会员费和营销推广费等来达到赢利目的。

2. 综合门户类跨境小额批发零售平台模式

综合门户类跨境小额批发零售平台模式是指卖家通过第三方电子商务

平台，直接与海外小型买家进行在线交易。不同国别或地区间的交易双方通过互联网及其相关信息平台实现不需报关、不缴付关税的交易，实际上就是传统小额国际贸易基于网络化、电子化的新型贸易方式。平台以收取佣金、会员费、广告费等来达赢利目的。

由于跨境电商面向全球，复杂程度远远高于内贸电商。同时，跨境电商整个交易流程较长，买卖双方对交易中涉及的服务有较高要求。因此，跨境平台一般会向企业提供营销推广、集约化物流、金融、代运营等服务，并收取一定的服务费。例如，为卖家提供提高产品曝光的营销工具，包括定价广告、竞价广告、展示计划等，采取购买服务的方式付费，而代运营服务可以针对商家提供的培训、店铺装修及优化、账号托管等服务，根据服务类型不同收取一定的费用。某些平台还可以提供一体化外贸服务，包括物流集约化品牌、国内仓和海外仓的仓储服务、通关、退税、质检等一条龙服务，并收取一定的服务费。

3. 垂直类跨境小额批发零售平台模式

垂直类跨境小额批发零售平台模式是指企业自己联系国内外贸企业作为供货商，买断货源，同时自建 B2C 平台，将产品销往海外，以销售利润来构成赢利模式。

（二）互联网+对中国外贸带来的新气象

目前，中国制造业正处在转型升级的关键时期，跨境电子商务不仅可以优化产业链、扩展中小企业发展空间、增加就业，还具有重塑国际产业链、提升品牌竞争力等作用。在跨境电子商务模式下，应链更加扁平化，传统贸易中一些重要的中间环节被弱化甚至替代，原来贸易商、批发商及国外的进口商等环节的中间成本被挤压甚至完全消失，这部分成本被很大程度转移出来由生产商和消费者得益。

在电子商务平台的帮助下，跨境贸易更为便利，营销方式更为灵活。跨境电商平台提供的专业服务可以代替传统贸易中贸易、金融、外语等专业人才的作用，使过去复杂的国际贸易变得简单、透明，有助于中小企业快速成长，为中小企业开创了参与全球经济贸易的通道。目前，中国跨境电子商务已逐渐形成一条涵盖营销、支付、物流和金融服务的完整产业链，能为外贸代工企业转型升级起到推动作用，帮助传统外贸企业向高附加值的研发设计、销售服务以及自主品牌的建立进行转型升级，增强外贸企业自身核心竞争力，实现可持续发展。

另外，外贸综合服务企业模式是互联网时代贸易便利化的有效创新，通过系统化、流程化操作，一站式为中小微企业完成通关、退税、物流、外汇、融资等全部外贸流程服务，解决了中小微企业参与外贸数量巨大、运行效率低、外贸专业度弱的现状，整体提升中小微企业外贸效率。

根据商务部的数据，2016 年我国 B2B 已经占跨境电商进出口的七成以上。由于 B2B 交易量级较大且订单较为稳定，所以未来跨境电商交易中 B2B 交易仍然是主流，但随着跨境贸易主体越来越小，跨境交易订单趋向于碎片化和小额化，所以未来 B2C 交易占比也会出现一定的提升，预计 2017 年中国跨境电商中 B2C 交易占比将达到 10% 左右。

二、互联网 + 现代物流

物流配送是互联网贸易的其中一个重要环节，因此，互联网 + 与物流产业应该协同发展，实现互联网与现代物流技术有机结合，建立适合电子商务快速发展的物流管理体制和服务体系。

现代物流建设应该以加大基础设施投入为基础，整合资源。以优势互补和差异化发展的一体化物流管理理念为核心，培育及壮大一批辐射范围广、服务能力强、信誉度高、效率高的电商物流、快递企业。同时，加大物流产业经营模式创新力度，拓展物流网络通道，优化末端配送网点布局。

在政策支持方面，政府应以科学发展观指导现代物流业发展，应采取以下措施：

①坚持“政府规划、政策引导、重点突破、逐步推进”的原则，以市场为导向，企业为主体，信息技术为支撑，不断降低物流成本，提高综合服务质量，培育和规范物流市场，建立和完善现代物流服务体系，实现现代物流业与应用电子商务企业的有效对接。

②秉承资源共享原则，充分考虑与周边地区现代物流业发展的竞合态势以及物流交通一体化趋势，统筹规划区域之间、城乡之间、行业之间物流业发展布局，加强专项规划与城市总体规划的衔接，协调和衔接好物流基础设施建设，优化整合现有物流设施，提高物流设施的利用效率。

③大力推进物流信息化服务功能建设，加强物流服务功能的完善化和系列化，推行运营交通规范化，加强从业人员基本技能培训。通过对物流企业培养，对小规模的个体私营物流企业进行规范管理和整合，对大型物流企业进行提档升级和改造，使其向“互联网＋现代物流”的方向迈进。

三、互联网＋金融

“互联网＋金融”当然是指互联网技术和金融的结合。商业银行是传统金融体系中的一个重要机构。从前，大部分的金融服务，例如，支付、结算、转账、贷款、理财等都只能在银行柜台和系统内完成。互联网技术的出现，特别是移动互联，用户可以随时随地转账，完成支付，查看股市行情，下单买卖证券，就像随身携带着银行和交易所一样。移动互联技术使任何商业活动在发生的场景就可以得知和满足，比如春节发红包这样看似和金融不沾边的社交活动，可以成为拓展支付工具的引爆点。这些变化都令专注于金融功能的传统金融机构吃惊。

（一）互联网技术改变了金融

吸收存款、发放贷款是金融的最基本功能。继而是通过克服金额、期限、风险、流动性等的错配，帮助投融资方将资金完成传导，获得收益。支持这些金融功能的底层要素是渠道、数据和技术。由于互联网技术正好是渠道、数据和技术的革命，“互联网＋”可以大大提高金融行业的劳动生产率。

1. 改变渠道能力

互联网技术之所以能改变金融，是因为它可以改变金融的渠道能力。因为金融是为商业和消费提供服务的，当可以接触到它们的渠道发生改变，那做金融的方式也随之而改变了。例如，通过网上银行服务，客户都不需要到银行柜台就能办很多种类的业务。

2. 数据的革命

金融机构的核心竞争力是风险评估、定价和控制的能力。这种能力的基础是信息，或者说数据的搜集、分析和判断能力。传统金融机构主要依靠人工方式获取数据，数据往往非实时连接，更新频率慢。加上不同机构之间的数据相对独立和透明度低，所以，数据的效用偏低。

反之，在互联网时代，数据往往在商业和生活场景中借助系统自动获取，并可以实时更新。由于数据数字化，跨机构的数据整合和分享也变得容易。因此，这种形式获取的数据是活数据，大部分金融机构乐于采用。

互联网技术带来了数据的革命。显而易见，当风险评估的成本和方式被深刻地改变时，金融本身也会被改变。简单的例子是一些 P2P 平台，能在几分钟内为无抵押无担保的小企业批出贷款申请，这种贷款方式是金融机构不可能做到的。

3. 技术的创新

技术能力也是金融机构的一个核心竞争力。目前，大部分金融机构都自建有封闭的信息系统，成本及维护费用比较高，也不易扩展。但有部分金融机构已经开始考虑使用开放的云计算平台，这样的技术成本低，稳定性强，还可以弹性扩展。

（二）互联网 + 金融如何结合

1. 互联网公司做金融

大部分传统的金融机构都会把客户群体按金字塔形式构建，塔尖是由大型企业和富裕个人组成的高端客户（常称为“战略客户”或“VIP 客户”），中间是由中小企业和中产个人组成的中层客户，塔基是由小微企业和普通个人组成的底层客户。目前，对高端和中层客户，大部分传统的金融机构都已经提供了个性化的定制服务和标准化的产品和服务。

金融的普及性固然重要，但要做得好却有技术和成本门槛的要求，传统的金融机构是不会做亏本生意的，或者可以说不重视低效益的业务。塔基的客户群体虽大，但单位资金量少，成本高、利润低，所以，传统金融机构对塔基客户群的服务则相对缺失。这正好是互联网企业的典型客户群。

如果互联网企业做金融，其和传统金融机构在客户群体和服务领域上应该是采取互补的方式。互联网企业以渠道、数据搜集和分析及技术上的成本优势来服务这些塔基群客户。例如，中国的余额宝为老百姓提供全天候的、标准化的、碎片化的服务，把理财门槛从数千元直降到了一元，而且每天通过手机提醒收益。

虽然，互联网技术带来了渠道、数据和技术的革命，这并不意味着互联网公司在开发金融产品上有很大优势。反之，金融机构对金融产品的理解、风险评估和控制能力，以及多年积累的声誉和客户信任，都难以被互联网技术轻易取代。所以，就算大规模地让互联网企业来做金融，都不会完全取代金融机构的地位。

2. 金融机构的互联网化

在资金、技术、人才等方面，如果金融机构要自身完成互联网化是绝对可以的。但金融机构在很多领域都需要资源来发展，所以，是否将资源放在自身完成互联网化这领域上值得深思熟虑。以下几个原因可以解释为什么金融机构自身的互联网化不是最有效率的。

①目前，金融机构的丰厚利润来源于在金字塔内中层以上的客户。如果要自身完成互联网化，那必然要承担成本、维护和不断更新的高费用抵消丰厚利润的风险。这应该不会是金融机构经营者和股东们愿意牺牲的，而且，如果主要依赖金融机构自身来完成互联网化，这过程肯定是缓慢的。

②互联网企业由于和商业场景以及消费者紧密连接，为他们提供金融服务不但具有渠道和数据的某些优势，而且是其商业生态圈的重要闭环。这些优势很难被金融机构取代。

③互联网企业具有的是以客户为中心的思维、快捷的反应能力和灵动的组织架构，这都是传统金融机构对金字塔底层客户所欠缺的。

3. 互联网公司和金融机构合作

这是互联网企业和金融机构优势互补的合作模式。简单来说，互联网企业可以发挥其在互联网方面的优势，做金融产品前端渠道的延伸，做金融产品的销售平台，还可以做金融机构后端的数据和技术支持；而金融机构则可以聚焦其优势，开发金融产品，评估和控制风险，定价等。这是以一个合作型的“互联网＋”的方式做金融。

互联网金融在过去数年，基本上都是从合作型的路径发展。第三方支付、互联网理财和信贷、P2P 等互联网金融产品总体上是丰富了整个金融体系。这些产品大大推动了传统金融互联网化的思维和转型。对大型企业和高端客户的服务，尤其复杂的融资和金融服务，仍然牢牢掌握在传统金融机构的手里。

互联网企业还可以和金融机构携手做金融，前者帮助后者提高在渠道、数据和技术上的竞争力。其结果是整个行业生产率的提高，金融生态的丰富化，金融消费者福利的提高。

案例分享

中国民生银行贸易金融事业部产品中心花了近两年时间将信用证、保函、保理项下的应收账款资产管理标准化，并根据银行同业、理财、保险、企业、个人等不同类型投资者的特点，通过交易结构多元化实现资金来源多元化，根据银监政策合理设置交易结构，构建了适应贸易融资高效操作特点的批量交易模式，打造了较为完备的产品——“安驰资产证券化系列”并在2015年通过民生电商平台首发获得空前成功，在极短的时间内，被投资者抢购一空。其后，按市场情况，民生银行分别再发行了十多次，每次都在极短时间内被抢空。至今，大约4 000亿元的资产通过民生电商渠道以证券化方式转卖给投资者。

资产管理和贸易融资的关系是手段和目的的关系，在金融脱媒和利率市场化的背景下，以贸易金融产品保障付款的应收账款为标的，通过跨界产品开发、借助资产池、证券化、互联网等手段，按份额募集各类投资者的低成本资金，借助贸易金融产品低资本占用的特点，克服资本约束助力贸易金融业务发展，为客户提供低成本融资服务。这正是贸易融资业务与电商的完美结合，也正好为高达80万亿元的财富管理市场开辟了一条资金出路。

2016年，“安驰”系列产品获中国社科院金融研究所和银行家杂志颁发十佳金融产品创新（对公）奖。

4. 金融科技公司和金融机构的合作

金融科技公司与商业银行深度合作，通过双方优势互补、连接赋能、互为平台、互为流量，积极推进数学化转型，共同服务平台上的企业和用户，促进和保障平台的交易往来，深挖潜力实现规模效应和乘数效应，并利用区块链、人工智能、大数据等新兴技术、助力商业银行开展“融资＋融智”的轻资产化金融服务模式，称之为“交易金融”。

交易金融，作为时下方兴未艾的一种高度融合金融科技的金融服务模式，不仅是回归金融的本源，也是回归交易的本源，是新科技、新经济环境下的新金融。它的本质是通过企业平台，电商平台、产业链平台、互联网平台和金融服务平台之间的协同和能力的嫁链，借助金融科技的支撑，聚集大量交易数据、业务数据等，并产生乘数效应，构建新型产融结合、用户价值导向的金融服务体系。

四、探索中国互联网金融的未来

虽然近年我国放宽了对金融业的监管和准入门槛，但迄今为止，债务高、融资贵、融资难、理财难、金融机构利润丰厚仍然是中国金融最明显的特征。这些现象说明了目前我国金融体系的资金配置效率低下，金融供给的极度短缺。加上仍然存在的金融压抑和管制政策，令人口基数和企业规模庞大的市场充满着不满的声音，大量的中小企业融资服务和个人消费金融服务无法满足，个人和小企业的投资理财服务普遍缺失。

过去几年，中国人民银行推行了一系列的新政策，包括利率市场化，令金融机构迎来新的市场变化，这既是巨大的机遇也是挑战。金融机构之间将会在渠道、产品、数据、技术、服务、价格等多个维度进行新的一轮差异化竞争。尤其是在金融的底层要素方面，包括渠道、数据和技术，其优越性竞争更为激烈也更为重要。互联网技术的加入，正好丰富了这个竞争激烈的环境。在未来几年，中国互联网金融行业将迎来整合期，而不断涌现的新技术与应用，会将整合后的行业推向更为有序的增长，增速也会逐步放缓至较为合理的水平。

根据麦肯锡2016年5月发表的“颠覆与连接——解密中国互联网金融创新”研究报告，未来的成功者将是那些能够巧妙运用自身在客户体验、数据分析、风险管理与成本控制等多方面优势的参与主体。他们的地位将会取决于与互联网和数字化缔结关系的速度和深度。不论是来自哪个产业和用何种商业模式，经营者都必须紧紧地握着其成功要素和其核心技能，才能在未来整合后激烈竞争的中国互联网金融市场存活并实现长足发展。未来五年内，中国互联网金融行业将迎来六大机遇和三大风险是非常值得关注的。

（一）机遇

1. 移动支付和理财

线下移动支付具有更多小额、高频的属性，便利性、安全性和个性是消费者更为看重的因素。在这三点上形成差异化优势的企业将成为主流。因此，传统金融机构应以更积极、更开放的方式与手机生产商联合研究如何将产品和移动支付融合。

另外，随着资本市场的不断开放和投资市场的不断成熟，人们为积累的财富寻求更高的回报是理所当然的事实，这给互联网理财的进一步发展提供了良好的契机。

2. 线上消费金融和小微信贷

事实证明，90 后的新一代更容易接受网络的金融产品，这正好是推动线上消费金融创新的强大力量。传统消费金融产品必须加快互联网化的进程，否则行业地位难保。

小微企业是中国规模最大、最具创造力的群体，为国内生产总值和就业机会做出可观的贡献。但当传统银行不能满足小微企业的信贷需求时，互联网金融因为其效率高、低成本的特性能为小微企业解决融资难题，创造发展的空间。

3. 企业互联网金融

中国企业正在从单纯的以借贷为主的金融需求向更复杂、更定制化的金融需求转变，例如，交易银行和资产管理等。互联网金融有能力在交易银行业务中提供更方便快捷的供应链融资，更贴近客户的自身经营模式，协调资金流、货物流和单证传输。

中国市场的现状是资金相对充裕而缺乏优质资产。在客户需求复杂度不断提升时，通过互联网平台可以更好地搜索及匹配，快捷对接差异化的资金需求。

4. 金融云建设

金融云是远程和按照客户需求来构建的服务。按使用情况来付费能节约开支，加上具有灵活性的架构是金融云受欢迎的两个关键原因。中国为数众多的地区性、村镇银行，非金融公司，中小企业等对金融云计算与存储服务有极为旺盛的需求。IT 企业正好利用其技术专长，提供云解决方案和平台。

随着越来越多的从业者进军互联网金融，我们将会看到金融云服务带动更多充满活力的金融创新。

5. 大数据应用

精准预测消费者行为及其演化方式对产品设计和定价至关重要。大数据应用帮助金融机构收集并分析消费者数据获得洞见，从而能够以更个性化的产品、更精准的营销体验来获取并服务客户。

另外，大数据通过先进的统计工具模型挖掘内外部数据，建立和理解风险与各种影响因素之间的关联。金融机构如果能够掌控这些先进的数据技术，就能提高信贷调查、风险评估和决策的效率，大大提升运营效率和效益。

6. 颠覆式技术

“区块链”技术是采取数据的分布式存储和点对点传输，其特点是安全、透明且无法篡改。这技术颠覆了传统中心化和中介化的数据传输模式。“区块链”在支付和清算领域能够规避繁杂的系统，在付款人和收款人之间创造更直接的流程，低价、迅速实现银行的价值存储和资产转移的核心功能。在交易方面，“区块链”技术可以实现点对点交易、无须清算中介，使得交易时间和成本都大幅度降低。

因此，“区块链”技术将成为下一轮科技创新的热点。

（二）风险

1. 个体行为不够理性

互联网金融下一步的发展将会瞄准老年和受教育程度较低的人群。这群组往往容易被高收益轻易打动，缺乏风险识别能力。因此，从业者应该充分考虑这群组人的个性化行为作出周密和适当的部署。

2. 欺诈和产品设计缺陷

产品设计缺陷在互联网基金销售、保险和信托投资业务领域较为常见。从业者应当审慎和自律。而欺诈出现最多的是在贷款领域，各种伪造的文件、数据，投资组合、私设资金池等层出不穷。因此，行业自律尤为重要，加上监管部门的加强抽查并对存在欺诈行为的加重刑责，希望将这样的风险降低。

3. 监管环境演变

前期的互联网金融颇为混乱，良莠不齐，欺诈、劣货充斥着网上购物平台，还有不少 P2P 经营者跑路等乱象都严重影响互联网金融的健康发展。我国正在强化对互联网金融的管理，以促进行业的健康发展。因此，从业者要时刻留意着新规例的出台对自身的影响而作出迅速的应变。

第九章

创新迎接未来

创新也是一个组织、机构的生命力所在。只有创新，才能与时俱进；只有创新，才能持续发展。

虽然始于2007年的国际金融危机至今已有10年，世界经济已重新步入正轨，很多国家，包括中国经济结构都必须要作出调整和变革才能持续发展下去。因此，新的经济环境给各国金融业带来了更大的生存压力和更为艰巨的发展挑战。所以，如果金融机构不在体制、经营策略、市场营销、产品开发和服务态度等方面作出创新性的改变就难免被淘汰。

近年来，互联网、物联网、数据智能等科技技术不断演进，平台商业模式快速崛起，平台经济成为社会经济发展的重要组成部分，企业、银行的商业经营模式在金融科技的助推下正发生着巨大转变。

越来越多的企业集团开始推动制造模式向数字化、网络化、智能化、服务化的平台模式转变。积极采用工业互联网、工业云、大数据等新一代信息技术，大力发展基于互联网的个性化定制、按需制造、智能工业等新型制造方式，培育新的经济增长点。

在本章中，我们主要讨论贸易融资创新和近年经常听到的经营战略组织架构创新——交易银行。

第一节　贸易融资创新

目前，虽然全球经济在缓慢复苏中，但传统方式的贸易总量仍然不断在萎缩，包括中国的进出口量都在下降。因此，要在严峻经营环境和竞争激烈市场下求生存、图发展，就必须不断地通过原创性和吸纳性的手段、创新体制、经营策略、市场营销手法、产品开发和服务态度等。同时，广泛应用科学技术，改进管理，以满足经济发展所带来的新需求。让我们先来谈谈贸易金融产品和贸易融资模式的创新。

一、贸易融资创新的动机

（一）政策改变

2007 年的金融海啸后，全球对银行业界的信心大幅下降，加上银行间流动资金短缺，严重影响了贸易融资的可用性。为了加强金融业的稳定性，国际清算银行（BIS）的巴塞尔银行业务条例和监督委员会的常设委员会——巴塞尔委员会推出了《巴塞尔协议 III》。新的巴塞尔协议要求将贸易融资业务纳入流动性监管范围，同时，规定银行必须将信用证、承兑等表外项目按 100% 信用转换系数纳入计算杠杆率，令贸易融资业务不再具有以往低资本消耗的优势。

因此，在新标准的巴塞尔协议下，银行要维持贸易融资业务量就必须提高收费标准来弥补增加的资金成本，或通过新的贸易模式，尽量将贸易融资转化为不需要纳入计算杠杆率和流动性监管的产品。

（二）客户需求改变

金融机构的利润来源是客户愿意购买其产品和服务。因此，来自客户的需求变化往往是推动创新的一大动力。当前，绝大部分贸易已经不再是简单的一对一贸易，大部分的公司与多个国家和地区进行同时交易，很多大公司同时拥有几百个甚至几千个供应商。在低附加值、无差异化商品的贸易中，买方往往占据主导地位，议价能力强。因此，更利于买方转移风险、减少流动资金占用的赊销方式比例稳步上升。一些较大的买家更利用其强势地位压榨供应商的利润，将费用及资金占用成本推向供应商。但为了避免供应商因资金流动性不足，令供应链断裂而影响到生产的顺利进行，买家需要银行为自己众多的供应商提供足够的运作资金以保证存货能够顺畅地流动。

因此，供应链的形成和深化使买卖双方结成了日益紧密的合作关系。在很多使用了先进管理技术的行业，供应商甚至直接到下游客户的生产场所工作，并参与制定生产时间表及产品设计等关键生产步骤。在这种唇齿相依的合作关系中，传统意义上的卖方和买方不复存在，从而导致贸易融资需求的颠覆性改变。费用高、时效性差的传统融资工具，如信用证等份额不断下降。融资机构对应赊销的贸易方式，必须推出新型的供应链融资产品战略。新战略不再局限于对存货等实体物质进行融资，而是实时追踪供应链中货物及资金的走向，通过灵活的贸易融资解决方案，致力于协助客户降低整个供应链的成本，帮助供应链各成员实现供应链价值的最大化。

（三）客户的驱动

很多大型的公司为了要节省成本、提高效率和精确度，转向使用电子数据交换（EDI）方式处理业务。银行自行研发或通过与软件供应商合作方式为企业提供贸易金融解决方案软件，这些软件都能通过电子方式处理从采购、付款以及订货、兑现周期全过程的记录、单据处理和收付款等，消除由手工录入带来的不准确性及延误。

总而言之，不少银行为客户提供贸易金融的电子商务式服务多是基于网上系统，服务于成长型企业、跨国公司和金融机构，服务范围从提供信息、风险管理到优化流动资金等。

（四）主流趋势改变

随着信息科技的迅速发展，通过在网络环境中集中处理业务成为贸易金融领域流程创新的重要趋势。很多跨国银行以业务流程及管理模式集约化为目的，纷纷建立起各种不同类型的业务中心。例如，单证中心、客户信息管理中心等。

二、贸易融资创新产品和服务

在全球高度一体化的蓬勃发展下，传统的贸易融资服务，如信用证、进出口押汇、跟单托收和银行保函等已显得捉襟见肘，并不能满足企业各种各样的贸易融资需求。因此，商业银行若要在贸易融资领域中继续发展，必须要有创新的经营模式、创新的产品和服务、创新的政策和战略等。同时，创新产品必需质量高，具有市场竞争力、合法和合规、高效、简单和能共赢，就是为客户节省费用、为银行减少支出的同时，还能增加自身收益。所以，能否为企业复杂的贸易业务有效地设计出融资方案和安排，已成为银行竞争的利器。

另外，金融产品的引入期比普通消费品的引入期要短得多，金融产品生命周期的有限性提出了对产品连续开发的客观要求。贸易融资产品也不例外，没有因应市场变化不断创新的产品和服务肯定难成为行业的领头羊。

（一）“链”的创新

顾名思义，“链”涵盖整个贸易过程中所有参与的企业。从下订单、发运、收货、付款的全过程，银行针对自己客户在过程中所扮演的角色来提供融资。例如，是卖方的话，信用证的打包放款、出口押汇、出口托收、应收账款融资等，极少从买方的实力去考虑给卖方提供融资。这就需要“链”的创新。

1. 产业链保理融资

在每条产业链上，都会有相对强势的核心企业主导和协调整个链条，而核心企业基于自身财务降低成本和优化现金流的要求，一般会通过赊购或延迟向上游供应商付款方式购买原材料，同时，通过以现款或短账期的结算方式加速收回向下游销售的回款来实现自身利益最大化。这样就给上下游企业带来财务运作困难，其带来的经营效率问题也会影响整个产业链运作。

由此，中小型供应商财务压力较大，向银行融通营运资金的需求比较旺盛。但由于中小企业资产规模较小，通常无法提供银行认可的抵押和担保，防范风险能力较弱，很难从银行获得融资。因此，融资银行通过把握供应链条上现金流、物流、信息流，抓住风险控制实质，将核心企业的授信与其实质性的责任承担相结合，向其上游中小供应商提供卖方保理业务的授信与融资。简单来说，上游中小供应商将其拥有的针对核心企业的优质应收账款转让给融资银行。具体操作流程是融资银行通过对业务贸易背景的真实性审核，挑选由融资银行授信核心企业推荐的有一定贸易合作年限及供应量的优质供应商，通过对核心企业进行债权转让确认或账款支付确认，贸易及回款监控等方式，锁定核心企业的应付账款，给供应商发放保理融资。

这一产品适合有核心企业的任何产业链，例如，建筑、医药、电子、能源、冶金等传统行业和一些新兴行业。

2. 再保理融资

代理客户将应收账款债权转让给再保理商或当融资银行自身资金紧张时将通过融资业务获得的应收账款债权转让给再保理商。再保理商支付相应对价后取得应收账款债权，到期从应收账款债务人处获得付款。银行为客户提供了应收账款代理转让及代收付资金的综合服务，有效解决了卖方客户应收账款资金占押带来的困扰。

3. “两链”金融

贸易金融业务不能将目光只集中在贸易型企业，还要关注生产型、资源型企业，因而两链金融的推行对于银行客户结构的调整和优化意义重大。供应链是指企业向上下游的扩展，产业链则是产业集群或商圈的概念。这两链相当于一个横向，一个纵向，在某些方面是重合的，而在某些方面又是独立的，可以实现充分的结合。首先从规划，确定将两链金融的重点行业定位，然后成立产业链团队和行业工作室进行深入的调研，制定介入不同产业链的商业模式和从产品端控制风险的手段，才向企业营销和推广。

（二）“池和撮”的创新

融资银行一般的习惯是利用自身的资金给需要的企业提供融资。“池和撮”的创新就是要将资金富裕企业和资金需求企业撮合在一起，有效利用境内和境外企业富裕的低成本资金，解决授信客户的用款难题，实现投资方、融资方现金和资产管理的整合，助力银行、融资方、投资方实现共赢。

1. 结构性融资

通过预付款，应付账款和应收账款几个节点创新结构和模式、组合运用保函、信用证、国内证和人民币跨境信用证等各类贸易融资工具，在合规经营下，利用贸易融资表外业务的特点，通过撮合各种资源，为客户提供综合产品解决方案。

“池和撮”包括两个池，一个池是投资方组成的资金池，一个池是融资方组成的资产池。例如，应收账款资金池，就是多笔应收账款放在一起来计算融资金额和放款管理的方式，适合应收账款余额稳定和规模较大的生产性企业和贸易公司。其具体操作可以按以下方式进行。

①选取多家销售对象的应收账款组合成应收账款池来核定融资额度；

②出口商将选取了的销售对象的出口项下应收账款批量地转让给融资银行；

③提款方式为一年期的流动资金贷款；

④按转让金额的××%发放贷款（一般为80%～90%）；

⑤应收账款回笼后入现金池保证金账户；

⑥后续转让金额融资款从现金池划给客户，只要在提交结算单据同时附上相应的应收账款转让清单。

因此，结构性融资系列产品是资产池和资金池之间的桥梁，搭建起供需双方撮合的平台。

2. 贸易融资资产管理

银行作为中介商，搭建资产管理平台，接受客户委托和代理客户将其与贸易有关的资产无追索权地转让给券商、基金设立的资产管理计划或其他投资者。贸易资产可以包括信用证项下的应收账款、付款保函担保的应收账款和银行提供买方信用风险担保的保理项下应收账款。银行也可以作为代理接受其他银行同业的要求受让这一类型的资产。这是代理银行为资产出让方在市场上寻找较代理银行资金成本低的融资方法。

商业银行可以通过产品交易结构、操作流程、配套文本和会计核算的规范化，实现产品标准化和批量复制推广，积极拓展外部资金渠道，以有效利用同业、企业、投资者低成本资金为自身出口类客户提供贸易融资服务。

（三）“证券化”的创新

在全球贸易不断发展的同时，融资需求一直有增无减。提供融资的机构在日益严谨的监管要求下，资产规模的增速受到一定的限制。因此，必须要大幅度盘活各类资产才能全面满足客户的所有需求。而盘活资产最有效的其中一种方法就是推动资产证券化的创新。

资产证券化可以通过债务资本市场筹募资金拓宽融资渠道、释放融资银行表内信贷资产节约资本、盘活存量及新增资产，提高资产周转率，提升中间业务收入。

1. 以票据系列方式

在考虑资产出表及操作性便利的前提下，已提供融资的银行可以利用第三方的 SPV（Special Propose Vehicle）公司为特殊目的独立载体，以载入信贷资产来筹募资金，即通过设立专门的 SPV 与债务资本市场对接，向资本市场投资者发行票据募集资金，达到拓宽融资渠道及释放表内信贷资产的目的。所载入的信贷资产可以以单笔形式或资产包方式注入。

一般的 SPV 是以孤儿信托方式于开曼群岛或英属维尔京群岛注册设立，由信托基金持有，亦由开曼群岛或英属维尔京群岛的律师出任董事，与融资银行没有任何直接或间接股权关系。融资银行会进行动态管理已载入 SPV 的资产，以对应资金及资产在金额，期限及币种的错配和可能涉及的资产循环补充及控制摊还结构的处理。

所谓循环补充及控制摊还机制，是当票据年期较长，而资产则是较短期的，这涉及资金及资产档期错配的管理。当原资产到期后，新的贷款将不断补充进资产包以替换到期的贷款，这是一种循环补充的机制。通过循环补充操作，发行票据人（SPV）可持续购买融资银行的贷款，实现一次融资、多次出表的效果，融资的利差部分亦可作为服务费的收入，提高银行中间业务收入的比例。在实际操作上，由融资银行作为服务人负责资产包的日常管理和循环补充。在循环补充期间的每个核算期末，融资银行需要核算资产包当期回收本息数据，将当期的回收款提供给发行人用以购买新的同类贷款，必须保证资产包的本金余额不低于所发行的票据本金余额。若融资银行所补充的贷款金额导致资产包余额超过票据本金余额，则超出部分作为卖方权益，归融资银行所有。但融资银行必须保证有足够的贷款到期款来赎回到期的票据。

为了要吸纳不同风险喜爱的投资者的资金，发行人一般会采用风险分层设计方式来发行票据，即包含有优先资产支持票据以及次级资产支持票据两个级别。例如：

①优先资产支持票据：占资产包75%～80%，将以无信用评级，浮动利率，美元计价的条件发行，提供给境外金融机构为目标的投资人或高端私人银行投资者。

②次级资产支持票据：占资产包20%～25%，同样将以无信用评级，浮动利率，美元计价的条件发行，提供给专业的金融机构如投资银行及对冲基金。但次级票据只能在支付完优先票据之后还有剩余资产才享有兑现权。

次级票据的设计是为了向优先系列提供额外增信，承担20%～25%的风险及损失，以增加优先票据的吸引力。或融资银行可以按实际情况，提供其他常见的增信措施如利息保留账户及备用流动性贷款等。

2. 以基金管理方式

资产出让方通过基金公司作为资产管理人成立专项资产管理计划，而投资人委托基金公司投资于其管理的专项资产管理计划获取收益。因此，资产方为需要出让其拥有资产的一方，资产可以是贸易项下的贷款或其他贷款，而资金端为投资者作为委托投资人投资于基金专项资产管理计划。

这种融资设计的核心环节在于资产和资金的匹配管理、投资者的准入管理和整个方案的流动性管理。

在投资于专项资产管理计划收益大于贸易融资贷款利息时，投资者（企业）可以将持有该专项资产管理计划受益权转让给银行，向银行申请贷款或其他贸易融资额度。例如，开立信用证、进口押汇、开立保函和其他贸易类额度。愿意受让受益权而批出融资额度的银行，一般就是原资产出让方，因为只有其自己才知道出让的资产是否是质优资产。对于用专项资产管理计划受益权转让方式申请贷款的企业，银行应该按其担保抵押贷款方式处理。在资产管理计划到期日，管理人向托管行出具指令，将投资本金和收益全部划入融资银行指定获得其授信的企业保证金账户，作为相应授信业务的担保或对外付款。

（四）贷款额度共享

从集团角度看，这并不是创新的做法。因为，集团下有很多分、子公司，当这些分、子公司规模还没有达到银行的贷款准入标准是很难获得银行提供融资额度的，一般情况下，都是由集团母公司出具无条件的全额担保，银行才愿意提供融资额度；或与融资银行协商，同意分、子公司可以共用融资银行给集团的信贷额度。这是非常普遍的做法。

但当某些国家有外汇管制或境内企业对外担保有限额规定时，上述担保方式贷款或共用集团额度就不容易实现。这是因为当境外公司或受担保公司发生违约不能偿还融资款项时，融资银行要求担保人还款时，就有可能受到国家规定的限制或款项不能顺利地汇出境外。

因此，融资银行必须视不同国家情况，采用不同方式来解决以上问题。例如，有关贸易的款项，是不受外汇管制，买方随时可以将款项汇出境而不需要任何申报或审批。如果是这样的话，融资银行可以考虑利用贸易项下的款项作为提供融资的最终还款来源。集团公司、境外分/子公司、提供额度给集团的融资银行和它的境外分行四方，可以共同签订协议（称为“四方协议”）。四方同意融资银行的境外分行提供融资额度给集团的境外公司使用，正常情况下，集团的境外公司利用经营所获得的利润来偿还贷款，但当违约情况发生时，集团公司、集团境外公司同意将双方通过贸易所产生的账款用作偿还集团境外公司的贷款。

（五）大宗商品贸易融资

尽管现阶段各大商业银行已经有很多初级结构融资提供给叙做大宗商品贸易的企业，但在有色金属、贵金属等流动性较强的细分领域，因为贸易结算方式、货物周转周期、货物价值认定以及货物监管等原因，存货质押类和应收账款类融资模式也已经无法满足市场的实际需求，尤其是在一些与境外资源收购开发项目有关的大宗商品领域。

1. “类投行”结构

借鉴投资银行的大宗商品融资手段，发挥大宗商品的高流通性和变现能力强等金融属性，通过合理的方案设计、借助国际知名投资银行的全球流通渠道，全方位地满足企业在资金融通、资源收购、渠道拓展和价格避险等方面的综合性需求，作为现有融资模式的补充和升级，使大宗商品结构性贸易融资业务更加完整和先进。

通过这种“类投行”结构性大宗商品贸易融资模式，大宗商品的属性将从单纯的商品扩展到金融商品，融资行将从融资服务者扩展到贸易参与者，从提供单纯的融资服务扩展到资源整合服务，服务范围将从结构性融资扩展到融资和投资相结合。如此，大宗商品融资业务不仅仅关注银行风险控制和业务收益，而且还兼顾为企业抵押市场风险和创造收益，从而实现双赢的目的。

2. 采用金融商品经理人（Commodity Finance Manager）模式

金融商品经理人参与企业贸易结构中成为隐形的买方或者卖方。在授信期间与之对应的是授信企业生产交付的大宗商品产成品，借助投资银行全球的销售渠道主动将大宗商品产成品变现，将大宗商品产成品的流动性风险转移到销售渠道提供方。在这模式下，企业只需要按照其正常的生产经营周期向银行履行供货义务就能实现还款。

由于这一方案是以企业在授信期间的生产供货履约能力作为主要考量因素的，因此，需要更多地关心企业的生产经营状况以及未来三年到五年的经营规划和投资规划，确保企业能够在授信期间内持续经营和稳步发展。在融资的同时帮助企业实现产能规模经济、供应链一体化延伸以及资源投资等与主营业务相关的发展目标。

银行应该关注企业贸易全程，驱动企业的现金、账户以及流动资本的贸易过程和信息。就买方而言，是从采购到付款的过程；就卖方而言，包括从订单到收款周期，在贸易过程的各个环节提供有力的服务。

（六）“伙伴式”管家

改变以前的单一服务模式，应不同客户的需要，配备不同类型的资源，让服务更有内涵。例如，将评审镶嵌进客户服务的前端，建立评审绿色通道，再从费率优惠、资金的重点倾斜和支持，让客户真正体会到不一样的优越感。银行只有充分了解企业生产销售、业务经营的各个环节，才能明确企业的需求，从另一方面考虑，充分深入授信企业，也能摸清企业情况，更有效地控制风险。

管家要有能力整合资源，为企业在经营发展的过程中提供不同类型的协助和建议。例如，发债、投融资、收购兼并等。在管家服务里，企业和银行的关系是对等的，银行给企业提供最优质的服务，银行的管家团队参与到企业管理经营中，形成相互信任的伙伴式关系。

（七）服务模式创新

传统融资产品易被客户视为同质化的商品。如何创造新意，提高传统贸易融资产品的附加值，通过服务模式的创新来密切与客户的合作关系是许多银行努力的方向。例如，利用网上银行提供贸易结算和融资服务。

网上交易服务系统必须能为客户提供以下便利：

①客户可以对重复交易使用模板编写信用证申请书；

②为客户的贸易交易设置自动检验功能，确保所有必需要素已填写完备；

③银行每处理一个申请之后系统会自动发送邮件通知客户；

④为客户提供贸易信息日历，提醒客户关注贸易中重要的信息；

⑤通过 SWIFT 接收的与贸易服务产品相关的电文，包括对不符点单据的沟通信息都可以让客户在线查询。

同时，一般的查询问题客户在系统上直接输入即可找到答案，不用再打电话到银行后台去咨询。运用这些服务方式的创新，银行的业务操作效率迅速获得提高，业务的精确度也进一步提升。信用证整个开立流程可以从原来手工操作时的几天缩短为几个小时。这种创新方式虽然没有对产品的结构及内容进行实质性的改变，但产品服务方式的改变同样为提升产品价值及提高客户满意度产生了巨大的影响力。

三、贸易融资创新模式

创新能否成功很大程度上取决于经营者和管理层的态度。若经营者和管理层只看重结果，员工创新力必然下降。因为，只许成功，不许失败，令员工抱有“少做少错”的心态。所以，要创新成功，必须从上而下，从组织架构、管理制度和执行政策开始改革。管理层必须要有改革的决心，制订统一的改革方案、改革标准、改革流程，并且能够坚定地贯彻执行。

（一）组织架构的创新

面对经营环境的深刻变化，商业银行要充分理解和把握市场竞争重点，朝着以满足客户需求、提高客户满意度为重点的金融产品和服务转变。为此，各大商业银行应进行事业部改革，推进机构扁平化，实行条线业务单元的专业化运营和个性化管理，即以客户为中心进行流程优化整合，建立客户和金融产品（例如，贸易融资）专属部门（大部分金融机构都称之为“事业部”），深入挖掘和引导目标客户的需求，积极进行产品和服务创新，培养具有较高忠诚度的核心客户群，形成自己的经营特色和拳头产品。

专属部门作为独立的利润中心，应实行严格的成本费用和利润核算，有一定的生产、经营权限。与其他各部门之间进行协作时应模拟市场交易，按照市场规律运作。专属部门负责人有权任免该部门下属各单位负责人，下属单位和总部职能部门不实行上下对口管理，只对专属部门负责人负责，以充分保证专属部门负责人的自主权。

成立专属部门的好处是实行独立核算，更能发挥经营管理的积极性，更利于组织专业化生产和实现银行的内部协作；各专属部门之间有比较，有竞争，这种比较和竞争有利于银行的发展；专属部门内部的供、产、销之间容易协调，不像在直线职能制度下需要高层管理部门过问；专属部门经理要从专属部门整体来考虑问题，这有利于培养和训练管理人才。

但推行这样的改革制也有其缺点。各专属部门的职能机构可能重叠，构成管理人员浪费。专属部门实行独立核算，只考虑自身利益，影响各专属部门之间的协作，一些业务联系与沟通往往也被经济关系所替代，甚至连总部的职能机构为专属部门提供决策咨询服务时，也要专属部门支付咨询服务费。

因此，银行在成立专属部门的同时，必须建立完善的监督机制。通过对计划、预算和财务等方面的监督，保证专属部门有效运作。为便于监督，在考核上应尽量量化和简化考核指标，抓住影响效益、效率的主要矛盾，制定指标体系。例如，对专属部门的考核，可能只抓住利润、占用资本回报率、劳产率、重要业务的市场占有率等。同时，强化计划和审计监督，对事业部计划预算的执行结果建立月、季、年分析制度；采取内部审计、外部审计和联合审计的方法，对其绩效、管理、经营和计划、效率和效果进行审计。

（二）经营理念的创新

1. 银企合作

企业是银行的客户也是为银行带来丰厚利润的实体。以往，银行为企业提供各项服务和融资，从中收取服务费用和融资利息。因此，在企业的眼中，银行只是服务和融资的提供者，并没有真正的“合作”意义。

银企合作可以在两方面实现。企业给银行提供素材，经营模式和战略，而银行给企业提供产品和解决方案，两者结合起来时就能做到合作共赢。同时，银行为企业搭建业务信息平台，让企业通过平台交流和寻找合作伙伴，以达到资源、信息共享之目的。例如，中国民生银行贸易金融事业部多年前成立了“华山俱乐部”，邀请了几十家不同行业的优质民营企业作为会员。通过民生银行为俱乐部会员举办的活动，会员之间不单加深了相互的认识，更加强了业务的合作。同时，民生银行的业务量也随之而增长。这是银企合作共赢很好的例子。

2. 风险意识的改变

运用数据挖掘技术广泛采集客户信息，分析和判断客户资质，建立以数据为主导的风险承受能力标准来评定客户等级和额度。另外，通过技术的提升，银行可以减低或缓解客户信用风险、增强市场竞争力，更可以利用大数据法则来解决信息不对称问题，从而实现对客户信用风险的有效控制。

采用贸易融资自偿性技术，银行可以通过对自偿性资产的控制实现对贸易融资的自动风险缓解，从而降低客户的融资门槛和融资成本。例如，供应链融资中的保兑仓、票据贴现、保理融资、存货抵质押融资等。

银行可以采用贸易融资组合技术和流程技术，最大限度地博取市场机会和政策机会。例如，银行可以利用不同产品的价格差异、不同时间的价格差异以及同一产品不同币种、不同结算产品、不同融资产品的政策差异等，在不同的市场上组合各种融资方式和服务，为客户提供最优质的服务和价格。

3. 闭环操作

如果整个贸易链条的操作都在同一家银行进行，对该银行来说，融资风险就比较容易控制。每家银行都清楚这个道理和业务操作模式，但知易行难。这是因为买家/卖家、供货商/中间商/批发商/零售商所在的国家和地区都可能不在同一国家和地区，银行在这些国家和地区不一定都有分支机构，因此，很难实现这一目标。

所以，银行要实行优惠措施，例如价格优惠，鼓励客户采用闭环方式操作贸易融资业务。另外，应加大分支机构和友好代理行的建设，增加业务操作据点。

4. 专业评审

贸易融资是属于自偿性的贷款，评审人员必须对进行贸易的各行业，贸易链条中的货物流、资金流和信息流都要有深入的认识，才能很客观地评估每项融资申请的可操作性。因此，要求评审人员拥有贸易融资的专业能力。

传统的企业贷款，评审人员一般对申请人的财务状况、企业的背景和历史、企业的经营情况和现金流、申请贷款的金额、种类、用途和期限等作详细的分析后作出贷或不贷的决定。如果评审人员对贸易环节不熟悉，只考虑申请人的财务状况和经营情况来作出贷或不贷的决定，就有可能大幅度减小了贷出贸易融资款而令银行的收益下降，或需要用比平常更长的时间才能批出贷款，效率下降而造成客户的流失。

因此，专业的评审，在贸易融资创新的过程中是不可缺少的。

5. 外聘专家

这是一个非常现实的问题。银行面对的是各行各业的融资需求，当然，对不熟识和不了解的行业，银行可以不接纳融资申请，但这样做会将银行的业务范围局限于某个或某几个行业。

因此，对不熟识的行业和结构较为复杂的融资要求，银行需要聘请外部专家作为该项目融资的特殊顾问，而且，专家应该在早期的项目可行性研究就开始介入，直至整个融资项目投产后才完成。聘请专家时，必须要明确责任分担和专家费用机制。

（三）考核制度创新

传统的考核制度不外乎净利差、中间业务收入（手续费用）和结算业务量等。要推动业务的创新，必须要从多维度来考核不同的部门，例如：

①市场部门：除净利差、中间业务收入外，还要加上以客户的维度来考核，例如计算客户使用产品的数量、使用新产品带来的收益等。

②产品开发部门：每年开发出的新产品数量、协同市场部门营销新产

品的效益（使用新产品带来的收益）等。

（四）技术应用和战略合作的创新

近年来，随着国际贸易中买卖双方合作关系的变化，国际贸易供应链的形成和电子商务及互联网技术的成熟，市场和技术的力量在共同重塑着国际贸易融资业务的发展方向。因此，银行在操作贸易业务的技术方面因应客户的需要而迅速提升。同时，在业务策略方面，应采用创新业务合作模式。

1. 技术应用创新

网络及电子化的低成本、高效率、高精确度和高覆盖率令银行能通过网络帮助进出口商有效地管理操作风险、减少交易风险及避免贸易流延误，帮助公司客户减少贸易融资费用和节省时间；同时，帮助进出口商更严格地进行存货管理，帮助出口商更快地获得付款，为出口商提供从出口单据缮制、单据审核、寄单索汇到贸易融资等服务。

为客户提供详尽、及时地收付款信息，帮助客户减少后台操作的压力是银行贸易融资服务最重要的增值部分。因此，许多银行通过大力开发网上银行，增加渠道服务项目及开发银企直联等方法与客户之间建立起信息共享平台，帮助客户降低操作成本。例如，2006 年荷兰银行被评为最佳网上贸易服务提供者，它们能获此殊荣得益于它们的 MaxTrad 技术。MaxTrad 通过提供 24 小时的在线服务，为买卖双方自动处理贸易交易及管理应收、应付账款提供了良好的解决方案。MaxTrad 技术创新体现在以下几个方面：

①提供了订单管理员（Purchase Order Manager，简称 POM）功能。使用者可以根据其贸易量灵活设定信息管理功能和自动化程度。同时，POM 为买方改进了事件通知功能，卖方亦可实现供应链与网上银行之间的连接，并可通过系统与 POM 的整合加速执行进程。

②在系统中融入供应链融资模型，为客户提供了缩短变现周期（Cash Conversion Cycle）、获取实时信息及减少纸质文件传递的网络工具。使用者亦可以根据需要，在网上以应收账款进行实时融资。

③运用影像技术实现纸质文件与数字化环境的便利化。因此，卖方的纸质单据如合同、发票、提单等的内容可以方便地被抓取并制成数字影像，导入 MaxTrad，买方从而可以在线读取单据内容。

④提供一个在线的知识库，称为“虚拟代理人（Virtual Agent）”，可以为顾客提供迅捷有效的在线支持。用户可以采取对话、关键字或问答等形式向虚拟代理人咨询，亦可用邮件方式，并在当地营业时间内获得即时信息支持。

2. 战略合作创新

2005 年，在贸易融资领域出现的一件不寻常的事情，就是摩根大通银行收购了一家物流公司（Vastera），并在亚洲组建了一支新的物流团队专门为供应链及代理商销售业务提供金融服务和支持。这可谓是实体供应链和金融供应链的合作，通过提高货物运输信息的可视度，可以为整条供应链提供更高水平的金融工具和更多的融资机会。

摩根大通银行作为世界上最大的现金管理服务商，它的资金清算部门在全球的美元清算业务中拥有举足轻重的地位，而现金管理与贸易融资业务是交易银行的两项相辅相成的业务。它后来成立了 JP Morgan Chase Vastera 公司，该公司提出的价值宣言就是为进出口商提供一站式服务，妥善解决跨境货物运输中日益增加的各种挑战和风险，包括由于不充分的进出口信息和文件传递延迟引起的运输耽搁，违反国际贸易法规遭受的政府罚款，以及由于供应链中的缺陷导致的现金流问题等。在为全球供应链中主要的支付交易包括收付货款、支付运费、支付保险费、支付关税等提供服务的过程中，摩根大通银行可以自动获得各类金融贸易数据。而利用运输单据制作和管理的自动化，Vastera 固有的流程和技术有力地支持了“实体货物”的跨境流动。

摩根大通银行这个跨行业的并购是战略创新的好例子。它打破了厂商、物流公司、银行通过互不关联的系统及流程分别独自参与供应链中货物或资金流动的局面。通过整合不同的平台实现互补、创造合力，供应链融资业务获得重大突破。

与战略并购相对应，亦有不少银行选择将贸易融资的后台操作外包，以集中更多的资源强化贸易融资业务中的核心部分。美国富国银行（Wells Fargo Bank）的前身 Core State Bank 很早就提出了这一创意，并在其中国香港分行成立了贸易融资操作中心，全盛时期为世界各地超过 40 多家国际银行提供贸易请算和结算后台操作服务。利用外包服务的银行，通过后台操作外包提高运营效率，降低操作差错，增加操作风险的可控性，从而可以集中更多的精力开展贸易融资前线的营销和技术平台的构造，提高在服务及客户关系管理方面的核心竞争力。

四、对国内银行贸易融资创新的建议

（一）正确的创新理念

应坚持不做华而不实的创新。创新必须符合以提高收益、控制风险、加强公司治理等为目的。同时，创新是要改变业务发展观念和及时抓住机遇的。

（二）明确创新产品定位

银行应当充分分析当地市场、本身客户群等，进行差异化定位。并根据市场需求变化或针对客户的新需求，以目标客户为导向，积极对原有的业务品种，服务方式进行整合、改进，着重发展知识密集型和高收益、高增长型贸易金融产品。

（三）挖掘传统产品的发展潜力

尽管传统的国际贸易融资业务具有同质化的趋势，并不代表这些业务没有创新机会。中国中小企业的进口业务有很大一部分仍然依赖于信用证的这种模式。随着中国进出口贸易的蓬勃发展，信用证业务的绝对额仍然每年在向上攀升，因此，传统的信用证、托收等业务仍然具有市场潜力。但是，市场及产品的成熟容易导致银行服务的同质化，从而陷入价格战的恶性循环。因此，突破口在于对传统产品的业务创新，它可以包括：

①新的运作方式的策划；

②新的组织结构；

③新的关系形式；

④新的具有突破性的商业战略；

⑤新的思维方式 。

（四）开发创新管理模式

银行可以尝试通过运营流程改造、产品组合营销、客户分析工具改进等方式提高传统产品的价值内涵。例如：

①完善网上银行功能，包括增加网银渠道受理客户的国际贸易融资业

务申请；在网上银行中增加与银行外汇业务处理系统的数据接口，让客户可以实时查询进出口款项的去向，追踪单证处理情况；在系统中增加邮件通知、短信通知等增值服务，让客户及时了解账户中的余额变动及重要讯息。

②改进业务处理流程，包括运用工作流、影像等技术，通过单证集中处理实现标准化操作，从而提高单证业务处理的效率，降低操作风险和操作成本。

③进行产品组合营销，例如将贸易融资业务，贸易单证服务和各类资金业务（远期结售汇、远期外汇买卖、外汇期权、外汇掉期、人民币及外汇理财产品等），现金管理业务有机组合在一起。根据客户的需求特点提供适宜的组合产品方案。交叉销售是提高银行获利能力的重要手段。

④提高对客户需求的认知能力，银行应该做好客户细分工作，开发行之有效的客户需求分析模型及工具了解客户的需求。通过客户细分提高贸易管理绩效，这也是推动银行改变贸易融资行为的主要动力。

（五）建立创新机制

新产品研发项目的特性主要由风险、范围、复杂性、新奇性、技术创新及所需要的专业技术所决定，因此，银行在产品创新上应建立有效机制，确保创新过程中客户需求分析、产品功能设计、投入产出分析、风险控制、技术实施等关键环节责任分明，从而提高工作效率，减少矛盾。

（六）重视人才建设

银行业属于知识密集型的产业，其员工流动率高也与业务创新慢有直接的关系。另外，奖励及激励在新产品快速推向市场的过程中也发挥着重要的作用。因此，银行应注重人才政策，建立有效的培养人才、引进人才和留住人才的人力资源管理机制，造就一支高素质、专业化、结构合理的产品创新研发团队。

（七）加强系统建设和信息管理

贸易金融业务的创新，更多地依靠科技的全力支持。在国内，科技支持尚不能与银行业务发展相匹配，在一定程度上阻碍了产品的发展创新。

因此，银行加强网络化及电子化的建设势在必行。

银行应集中处理数据资源，根据数据资源进行客户市场细分，推出有针对性的产品。先进的数据库系统和高效的数据挖掘技术是客户信息管理最重要的工具。

当然，要成为国际贸易融资领域的强者，技术上的支持必须充分、有力。一种可行的方案就是利用电子商务技术尝试为供应商、贸易商、销售代理商、物流公司、船运公司等供应链上相关的参与者搭建一个共同的信息技术平台。银行在通过这个平台为单证无纸化传输及贸易信息传递提供便利的同时，可以用最直接、实时的方式获得供应链信息流的数据，并可以应客户的要求触发实时的贸易融资服务。因此，提高供应链运作的效率，最有效的方法就是使金融与实物的供应链同步化。电子单据及网络技术的发展将进一步加速这种技术平台的构建。SWIFT 组织和近 20 家银行已开始共同进行一些类似的努力。它们正在通过发展贸易服务功能（Trade Services Utility）技术尝试在买家、卖家、银行之间进行有效的贸易数据传递。基本理念就是要提高贸易数据的可视度、可信度，从而为银行将后台操作融合到 TSU 核心功能中，全面提升现有的贸易服务能力提供支持。鉴于 SWIFT 组织强大的网络优势，我们可以预见未来三五年内这个技术革新对国际贸易融资领域将带来的巨大影响。

然而，在这种共同平台能够完善建立，各参与者能够真正实现无缝的信息共享及实时的单证传递之前，银行如何向成为成功的国际贸易融资服务者努力呢？由于全球网络的限制，很少有一个银行能够独自作为供应链银行为供应链中各参与者的融资需求服务。在这一点上，银行应该向它们的客户学习。如果公司可以通过战略合作、战略联盟等方式提高运作效率和产品质量，银行为什么不可以呢？银行可以通过代理行关系与供应链另一端的国外银行结成战略伙伴关系，在信息共享、模式互补的基础上实现双赢。这种战略合作已在信用证及托收业务方面取得了不少成功经验，现在的关键是要把这种战略合作关系再进一步扩大到以汇款方式结算的国际贸易融资业务中去，并在各自的那一端把融资业务延伸到供应链的起点或终点，从而最大限度地挖掘获利机会。另一方面，银行可以与优秀的物流公司、运输公司结成战略合作伙伴，以掌控供应链中实体货物运输的实时信息，在改进货物监控手段的基础上开发新型的国际贸易融资产品。这些都将成为国内银行克服当前技术局限的一大突破口。

（八）充分认识风险和加强控制能力

在创新贸易融资产品时，银行应充分认识到可能存在的风险，并对应风险相对较高的产品采用适当的保证金比例、落实授信、抵质押条件等措施。同时，还要充分考虑相关法律法规、规章制度、实施细则等。在新产品推出前，必须与法律合规部、风险管理部等有关部门，进行充分的沟通，以全面规避可能遇到的风险。

当然，创新应当是在合规和合法的前提下发生的，但对于一些监管法规没有限制，也没有禁止的，监管部门主要持事后规范的态度。这种事后规范的方式，成为产品进一步创新的原动力。

（九）加速海外布局

根据汇丰银行2012年发布的《中国企业海外拓展调查报告》显示，虽然全球经济前景尚不明朗，但企业对于继续拓展海外业务的热情丝毫不减，83%的受访企业计划继续扩张海外业务，同时对海外业务的收入增长前景十分乐观。因此，“走出去”业务成为国内商业银行另一片竞争激烈的市场。

对于大型国有商业银行来说，有着资源充沛和海外分行网络覆盖面广的优势，叙做“走出去”业务对他们来说并不困难。但对中、小型的股份制商业银行来说，难度就大很多。

（十）准确的客户定位

要与大行竞争，中小型银行就必须从客户定位和策略上寻求突破。例如，定位于民营企业和采用全程“陪伴”策略，改变只叙做资金提供者的营销策略，要在项目源头上开始，全程参与，提供专业和资源的协助，与民营企业共同开拓、完善和发展。

第二节　交易银行

近年来，在众多有关金融业发展的研讨会上，经常听到“交易银行”这个名词。更有学者认为“交易银行”将重塑未来的银行对公业务。因为，全球经济一体化的加速演变和互联网金融的崛起对商业银行经营发展提出了新的挑战，交易银行业务正逐渐成为商业银行转型的战略重点。

究竟什么是交易银行？简单来说，为客户的交易提供服务的银行就可以称为“交易银行”。是银行以客户的财资管理为服务目标，协助客户整合其上下游资源，最终实现资金运作效益和效率提升的综合化金融服务的统称。就是从传统资金结算业务，转变成以组合产品形式为企业提供全面解决方案为特点的银行综合性服务。据统计，在全球范围内，目前交易银行已经成为银行的一个重要收入来源，其规模与投资银行业务相当。

一、交易银行的起源

经常听到企业因为“周转不灵”或“资不抵债”而倒闭。“周转不灵”就是企业没有足够的现金去支付货款和工资等，以致企业不能继续经营下去而要结束。因此，持有足够的现金是企业存亡的其中一个重要元素。所以，现金管理是企业生存和发展的重要支柱。

从20世纪60年代开始，欧美企业为了要加强现金管理职能，提倡“企业司库制度”，将财务部职能划分为现金管理部门和会计部。现金管理部门为企业提供现金预算和核算。虽然没有确切的论说证明企业司库的兴起是“交易银行”的源头，但从历史角度看，不难发现两者有着极其亲密的关系。

从20世纪70年代开始，市场监管放松，一些新型的短期货币工具广受欢迎，企业现金管理职能从简单的预算和核算扩大到资金筹集、收付款管理、账户余额管理等职能；进入20世纪80年代，现金管理部门的职能发生了质的变革，使其更接近于金融资金管理和流动性管理，成为企业综合管理领域的一部分。及后，伴随着职能的不断扩大，现金管理部门从财务部独立出来，成立与财务部平行的司库部门，利用先进的金融技术和管理工具，制定出一整套针对短期流动性的管理制度，包括短期投资管理、短期融资管理和银行关系管理等。

从企业的角度看，所有收、付款背后体现的是企业和上下游贸易伙伴发生的不同交易。随着企业的不断发展，资金需求和交易风险不断增加，为降低资金压力和交易风险，企业会考虑如何优化整个供应链的融资。为此，银行将现金管理和贸易融资产品整合到财资管理这个大的范畴中就形成了交易银行的雏形。之后，随着企业国际化、多元化和市场化的业务发展，企业也开始持有证券、基金、外汇、贵金属、保险等资产，这时候，企业就需要更广泛延伸的交易银行服务，包括托管业务、证券保管业务、外汇和期货买卖等。

由于企业客户的金融服务需求日益多样化，选择性也明显增强，如果银行还局限于提供单一产品和服务的话，实难满足客户多样化的需求而被淘汰，因而引申出银行多元化整合性服务的需求和为企业客户提供一站式金融服务的经营模式。这就是交易银行的起源。

二、交易银行的发展历程

从20世纪70年代开始，欧美银行在外部环境的推动下，不得不改弦易辙，改变传统的“生产什么销售什么”的经营理念，转向以从市场需求出发，按照目标客户的需求和以客户为中心的服务理念去组织经营，因而纷纷以针对不同客户群提供综合服务的方式，以零售银行、公司银行、投资银行和资本市场等形式调整机构设置，还实行了客户经理制，产品开发围绕客户，为其提供组合式金融服务。

到了20世纪90年代中后期，欧美银行在对客户群进行分类的基础上，基于企业客户交易活动及现金管理的需要，将原有与交易有关的产品整合成交易银行服务，作为对公服务的主要板块，通过专业、专注和专责进行产品的管理和开发，逐步形成以产品经理、营销经理和执行经理为服务团队的机制，从而实现以企业交易服务为中心提供金融服务，交易银行应运而生。

其实，“交易银行”这个词是由英文“Transaction Banking”直译而来。相对于以存贷款业务为主的传统商业银行来说，交易银行是指围绕着企业的货物流、资金流、信息流等，为企业客户提供现金管理、账户管理、支付清算、贸易融资、供应链金融、资产保值增值、资产托管等的综合性金融服务。

目前，国际大型银行如汇丰银行、花旗银行、富国银行、摩根大通和渣打银行等，都设有交易银行部（Global Transaction Banking Department）或提供交易银行服务（Global Transaction Services）的部门。

在中国，长久以来商业银行都以业务性质构建部门来为客户提供服务，例如，公司金融部、支付结算部、贸易金融部、现金管理部、金融市场部、资产托管部、电子银行部和国际业务部等。直至近年，国内利率市场化和人民币国际化加速、金融脱媒、“互联网+”、经济新常态等对商业银行经营发展提出了新的挑战。交易银行因其低风险、轻资本、收入稳定、客户忠诚度高等优点，日益受到银行业的关注，加上在中国银行业监督管理委员会的大力推动下，大部分国内银行争相成立交易银行部，开始研究和探索发展交易银行业务，以降低对存贷利差业务的依赖，但成绩并不明显，主要原因是国内银行对交易银行的经营理念认识不清及改革的决心和力度不足。因此，要成功落实交易银行的经营模式和成功转型，国内银行必须在下列五个方面进行改革。

（一）正确的核心理念

对商业银行而言，发展交易银行业务意味着服务的全面升级，以交易管理为核心，从账户级管理扩展到交易级管理，从产品销售转变为综合化方案提供，从单体客户服务延伸到整体产业链金融服务，从本土服务发展为全球服务。因此，交易银行的发展需要商业银行在现有经营理念、组织架构、市场发展策略、人才培养、信息技术等方面做出适当的调整。

为了改变目前大部分国内商业银行通过不同部门分头管理业务的情况，可以参照欧美银行的成熟经验，结合国内的实际情况，将相关业务部门的职能整合，在总部层面成立专门的交易银行业务管理部门，推行“以客户为中心”的经营理念，按照客户交易过程中的个性化需求提供产品和解决方案。

（二）跨部门合作意愿

目前，国内很多商业银行的典型组织结构是地域、客户以及产品导向的混合体，各部门单独发展和服务客户，它们之间相互独立，策略、预算以及绩效管理机制都不一样。这种经营模式带来了“部门重复营销、银企对接混乱”等弊端，给企业带来困惑和不良的客户体验，对银行拓展业务、增强客户黏度、真正了解客户需求的深度和广度等造成较大的障碍。

要把“客户为中心”的经营理念落到实处，必须将银行的服务、功能和流程作规范化的统一管理。这就需要自上而下跨部门整合产品、服务和风险管理来为客户提供综合的服务和解决方案。只有在总部层面成立交易银行业务管理部，并明确其职能才能有效管理和推行以客户为中心的经营模式。

只要以“协作营销、互助成长”为基础，制定合理的绩效考核和激励办法、清晰的核算和资源配置规则、有效的定价机制等，就能打破“部门壁垒”，提高跨部门的合作意愿和团队协作能力。完善的内部机制可以让交易银行的发展突破组织架构的约束，最大程度地降低对银行已较为稳固的核心组织架构的冲击。

（三）高效的技术平台

以国际大型银行为例，交易银行的系统是以操作平台为核心，与前端客户服务及报表和其他增值服务平台相连。利用多功能和高效的技术，全面将境内外、线上下、本外币、内外贸、离在岸整合为一体的业务操作和咨询平台，打造全新的银企互动金融平台，为客户提供全面的多元化服务。

（四）风险管控能力

银行要持续运作，离不开风险管理体系的完善和规范。传统的商业银行主要是对单一客户和单一债项熟悉，但对基于单一客户的链条融资业务和金融风险敞口分散的交易银行业务，缺乏系统性的理解。因此，交易银行战略要落地成功，必须要有相关的风险管控的新机制、能力和人才，否则，交易银行的业务流程设计就会偏离交易本身的采、购、销等行为而倾向“流贷化”的模式。因为，随着融资工具向上下游企业不断延伸，风险传导的可能性加大，风险联动控制困难，商业银行必须改变传统的单一静态风控方式，在考虑产业集群各种风险特征的基础上，综合运用大数据、云计算等新技术，创造全新的风险评估体系，对产业链上相关企业的动态风险进行综合的评估和考虑。

另外，风险管控必须要在线上和线下同时进行，整合客户线上和线下行为所产生的信息，实现银企间系统数据的及时共享，从而降低信息不对称风险。同时，必须有效制衡业务协作中部门的职责权力，平衡“风险”与“利益”的关系。

（五）全球化战略布局

在成功经营一段时间后，走出国门拓宽市场是企业必经之路。因此，随着“走出去”的步伐加速，企业在全球市场上获取和配置商业资源的步伐加大，其境外金融服务需求将随之快速增加。因此，国内银行也应紧随客户，加速“走出去”的国际化布局。

三、交易银行的产品和服务

交易银行专业性强、涉及面广、与客户密合度高，要求银行密切跟随企业客户的深层次发展过程，并按照多元化交易过程中的个性需求提供产品和融资等解决方案。简单来说，交易银行的产品和服务可以分为核心业务板块和增值服务板块两大类。

（一）核心业务板块

交易银行主要围绕企业的各种财资管理需求，以结算为基础、现金管理和贸易金融为核心，为企业提供精细化、专业化的综合服务。

1. 现金管理

企业的现金管理是指企业对现金资产流入、流出及存量的运作进行统筹规划，使其在保证流动性基础上，加强资金调配节约成本，提高资金使用率，以达到效益最大化的目的。简单来说，即在一定的经营业务处理过程中，把将来一段时间内将要发生的现金收支结合起来，争取现金的流入与流出实现同步，令现金的总体占用率大幅度降低。因此，企业必须有一套管理现金的方法，正确掌握在一段时间内，必须持有的现金数额。现金预算（Cash Flow Forecast）是每个企业财务部门必须执行的职责之一，以确保企业在一段时间内（一般是未来六个月到十二个月）都能正常持续运作。

在银行的眼里，为企业提供现金管理服务就是将企业的资金沉淀成为银行的低成本资金，加上汇入汇出款的手续费收入，可以为银行带来可观的收益。因此，各大银行纷纷利用其先进的手段和丰富的经验，将收付款、账户管理、投融资、信息服务等产品进行有机组合为客户量身定制个性化现金管理方案，提供综合性服务协助客户对现金流入、流出及存量进行统筹规划，在保证流动性的基础上，实现企业经营效益的最大化。

银行现金管理服务常用的技术和产品主要有：

（1）账户管理

账户管理是指银行按照企业资金管理需求，通过对企业总部和下属分/支机构开设的账户数量和类型梳理，为企业构建科学、合理的结算账户体系，明确各账户的作用和各层账户间的关系，实现账户信息流和资金流的同步传送，满足企业对其分/支机构账户资金来源、使用以及余额的有效监控，为管理决策提供全面、准确的信息支持。

企业可以通过网上银行或银企直连等方式，接入银行现金管理服务平台获取所有账户的实时动态信息，包括账户余额和交易明细等。这样的服务，可使企业全面掌握下属分/支机构的账户和资金信息，实现统一管理和有效控制风险。

（2）现金流动性管理

现金流动性管理是现金管理服务的核心，是指通过对企业分/支机构资金的有效监控和统一调控，加速资金流入，控制资金流出，及时将企业资金头寸及其他资产转化成可支配使用的现金。确保各分/支机构有足够的资金来源支付短期应付款，同时，将闲置资金通过各种短、中期投资机会获得更大收益。

企业集团总部和下属所有分/子公司都在同一银行或其分行开户，利用银行先进的科技技术进行资金归集或资金池方式进行管理。简单来说，就是企业集团内部各分支机构的账户余额通过某种转账机制，全都归集到企业集团总部的单一账户上，由总部对集中后的资金或虚拟资金进行统筹管理和使用。资金池就是虚拟资金，是指企业集团将下属企业多个账户的余额进行名义抵消，以计算整个集团的净余额利息。资金池的概念不采用实质性的资金转移方式。

企业可以根据实际资金运用情况制定内部计价标准，对分公司账户上存有资金和透支资金进行利息计算和分配。企业可以对每个账户设定固定利率或设定金额分段利率计算利息，然后由系统自动进行利息分配。

（3）收付款管理

收付款管理的主要目的是令企业减少资金在途时间，控制下属分/支机构付款限额，提高资金使用效率，降低财务成本。

常用的产品有结算类和代收代付类产品。结算类产品包括汇款、本票、支票、银行承兑汇票等；代收代付产品包括代发工资、财务报销、代缴各种费用和批量付款等。除了常用的产品外，根据不同企业的需求，可以提供上门收款、送款和锁箱服务等。

在控制下属分/支机构付款限额方面，企业可以与银行预先安排，设定每个不同分/支机构的每天、每笔付款金额的大小，合理防范操作风险。

（4）资金保值增值

通过银行的现金管理平台将企业分/支机构的资金归集或虚拟资金计

算后，现金管理系统自动将多余的资金作活期存款投放赚取利息。活期存款利率由银行决定，可以是固定利率或按资金金额大小来向上浮动。如果闲置的资金较多或时间较长的话，系统能自动通知银行的客户经理来营销其他投资产品或直接通知企业由其自行决定投资其他产品。投资产品可以包括理财、银行票据、债券、基金等，以低风险及高流动性为主。

另外，企业可以与银行预先签订账户透支协议，当企业资金不足时可以及时按协议提用透支额度补充现金头寸。

在风险控制方面，银行通过现金管理平台的企业经营数据分析，帮助企业选取适当的风险工具来规避汇率和利率等风险，实现资金保值增值。

2. 贸易金融

贸易金融包括贸易结算和融资，是围绕贸易各个环节所发生的资金结算和信用的融通活动。在商品交易的过程中，企业针对存货、预付款、应收款等资产通过结构性融资工具获得短期性资金，盘活企业的贸易活动，为企业赚得更佳效益。

在交易银行服务中，贸易金融应该是最复杂和最需要高技术人员的板块。交易银行服务能有多成功和多大的发展空间，就要看贸易金融的服务能力，拼的不单是服务效率和价格，更重要的是融资解决方案的设计和风险控制能力。单靠本书前面几章论述的传统贸易融资方式肯定是不够的，要在激烈竞争的市场中取得优势，就必须不断地通过原创性和吸纳性的手段，创新贸易融资产品，改善贸易融资模式，广泛应用科学技术，改进管理，加强服务能力，不断满足客户新的需求。

（二）增值服务板块

企业在不断发展的过程中，财务管理向精细化、国际化不断演进，客观上需要银行转变服务方式，由传统的多产品供给转变为综合性的服务供给，不断为企业提供增值服务。

1. 资产托管

资产托管是指持有资产所有权的企业，通过合约形式将资产有偿托管给经营托管业务的专业公司（包括有经营托管业务牌照的银行），由托管公司进行综合的资产管理工作，或最终实现资产变现的一种方式。因此，托管业务是一系列权利义务的分配，它是一种以契约保障双方或多方对于受托资产的权利重新分配的方式。所以，在托管业务中，双/多方必须签订托管合约，约定各方的责任和权利义务，同时，各方同意争端解决机制和方法，以降低未来的不确定性对各方的影响。

任何托管业务都会有两个或以上的当事人。最为普遍的是一个委托人和一个资产托管人。委托人就是委托资产的最终所有人，也是委托资产投资收益的受益人和承担投资风险的责任人；而资产托管人就是保护和保管受托资产的人，这是为了要充分保障投资者的权益、防止委托资产财产被挪用和确保委托资产规范运作和安全完整。

如果委托资产需要进行投资运作就必须要有第三方作为投资管理人，投资管理人的职责是对委托资产进行投资和管理、及时与资产托管人核对委托资产的会计核算和股值结果、定时向委托人和有关监管部门提交投资管理报告等。

资产托管业务需要极强大的系统支持，必须包括委托人账户管理功能、基金管理人投资状况监督功能、资金调拨功能、基金估值功能、基金清算功能和监督查核功能等。要求系统性能高、业务处理速度快、多资产组合同时进行会计核算处理，业务处理自动化程度高，企业网银及银行核心的对接，确保资金划拨安全、准确、迅捷。

按委托资产的性质，资产托管业务可以分为：

（1）账户托管

账户托管是指委托人与提供资产托管服务机构按签订的协议，委托人或第三方在资产托管机构开立托管账户保管资金，监督资金使用情况，并向委托人披露托管资金及账务信息的一种资产托管业务。

通过这类服务，资产托管机构作为信用中介、支付中介为委托人有效保障各类交易资金、专项用途资金安全、独立，确保专款专用，构建诚信机制，降低交易违约风险，实现信息的有效披露。通常在商品贸易、股权转让、并购、电子商贸、履约保证金、公益慈善基金等交易过程中都需要有信誉的资产托管机构提供资产保管和支付监督服务。

（2）理财托管

按照监管和合规的要求，商业银行发售理财产品，应委托具有承接托管业务资格的机构托管理财资金及其所投资的资产。引入第三方托管，不仅是法规的要求，而且有利于提高理财产品运作效率，有效改善理财投资治理结构，提升理财产品的公信度和透明度。

理财托管是指资产托管公司接受委托，安全保管商业银行理财产品资产，办理资金清算、证券结算、会计核算、投资监督等事务的业务。托管服务可以包括任何期限、任何种类及固定或浮动收益类等的理财产品。其目的是以第三方身份安全保管商业银行理财产品资产，保障投资人的利益。

(3) 基金托管

基金托管是指资产托管机构为基金份额持有人和基金管理公司提供的资产保管、资金清算、交易监督、会计核算与估值的业务。根据法规和监管要求，任何基金都需要委托第三方作为基金托管人，保证基金资产的完整、独立和安全。市场上基金种类繁多，甚难尽录，主要有开放/封闭式基金、货币基金、证券类投资基金、债券类投资基金、股权投资基金、外汇投资基金、退休基金、养老金基金等等。

托管服务内容包括根据基金管理人的划款指令，完成基金投资活动涉及的资金清算与证券交收，监督基金资产的投资活动是否符合托管协议的规定、定期准确制作会计记录与账务及定期对基金资产市值进行估算并与管理人核对账务和估算结果。

(4) 票据资产托管

票据资产托管是指资产托管机构接受委托，为客户提供票据实物保管、权属登记（如果有需要的话）、资金清算、权属变更、代理托收和信息报告等服务。除此之外，有些资产托管机构还可以提供代理票据票面审验、融资和买卖报价、撮合交易等增值服务。

客户可以通过资产托管机构的票据资产托管业务平台实时监测票据状态，对库存票据进行跟踪管理。另外，利用资产托管机构的增值服务保证票据交易的真实性和券款充足，防止交易对方的买空或卖空行为，保证交易资产的安全。

2. 互联网金融

互联网的发展可以说是一日千里，网购、网贷、网上理财等的业务量增速迅猛。部分国内银行开始将互联网金融融入交易银行服务内，利用互联网技术构建企业资产证券化经营平台，并推进互联网金融与供应链金融、贸易金融的融合。同时，利用与电子银行渠道融合将结算业务“互联网化、移动化、远程化”，加速减少本外币、境内外业务的处理时间。例如，利用互联网提交开信用证和汇出汇款申请，接入交易银行平台自动操作，经核实人员验证无误后将信用证开出和汇出汇款。这样的处理过程肯定比由企业将纸质的申请书送到银行柜台快很多。

四、交易银行的未来

在欧美，交易银行服务已经非常成熟，拼的是服务质量、产品多元化的能力、技术效率和价格等。但在国内，部分率先开展交易银行服务的商业银行，其设计或规划有的呈现为产品板块的整合，也有的是职能架构的改革。例如，以贸易金融为核心、以供应链金融为核心、以现金和资产管理及交易服务为核心、以平台金融为核心、以资产管理为核心等。但无论选择什么样的组织架构以及相应的业务运营模式，都需要根据各家银行自身战略和核心业务、发展阶段、对应的市场和客户等不同因素，量身定制，以更好地控制成本、降低风险和提升经营效益。

就目前国内银行的组织架构和经营策略来看，要将交易银行这一战略业务模式及其核心理念真正落地，就必须在击碎“部门墙”的隔膜、提高跨团队合作能力、理顺业务流程、提升科技水平、创新风险管控、加速贸易融资产品和经营模式创新等诸多方面进行改革。

（一）交易银行在中国未来发展之路

可以肯定的是，在不远的将来交易银行这个领域将占据国内金融业的主导地位。一些国际大银行，例如花旗银行、汇丰银行和渣打银行等，已积极在中国投资和发展交易银行业务，市场竞争将更加激烈。因此，国内银行应加快搭建适合自身客户和业务发展的交易银行平台，充分认识在各方面存在的问题和不足，加速解决，迎难而上。

1. 击碎“部门墙”和提高跨团队合作能力

这是提供交易银行服务面临的首要难题。目前，大部分国内银行的典型组织结构是地域、客户以及产品导向的混合体，不同部门之间互相孤立，策略、预算以及绩效管理机制都不同。与交易银行提倡的各部门间协作的概念完全不同，国内更多的是不同部门单独发展和服务客户，最多也不过是各部门间通过业务系统，能够知道客户的基本资料。

以产品为纽带的银行对公服务和客户对接，以及“单打独斗”的部门营销方式，给企业带来的体验是“部门重复营销、银企对接混乱”，对银行拓展对公业务、增强客户黏性等造成较大的负面影响。

当缺乏跨产品和跨市场合作的时候，很少有国内银行能真正理解客户需求的深度和广度。而交易银行所带来的交叉销售，则某种程度上解决了这一问题。例如，现金管理为公司客户提供服务，但贸易结算则需要客户的支持使用。因此，银行可以利用现金管理的优势地位，来吸引更多的客户带来贸易结算业务，从而达到银行内部互惠、交叉销售的目的。

2. 落实“以客户为中心”理念

要把“以客户为中心”理念，落实到银行的功能和流程中。在传统的银行组织结构中，存在着融资链条长、审批环节多等问题，容易造成效率低，并进一步削弱了“客户需求整体营销”的效果。同时，银行对公业务服务流程需要进一步规范化管理，在流程整合初期，有必要成立专门流程管理和监控部加强统筹，自上而下跨部门整合产品、服务和风险管理标准化操作流程。

3. 提升科技水平

具有战略意义的科技平台，是决定能否为企业提供交易银行服务的一个硬指标。据了解，与领先的外资银行相比，国内一些银行推出的一体化信息平台，主要功能只包括账户管理、系统直联、支付结算、内部计价、资金预算、报表管理等。但要与外资银行竞争，国内银行还需要将业务流程、科技平台、服务策略及组织结构进行一体化，需要在多个方面改进技术来满足客户的需求。

从全球科技水平领先的银行（例如富国银行）了解得知，交易银行系统主要包含三大平台，即前端客户服务平台、中端作业支撑平台及后端的报表和其他增值服务平台。客户服务平台包括现金管理、贸易融资、供应链金融、托管、票据、查询等系统。同时，在银行端可以看到客户现时使用的所有产品和服务数据，有哪些是适合客户使用但还没有使用的产品和服务，有了这些重要的信息，客户经理就能针对客户还没有使用的产品来制定营销策略和方案。中端的作业系统主要连接外部各大作业平台，例如SWIFT、资金系统和本土清算系统等。

各大银行科技支持主要是自主开发与供应商提供的各种业务平台一起并用，而对于中小银行而言，外包服务方式更为普遍。当然，自主开发系统需要银行自身有强大的技术能力。据了解，各大技术领先银行的信息技术部门都有几百人以上或甚至超过一千人。

4. 改变风险管理概念

风险永远是银行的生命线，而交易银行业务对银行的风险管控能力提出了更高的要求。在传统的经营模式下，商业银行主要采用单一客户和单一债项的风险概念，但对交易银行业务和链条金融的“1＋N”概念缺乏深入的理解。

另外，商业银行缺乏有相关交易银行业务经验的专业人员，令职责不清和整体管控不足，因此，业务流程往往呈现“流贷化”的倾向。随着融资工具向上下游企业不断延伸，风险传导的可能性加大，风险联动控制困难。所以，商业银行必须改变传统、单一的静态风控手段，在考虑产业集群各种风险特征的基础上，综合运用云计算、大数据等新技术手段，创建全新的风险评估体系，对产业链上相关企业的动态风险进行综合评估。同时，交易银行的风险管控需要线上、线下同时进行，整合客户线上线下行为产生的结构化和非结构化信息，实现银行间系统数据的及时共享，从而降低信息不对称风险。

此外，必须考虑的是，交易银行服务在整合了多个对公业务部门之后，如何有效制衡部门的职责权力，平衡“风险”与“收益”的关系，也是银行传统的信贷风险管控面临的一大挑战。

5. 完善内部机制

成功的交易银行应有推动业务发展的内部机制，比如恰当的业务发展战略、合理的考核激励、清晰的核算规则、有效的定价机制，等等。完善的内部机制可以让交易银行的发展突破组织架构的约束，最大程度地降低对银行已较为稳固的核心组织架构的冲击。

（二）创新型贸易融资在中国的发展

既然贸易金融是交易银行其中一个重要板块，传统的贸易融资又不能支撑交易银行的长远发展。那么，贸易金融的全面创新成为了发展交易银行的必需。但国内银行在贸易融资创新方面，还面对很多难题。

1. 贸易融资创新中面临的机遇和挑战

在过去的十年，中国的经济连续性的高速发展，随之而来的是经济下行的压力。宏观经济的不平衡、不协调、不可持续的矛盾和深层次问题将不断涌现。银行业要解决的是如何面对外部环境的变化、内部宏观经济的下滑和经营困难的重大问题。

面对难题，商业银行要充分理解和把握市场竞争重点，朝着以满足客户需求、提高客户满意度为重点来创新金融产品和服务。目前，国内大多数银行的利润构成主要还是来源于利息收入，其占比高达80%。短时期内，这样的局面不会有根本性的转变。但从各大商业银行的报表中，可以看出中间业务收入发展迅速，利息收入占比将逐年下降。随着市场竞争的进一步加剧以及利率市场化进程的不断加快，迫使银行由传统的“放贷银行”逐步向“多元化金融机构”转型。商业银行要积极寻求发展高收益的中间业务，贸易融资就是一个非常重要的中间业务收益组成部分。因此，贸易融资业务是各个银行积极争夺的业务。

在现有贸易融资方式方法上符合中国国情并针对不同企业不同业务进行贸易融资创新，加快产品创新和完善服务模式就成为制胜的竞争手段。现在很多外贸企业的贸易融资需求未能被市场上现有融资产品和服务所覆盖，能否适时设计出贸易融资新品种并应用于贸易实践中，既是对银行的挑战，也成为制约中国国际贸易发展的重要因素。同时，如何加强贸易融资业务风险防范，严格操作管理，建立各种融资业务的严格标准和规范的业务操作流程，也是贸易融资创新中需要关注的问题。

2. 创新速度未能满足企业新的融资需求

虽然，贸易融资业务在中国已有好几十年的历史，但相比其他日新月异的零售银行业务、理财业务、金融衍生产品等，大部分国内银行在贸易融资领域的创新速度相对较慢。新产品少有推出，业务操作模式变化不大，融资产品仍然集中于以银行信用作为担保的信用证业务，企业的操作成本及融资成本仍然很高，而且产品的时效性很低。

以汇款方式结算已成为最主要的国际贸易结算工具。虽然没有数据显示国内商业银行的贸易融资总量是多少，但从年末只有数百亿美元的融资余额，相对于中国每年过万亿美元的进出口贸易量来推测，可以肯定地说，有相当数量进出口企业的贸易融资需求是市场上现有融资产品及服务所不能覆盖的。

3. 经营理念和服务意识亟待改善

贸易融资业务是量多、金额小及需要专业能力强的产品和服务，与一般流贷或项目融资贷款的大金额、高回报有极大的差别。加上国内银行的考核制度一般都以业务收入为主。因此，客户经理都高度重视对流贷和项目贷款的营销和服务，对贸易融资只作为是给企业的一种附属产品。

另外，目前大部分国内商业银行与企业之间都缺乏贸易信息共享，亦未能建立一个能够对贸易供应链中货物及资金的流动实现实时数据传递和动态分析的信息技术平台。不充分的信息交流使融资业务的触发点始终滞后于实体货物的流动，导致融资期限与贸易周期无法匹配。同时，由于缺乏对不同商品的贸易周期的整体认识，银行只针对整条贸易供应链的单个环节提供融资业务，而不能提出有效满足客户需求的整合方案。

目前，国际上先进银行在开展贸易融资业务时，大都从整个贸易周期来关注客户的需求，即从买卖双方签订合同开始到买方最后销售货物为止。它们的理念是贸易融资业务是一种交易性银行业务，而不是从分立的角度仅为一两个贸易环节提供资金支持或者贸易单证服务。如果国内银行继续运用传统的授信方法来开展国际贸易融资业务，就会继续弱化在产品及服务方面的竞争力，停留在价值增值机会外。因此，国内银行应该从整条供应链的角度重点关注贸易背景的真实性和贸易合作关系的连续性来提供融资和服务。对于这种供应链融资观念，我们不妨举一个简单的例子来说明其原理。

例如，一个专营水果出口的果园向银行申请出口贸易融资。这时银行应考虑的不仅仅是这个果园每年可以产生多少效益，还要考虑投入原料的供应情况，如种子、除虫剂、化肥等的进口等。因此，银行应该考虑为果园从供应链上游进口这些原料提供融资服务，比如开立信用证、进口押汇、进口电汇融资等，以确保果园能进行顺利生产。如果果园位置偏僻，交通不便，那么银行还要考虑为运输公司提供车辆融资租赁，这样运输公司可以添置含有保鲜设备的运输工具，及时将果园的水果运往机场外销。

如果外销到海外的买家是一些大型的连锁超市，就需要用赊销的方式结算，那么银行可以提供出口应收账款贴现融资，根据连锁超市的信用建立额度，为经连锁超市确认过的果园的出口发票提供融资。在这种融资业务中，银行需要承担的是连锁超市进口国国家风险和连锁超市的信用风险。当银行需要缓释这种出口应收账款贴现融资风险时，可以通过国际市场寻找风险合作共担伙伴、投保或者转售未收回的应收账款来降低或转嫁风险。

因此，在供应链融资概念中，银行的贸易融资行为跟随着资金和货物在供应链环节中而流转，从起点开始，逐步向终点延伸。客户的需求不同、触发融资需求的时点不同、融资的目的不同，银行提供的融资组合方案应该是量身定制的，不同客户融资方案不尽相同。

4. 改变贸易融资授信策略

尽管贸易融资业务具有鲜明的自偿性特点，并在额度确定、融资期限等方面与一般贷款具有显著区别，国内绝大部分中资银行仍然主要应用流动资金贷款的传统授信理念和运作模式，关注授信主体是否符合贷款准入标准来评估业务风险。融资对象的财务及资信状况仍然是决定贸易融资能否发放的主要因素。例如，对于出口信用证押汇这个最常见的国际贸易融资业务，不少银行对未提供全套可转让海运提单（物权单据）的中小企业出口押汇申请仍不予考虑，和打包贷款在操作程序上视同流动资金贷款处理等。

更常见的是，出口应收账款融资缺乏有效的风险量化工具，绝大部分银行设置了较高的融资准入门槛，在对贸易真实性及贸易连续性进行调查之后，还要求借款人提供足额、有效的抵押或担保作为还款的第二保证；更有部分银行还要求借款人额外提供出口信用保险公司的投保证明。

以上这些贸易融资产品都被视为等同于短期流动资金贷款，主要因为对融资业务的风险识别能力薄弱，所以形成这种保守的做法。同时，国内商业银行缺乏有效的方法实现对贸易供应链中资金流、物流和信息流的充分控制，在无法充分把握第一还款来源的前提下，往往把第二还款来源的充足程度作为重要的考虑因素。另外，长期形成的存贷业务主流观念亦驱使国内银行的业务人员习惯性地运用传统的贷款思维去经营贸易融资业务，从而忽略了对贸易融资业务特点的分析及对贸易周期动态数据的跟踪。这都足以妨碍贸易融资创新的发展。

因此，国内银行在经营理念、新产品研发和授信方法上都必须作出全面的变革，在改变经营理念的同时，必须加强创新能力和加速技术的提升。

（三）与互联网金融完美对接

随着互联网金融的崛起，交易银行也必须在为客户提供传统线下服务的同时，考虑结合互联网线上和移动服务，覆盖境内外、本外币的全渠道服务。通过互联网将交易银行服务从企业延伸到了机构类客户、金融同业和互联网金融企业。

交易银行服务系统应该是灵活多变的。客户可以根据自己的需要通过互联网选择银行的交易银行平台上任何服务；另一种是银行将产品和服务内嵌于客户的交易系统，在各个交易环节都可以跳转接入银行的交易银行系统。这种模式更适合自身实力较强、已有成熟交易系统的大型企业和集团公司。

第三节　成功创新的要素

事实证明，很多国际性的银行，例如美国的花旗银行（Citibank）、西班牙的对外银行（Banco Bilbao Vizcaya Argentaria，简称 BBVA）等，它们在开展创新、管理创新和实现创新方面已经形成了相对完善的体系，并取得有效的成绩。从它们的成功创新中，可以归纳出四个重要的元素：战略明确，高层统领；分类管理，高效决策；创新激励；创新文化。

一、战略明确，高层统领

创新是企业发展的基石，而成功的创新战略一定要实行顶层设计，由上而下贯彻执行。从全球多个企业和金融机构成功的创新案例看，创新工程绝大部分都是董事长和首席执行官亲自挂帅，并以核心高管组成创新委员会，负责制定创新发展方向和执行策略。创新必须是由高层领导亲自挂帅，否则难以得到持续推动，也无法获得及时的决策。

创新委员会的首要任务是综合企业内外各种因素、市场和科技的发展趋势，提出创新方向并将其纳入为企业的全面性战略，给予专项创新预算支持。接下来，就要确立哪些是核心的创新领域和项目，并进行优先排序和管理。

创新委员会可以是无形的或实体机构（例如创新办公室），下设若干个小组由不同的高管任组长，其他组员约 3～4 人，直接向委员会负责。

①决策小组：一般由首席执行官任组长，其他主要部门总经理任组员。主要解决各项目在规划范围内所遇到需要解决的问题，规划范围外的问题交创新委员会全体商议解决。

②管理小组：一般由首席风险官或首席运营官任组长，选取其他部门总经理或副总经理任组员，主要负责推动项目和管理项目的执行情况。

③支持小组：一般由首席财务官任组长，其他相关部门主管或副主管任组员，主要负责各项目的资源配置，包括财务和人力。

各小组负责创新领域和项目的全面实施和推行，有需要时可以邀请其他人员加入小组成为临时组员协助项目的推进。如果遇到小组解决不了的事情，交由委员会全体商议解决。

二、分类管理，高效决策

由于创新内容和需求的不同，不同企业的创新组织模式也不可能完全相同。一般情况下，当创新项目立项后，便会组建专门的项目团队来具体推进并按照项目的性质，由不同的组织机构进行分类管理。常见的组织机构有创新实验室和创新孵化器。

（一）创新实验室

主要针对现有业务进行渐进式改造，例如，产品的数字化创新和业务流程的优化改造。项目团队成员一般由信息科技部和相关业务部人员混合组成，以敏捷开发、持续测试等方式进行，在3～6个月时间内完成项目上线使用，大大提高创新效率。

（二）创新孵化器

主要针对从无到有的颠覆式创新概念，项目成功完成后，有可能改变市场游戏规则或大幅度提升行业地位。项目立项后，组建跨部门创新团队进行孵化并给予定额的项目资金支持。在项目资金的支持下，团队可以不断努力探索、试错、改良，直至项目完成或资金耗尽。在团队探索的过程中，可以邀请外部专家团队给予意见和辅导，如果有可能的话，也可以邀请客户、研究机构、不同行业的企业领导进行公开讨论和互动，提升项目的认受性和有关人等的亲身体验。

无论是渐进式或颠覆式创新，涉及多部门协作时，最有效的方式就是组建跨部门项目团队，打破前、中后台的隔膜和沟通壁垒，项目的推进和实施就能事半功倍。另外，体制规定需要委员会小组决策的事情，小组组长必须在问题提出后的48小时内回复，否则，创新项目团队可以按照事先规定的程序和授权自行决定，以确保项目能按进度完成。

近年，有些企业或金融机构还设置了风险投资团队，其目的是紧密关注与自身创新发展密切相关的领域和行业，进行创业公司的筛选和投资。同时，与大学、设计公司和其他风险投资合作伙伴保持紧密的沟通，时刻掌握学界和业界的前沿动态焦点，敏锐地发现新的创新和增长机会，并广泛吸纳人才。

但风险投资风险巨大，企业必须有一套完整的筛选机制和执行策略，不能因一时的冲动而作出不适当的决定。

三、创新激励

单依赖高管层的高瞻远瞩去启发创新是不足够的，因为，往往是距离市场一线越近的员工，越有可能发现没有被服务覆盖的客群、没有被满足的需求和可以改善的业务流程，所以，必须激发出每个员工的创新精神，共同投身创新。

要真正做到这一点，必须要有配套的考核和激励机制，并持之以恒。例如，股票期权激励计划和创新收益分成等。通过授予股票期权绑定员工的收益与未来的创新成果或将创新收益的一部分作为现金奖励发给创新团队。

创新团队的考核应该与传统业务截然不同。创新团队的考评以项目表现为主，与创新目标直接挂钩。同时，为了让各部门支持员工参与创新项目，各部门负责人的考核指标也要加入支持创新项目这一项。

四、创新文化

要实现全员创新，必须将创新的根植入企业的日常工作中去。要将传统的企业文化转变为创新文化，必须关注以下各点。

（一）从领导开始，树立创新榜样

高管层首先要身体力行，将部分精力投放到创新业务的布局和管理上，并鼓励创新点子，包容和接受不同意见，培养试错文化。

（二）系统和流程化创新要求

将创新目标和任务分解到各部门，包括支持部门，并将对创新支持纳入到对中后台支持部门的职责要求和考核。同时，打通部门墙，建立跨部门协调和项目会议机制，定期跟踪创新进展。

（三）改变传统人才激励考核制度

将创新人才培养列入部门的战略性指标，并采用创新项目轮岗制度，令每个部门、每个员工都接触到创新。同时，设立科学的、长期性的创新奖罚机制。

（四）办公场所创新

创新团队的办公地点最好与传统业务场所彻底分离，装修风格轻松、活泼，随处可涂可写，有开放的空间供团队集体或单对单讨论。这样的办公环境能最大程度地激发项目人员的创新能力。

除了以上几个创新的主要元素外，任何企业的创新都要按照自身业务发展的策略、自身能力、内外因素等，多方面考虑采用哪种创新战略、方法和模式。否则，失败是必然的，还会破坏企业原有的一切。

对中国的金融业来说，不久的将来，企业与银行之间、产业与金融之间、平台与用户之间的资金流、信息流、物流和商流不再分散，银行将与金融科技公司、企业合作，为客户提供不受时间、地域限制的账户管理、交易处理、在线融资、产业链金融等全流程、全方位的数学化金融服务。因此，创新也是持续发展所必需的，中国金融业各类型机构都必须关注数字化技术和金融科技的创新。利用数字化技术可以将现有业务流程做优化改造，能大大提高效率和客户体验；利用金融创新科技，实现跨界融合的颠覆式创新，建立新一代的金融模式。

参考资料

1. 林治洪．CCTM2017 中国财资年会演讲稿．2017.

2. 冯敬德．Leading Court Case on Letter of Credit［M］．Paris：ICC Publishing，2004.

3. 冯敬德．UCP600-Legal Analysis and CaseStudies［M］．Hong Kong：P. E. E. R. Consultancy Ltd. 2008.

4. 中国人民银行官网．http：//www. pbc. gov. cn.

5. 中国银行业监督委员会官网．http：//www. cbrc. gov. cn.

6. 新浪网．迅银支付一机一码正式上线［EB/OL］．（2014－11－7）［2017－12－4］．http：//news. sina. com. cn/o/2014－11－07/081331109184. shtml.

7. 新浪网．2014 年电子支付业务金额增长超三成［EB/OL］．（2015－2－13）［2017－12－4］．http：//news. sina. com. cn/o/2015－02－13/064031516730. shtml.

8. 腾讯网．银联禁止第三方支付直连银行：不涉及线上［EB/OL］．（2014－11－15）［2017－12－4］．http：//tech. qq. com/a/20141115/008952. htm.

9. 薛荣久．国际贸易［M］．对外经济贸易大学出版社，2008.

10. ［意］甘道尔夫．国际贸易理论与政策［M］．王根蓓译．上海财经大学出版社，2005.

11. 东北网．http：//www. dbw. cn.

12. 佟洋，魏栩．浅析电子商务对传统企业的影响［J］．电大理工 2011.（2）：34－35.

13. 毕永青．电子商务对传统企业的影响［J］．科技信息，2010（12）：118.

14. 张雯．开启中国电子商务转型之战［N］．科技信息，2010（12）．

15. 曾强．电子商务的理论与实践：全球“大局观”下的中国电子商务［M］．中国经济出版社，2000.

16. 赵立平．电子商务概论［M］．复旦大学出版社，2003.

17. ［美］沈鸿．电子商务：基础篇［M］．电子工业出版社，1998.

18. 王键．电子商务［M］．高等教育出版社，2007.

19. 姚立新．电子商务透视［M］．经济管理出版社，1999.

20. 投融界官网．http：//www. trjcn. com.

21. 中国证监会．关于对通过互联网开展股权融资活动的机构进行专项检查的通知：证监办发〔2015〕44 号［A/OL］．（2015 - 08 - 03）［2017 - 12 - 4］．http：//www. csrc. gov. cn/pub/newsite/zjhxwfb/xwdd/201508/t20150807_ 282509. html.

22. 倪以理，曲向军等．颠覆与连接——解密中国互联网金融创新［R］．麦肯锡大中华区金融机构咨询业务，2016.

23. 倪以理，曲向军等．引领创新，中国的银行准备好了吗？［R］．麦肯锡大中华区金融机构咨询业务，2016.

2018 年中国海关出版社乐贸系列

新书重磅推荐 >>

《信用证风险防范与纠纷处理技巧》

作者：李道金

定价：45.00 元

出版日期：2015 年 10 月第 1 版

书号：978-7-5175-0079-7

内容简介

本书围绕信用证业务展开，首先讲解了与国外进出口企业、银行交涉中的策略与思路，随后分享了 DOCDEX 裁定申请与答辩的技巧，并针对信用证常见问题进行了解答，最后结合实务对 UCP 600 进行解读。

内容均为原创，包含作者亲历的案件处理方案，以及其独到的处理技巧，在一定程度上弥补了我国信用证风险防范、纠纷处理技巧方面的空白。